Gotlind Ulshöfer · Gesine Bonnet (Hrsg.)

Corporate Social Responsibility auf dem Finanzmarkt

Gotlind Ulshöfer
Gesine Bonnet (Hrsg.)

Corporate Social Responsibility auf dem Finanzmarkt

Nachhaltiges Investment – politische Strategien – ethische Grundlagen

VS VERLAG FÜR SOZIALWISSENSCHAFTEN

Bibliografische Information der Deutschen Nationalbibliothek
Die Deutsche Nationalbibliothek verzeichnet diese Publikation in der
Deutschen Nationalbibliografie; detaillierte bibliografische Daten sind im Internet über
<http://dnb.d-nb.de> abrufbar.

1. Auflage 2009

Lektorat: Katrin Emmerich / Sabine Schöller

VS Verlag für Sozialwissenschaften ist Teil der Fachverlagsgruppe
Springer Science+Business Media.
www.vs-verlag.de

Umschlaggestaltung: KünkelLopka Medienentwicklung, Heidelberg
Druck und buchbinderische Verarbeitung: Krips b.v., Meppel
Gedruckt auf säurefreiem und chlorfrei gebleichtem Papier
Printed in the Netherlands

ISBN 978-3-531-16077-1

Inhalt

I. Einleitung

Finanzmärkte und gesellschaftliche Verantwortung – eine Einführung

Gotlind Ulshöfer, Gesine Bonnet

Trotz der heute gegebenen Möglichkeiten, weltumspannend miteinander zu reden und voneinander zu lernen, haben sich das Einkommensniveau der Volkswirtschaften und die sozialen Lebensstandards der Menschen auf dieser Erde kaum weiter angeglichen: Im Gegenteil, die Schere zwischen Arm und Reich öffnet sich, 854 Millionen Menschen leiden Hunger (Welthungerhilfe et al. 2007: 4). Unzählige haben keinen ausreichenden Zugang zu Bildung und menschenwürdigen Arbeitsverhältnissen. Zugleich wird die Endlichkeit der Rohstoffe immer mehr spürbar, der Ölpreis steigt und der Raubbau an der Natur lässt sich schwer aufhalten.

Angesichts dieser Herausforderungen, vor denen die Welt heute und noch mehr zukünftig steht, erhebt sich die Frage, wer und was in besonderer Weise geeignet ist, zu einer Lösung der Probleme beizutragen. In den Blick kommt da zunächst die Politik. Strittig ist jedoch, in welchem Maße sie die Macht hat, auf globaler Ebene gestaltend einzugreifen. Nationale Steuerungsmechanismen greifen hier nur begrenzt und die Einführung weltweiter rechtlicher Regelungen und vertraglicher Abkommen erweist sich angesichts unterschiedlichster Interessen und Traditionen als kompliziert und langwierig. Deswegen wird auch auf die Wirtschaft verwiesen und mit ihr auf die Marktakteure, die die Globalisierung in besonderem Maße prägen, sie vorantreiben und aus ihr Nutzen ziehen – oder unter ihr leiden und mit den negativen Folgen fertig werden müssen. Die Unternehmen gehören, abhängig von ihrer Größe, zu den mächtigsten Akteuren; die nicht selten selbst gewählte Titulierung „Global Player" unterstreicht das. Sie spielen daher nach Ansicht vieler Beobachtenden eine entscheidende Rolle auf dem Weg zu einer nachhaltigen, das heißt sowohl wirtschaftlich tragfähigen als auch sozial- und umweltverträglichen Globalisierung. Dass auch die Politik auf diese Einsicht setzt, illustriert unter anderem der „Global Compact"[1], zu dem 1999 der damalige UN-Generalsekretär Kofi Annan auf dem Weltwirtschaftsforum in Davos die Unternehmen aufrief. Diese auf Freiwilligkeit setzende Initiative ist verknüpft mit dem Leitbild der nachhaltigen Entwicklung, das auf

---

[1] Mehr Informationen: http://www.unglobalcompact.org (Zugriff am 9.8.2008).

dem „Erdgipfel", der Weltkonferenz für Umwelt und Entwicklung 1992 in Rio de Janeiro, der Weltöffentlichkeit vorgestellt wurde.

Auch das Konzept der „Corporate Social Responsibility" (CSR) lässt sich innerhalb dieser Bestrebungen verorten. Eine allgemeingültige Definition für den Begriff gibt es nicht. Es herrscht jedoch weitgehend Konsens darüber, dass damit eine Verantwortlichkeit von Wirtschaftsunternehmen gemeint ist, die sich nicht auf das im engeren Sinne wirtschaftliche Tun beschränkt, sondern ebenso auf soziale Fragen und den Umweltschutz bezieht.[2] Es finden sich hier also dieselben drei Dimensionen – Wirtschaft, Soziales und Umwelt – wieder, die auch dem Leitbild der Nachhaltigkeit zugrunde liegen.[3]

Allgemein wird CSR gedeutet als „im Wesentlichen freiwillige Verpflichtung der Unternehmen" (Europäische Kommission 2001: 5). Das schließt jedoch nicht die Diskussion darüber aus, inwieweit insbesondere auf internationaler Ebene zusätzliche rechtliche Rahmenbedingungen notwendig sind, um ein verantwortliches Verhalten von Unternehmen zu befördern. Zugleich wissen gerade die Unternehmensvertreter, die die Freiwilligkeit des CSR-Konzepts aus guten Gründen besonders verteidigen, dass es sich dabei keinesfalls um eine frei gewählte und selbstbestimmte Verantwortlichkeit handelt. Denn die Unternehmen sind immer schon eingebunden in ein kompliziertes Beziehungsnetz aus unterschiedlichen Interessen und Einflussfaktoren. Tummeln sich doch auf dem Markt und in der globalen Gesellschaft, in der sie sich behaupten müssen, neben der Politik noch eine Reihe anderer Akteurinnen und Akteure: nicht nur Konkurrenten, Geschäftspartner und -partnerinnen sowie Lieferanten, sondern auch Kundinnen und Verbraucher, zahlreiche Medien und nicht zuletzt Nonprofit-Organisationen wie etwa Menschenrechtsgruppen und Umweltverbände. Indem sie öffentlich hörbar Stellung beziehen und dadurch Druck aufbauen, können sie die sorgfältige Imagebildung gerade auch der „Global Player" nicht unerheblich beeinflussen. Das gilt umso mehr, als der Zugang zu öffentlicher

[2] Gebräuchlich ist auch die verkürzte Form „Corporate Responsibility". Gemeint ist dasselbe. Weniger explizit ist bei dieser Version, dass Unternehmen nicht nur wirtschaftliche, sondern soziale, das heißt in der Gesellschaft verortete Akteure sind und dass daraus ein weiter gefasster Begriff von Verantwortung resultiert. Vermieden wird mit diesem verkürzten Begriff hingegen das häufige Missverständnis in deutschsprachigen Debatten, dass Corporate *Social* Responsibility nur die soziale Dimension von Verantwortung umfasst, die Umweltdimension also außen vor bleibt.

[3] Das Leitbild der nachhaltigen Entwicklung zielt allerdings in erster Linie auf die zeitliche Dimension von Verantwortung – d.h., die der gegenwärtigen gegenüber den kommenden Generationen. So lautet die bekannte Definition der Weltkommission für Umwelt und Entwicklung im sogenannten Brundtland-Report: „Sustainable development is development that meets the needs of the present without compromising the ability of future generations to meet their own needs" (WCED 1987: Part I. Chapter 2 (1.)). In der Diskussion um eine zukunftsfähige Gestaltung der Globalisierung wird die nachhaltige Entwicklung auf die drei Handlungsfelder Wirtschaft, Soziales und Umwelt bezogen.

Wahrnehmung heute durch weltweit reichende Kommunikationsmedien wie das Internet sehr viel einfacher geworden ist. Außerdem sind die „NRO“ bzw. „NGOs“[4] inzwischen in ihrem Auftreten und ihrer häufig kampagnenorientierten Öffentlichkeitsarbeit sehr viel professioneller geworden. So kann eine zivilgesellschaftliche Organisation mithilfe medialer Aufmerksamkeit ihre Kritik schnell in einen „Business Case“ für ein Unternehmen verwandeln – jedenfalls dann, wenn es gelingt, das Kaufverhalten der Verbraucher so zu verändern, dass das Unternehmen seine gute Markposition schwinden sieht.[5]

Es lässt sich daher die These formulieren, dass es gerade in der globalisierten Welt für Unternehmen eine Notwendigkeit gibt, sich zu ihrer Verantwortung als Bürger – als Corporate Citizen – zu bekennen und sich damit nicht allein als wirtschaftliche, sondern umfassender als gesellschaftliche Akteure zu verstehen.[6] Zum einen sind im globalen Rahmen die Maßstäbe für richtiges Verhalten unklarer als innerhalb der Grenzen von Nationalstaaten. Deren rechtliche Regelungen, so sehr sie von Unternehmensseite häufig kritisiert werden, sorgen für Orientierung und gleiche Ausgangsbedingungen zwischen Konkurrenten. Zum anderen ging mit dem Verlust staatlicher Steuerung im Zuge der Globalisierung die Entstehung eines neuen, schwerer kontrollierbaren, aber durchaus wirkungsvollen Regulierungssystems einher: einer stärker zivil-

---

[4] International werden nicht staatliche, nicht gewinnorientierte Organisationen, die üblicherweise bestimmte gesellschaftspolitische Ziele verfolgen, als „Non-Governmental Organizations“ (NGOs) bezeichnet. Die etwas sperrige deutsche Übersetzung lautet „Nichtregierungsorganisationen“ (NRO).

[5] Der gewachsene Einfluss der Nichtregierungsorganisationen war deswegen auch dem Bundesverband deutscher Pressesprecher ein Titelthema in seinem Verbandsmagazin „pressesprecher“ wert. Darin wird deutlich: Unternehmen tun heute gut daran, NRO als Dialogpartner zu gewinnen und das Gespräch zu suchen, um nicht unvorbereitet Opfer einer provokativen Kampagne zu werden (Voigt/Klein 2008: 14).

[6] Die neue, selbstbewusste Rolle von Unternehmen und die ursprünglich in den USA verwurzelte Tradition der Corporate Citizenship werden fundiert unter anderem in dem Sammelband „Corporate Citizenship in Deutschland“ behandelt (vgl. für einen Überblick insbesondere die Einleitung: Backhaus-Maul et al. 2008). Dort wird auch eine Abgrenzung der Begriffe Corporate Social Responsibility und Corporate Citizenship vorgenommen. Während CSR auf das betriebsbezogene Engagement ziele und in Europa bereits vielfältig rechtlich geregelt sei (etwa durch betriebliche Sozialpolitik und Umweltgesetzgebung), sei unter Corporate Citizenship das freiwillige überbetriebliche Engagement von Unternehmen zu verstehen. Es umfasst etwa Spenden, Sponsoring und kommunale Unterstützungsaktivitäten. Beide Konzepte zusammen werden aber von den Autoren als „zwei Seiten derselben Medaille“ angesehen: „Ein gesellschaftlich engagiertes Unternehmen kann nur dann mit gesellschaftlicher Akzeptanz rechnen, wenn es sich sowohl innerhalb als auch außerhalb seiner Betriebe engagiert“ (Backhaus-Maul et al. 2008: 20). Wir schließen uns dieser Unterscheidung an, wollen aber auch für den CSR-Begriff den Aspekt der Freiwilligkeit festhalten, da ihm gerade für globale Unternehmensaktivitäten eine entscheidende Bedeutung zukommt. Gleichwohl spielt bei der Corporate Social Responsibility – anderes als bei der Corporate Citizenship – die Frage nach einer Balance zwischen rechtlicher Regulierung und gesellschaftlich-marktwirtschaftlicher Selbstregulierung eine große Rolle.

gesellschaftlich geprägten „Global Governance" (Schoenheit/Hansen 2004: 3), in der NRO und weitere, aus Unternehmenssicht sogenannte Stakeholder (Anspruchsgruppen) eine wichtige Rolle übernehmen.

Die Frage danach, welchen Beitrag Unternehmen zu einer nachhaltigen Entwicklung leisten können und müssen, lässt sich daher nicht von einer Analyse des Umfeldes und der (Macht-)Beziehungen trennen, innerhalb derer sie agieren. Denn die hier tätigen Akteure beeinflussen das Verhalten von Unternehmen immer schon – ob im Sinne von CSR oder gerade zu dessen Gegenteil. Für Überlegungen zu einer zivilgesellschaftlichen Verantwortung und zu zivilgesellschaftlichen Handlungsstrategien für eine nachhaltige Entwicklung ist diese Tatsache von großer Bedeutung.

1 Der Finanzmarkt als Bezugsfeld von CSR und Nachhaltigkeit

In diesem Sammelband steht der Finanzmarkt als ein spezielles wirtschaftliches und gesellschaftliches Handlungsfeld im Mittelpunkt. Auf diesem Markt, auf dem grenzüberschreitend Kapital gehandelt wird, stellt sich die Frage nach Corporate Social Responsibility und den Steuerungs- und Handlungsmöglichkeiten für mehr Nachhaltigkeit in besonderer Weise. Die im Zuge der Globalisierung liberalisierten Finanzmärkte haben entscheidende Bedeutung für die Stabilität der Volkswirtschaften weltweit erlangt. Die Wechselwirkungen zwischen Wirtschaft und Politik sind vielfältig. Äußerst sensibel und nicht selten abrupt reagieren die Finanzmärkte auf politische Ereignisse und Weichenstellungen. Auf der anderen Seite können die Aktivitäten der Finanzmarktakteure sowohl auf der internationalen als auch nationalen politischen Ebene gravierenden Einfluss haben und dies nicht nur für die „Realwirtschaft". Die internationale Verflechtung der Märkte schafft globale Dominoeffekte: So löste die 2007 in den USA entstandene Hypothekenkrise weltweite Turbulenzen an den Finanzmärkten aus und führte zu einer im Sommer 2008 noch nicht ausgestandenen internationalen Bankenkrise (Piper 2008).

Der wachsende Einfluss der Finanzmärkte in den letzten zwei Jahrzehnten lässt sich auch auf die Entstehung eines veränderten kapitalistischen Produktionsregimes, des „Finanzmarktkapitalismus", zurückführen (vgl. Windorf 2005: 8-11). Dieser These liegt die Beobachtung zugrunde, dass sich die Kontrollmechanismen und Einflussnahmen in Bezug auf Unternehmen verändert haben: Das frühere korporatistische und weitgehend national begrenzte Kontrollsystem der Banken wurde inzwischen durch eine Kontrolle der in- und ausländischen Investmentfonds abgelöst (a.a.O.: 8). Während die Alteigentümer eher strategische Interessen verfolgten, ist jetzt die Steigerung der (kurzfristigen) Rendite das vorgeordnete Ziel.

In der Öffentlichkeit haben solche Tendenzen in den letzten Jahren für gesteigertes Misstrauen gesorgt – häufig wird Systemkritik laut, die sich an den Akteuren des Finanzmarkts fest macht. Das zeigt sich nicht nur an der überraschenden Karriere der von Franz Müntefering in die Diskussion gebrachten Metapher der Heuschrecken.[7] Das lässt sich ebenso am „Unwort des Jahres" 2004, dem „Humankapital", und noch mehr dem von 2005, der „Entlassungsproduktivität", illustrieren.[8] Am Pranger stehen dabei vor allem Finanzinvestoren wie Hedgefonds und Private-Equity-Firmen, deren Ziel es zu sein scheint, möglichst viel Wert aus Unternehmen zu ziehen und sie danach in jeder Hinsicht – wirtschaftlich wie auch in ihrer Verantwortung als Arbeitgeber – schlechter dastehen zu lassen (vgl. u.a. manager-magazin.de 2005).

Angesichts so beschriebener Protagonisten stehen die Finanzmärkte eher als Störenfried denn als Förderer von sozialer Gerechtigkeit und Umweltschutz dar. „Die von [ihnen] betriebene Betonung des Shareholder-Value dürfte sich für viele Unternehmen geradezu kontraproduktiv für die Umsetzung von Nachhaltigkeitszielen auswirken" (Hansen/Schoenheit 2004: 3). Genau betrachtet zeigen sich auf dem Finanzmarkt aber mehrere und gegenläufige Tendenzen: Denn dieser Markt ist ebenso auch ein Innovationstreiber, über den sich zum Beispiel junge Umwelttechnologieunternehmen, die in die Entwicklung erneuerbarer Energien investieren, mit dem dringend benötigten Kapital ausstatten. Es treten überdies auf dem Finanzmarkt immer häufiger Investoren auf, die ihr Vermögen ganz bewusst in solche Unternehmen investieren, die ihre Verantwortung für die Umwelt und soziale Belange ebenso ernst nehmen wie ihre Gewinnorientierung. Zwar sind solche nachhaltigen oder auch ethischen Kapitalanlagestrategien[9] noch ein Nischenmarkt, aber der wächst – nicht zuletzt durch die gestiegene Bedeutung, die dem Klimaschutz auch bei konventionellen Finanzprodukten zukommt.

Über ihre Aktionärsrechte versuchen gerade die größeren unter den ethisch orientierten Investoren, direkten Einfluss auf Unternehmen zu nehmen, damit diese Nachhaltigkeitsziele noch besser in ihre Geschäftsstrategie integrieren.

---

[7] Auslöser der sogenannten Heuschreckendebatte war ein Interview, das der damalige SPD-Vorsitzende Franz Müntefering am 17.4.2005 der Zeitung „Bild am Sonntag" gab. Die von ihm gewählte Metapher wurde vielfach aufgegriffen und diskutiert, sodass inzwischen zur „Heuschreckendebatte" auch ein Wikipedia-Artikel existiert: http://de.wikipedia.org/wiki/Heuschreckendebatte (Zugriff am 8.8.2008). Außerdem fand der Begriff „Heuschreckenkapitalismus" Aufnahme in den Duden.

[8] Mehr Informationen zu der sprachkritischen Aktion „Unwort des Jahres" und den „Unwörtern" der vergangenen Jahre: http://www.unwortdesjahres.org (Zugriff am 3.8.2008).

[9] Der Vollständigkeit halber sei auch hier noch ein international geläufiger Ausdruck samt üblicher Abkürzung geliefert: „Socially Responsible Investing/Investment" (SRI).

Dabei werden spezialisierte Stimmrechtsverwalter eingeschaltet, die die Interessen mehrerer solcher Investoren gebündelt und damit durchsetzungsfähiger vorbringen können. Der Shareholder-Value, hierzulande fast schon als Unwort verschrien, hat also eine andere, bislang weniger thematisierte Seite: Denn die mit ihm verbundenen Eigentumsrechte verschaffen auch denen Einfluss, die nicht das Ziel einer möglichst hohen und schnellen Rendite über alles stellen.[10] Allerdings ist auch klar: Dieser Einfluss misst sich am investierten Kapital und ihm stehen die Interessen anderer, häufig sehr machtvoller Investoren entgegen. Die Bedeutung des Investmentbereichs für die globalen Zukunftsaufgaben macht aber nicht zuletzt eine weitere Initiative des UN-Generalsekretärs deutlich, zu der 2005 die weltweit größten institutionellen Investoren eingeladen wurden. Sie entwickelten gemeinsam die „Principles for Responsible Investment" (PRI). Diese sechs freiwilligen Grundsätze sollen dazu beitragen, dass den sogenannten ESG-Kriterien[11] im Investmentprozess besser Rechnung getragen wird.[12]

Wie unter einem Brennglas verdichten sich daher auf dem Finanzmarkt Chancen und Probleme einer Weltgesellschaft, für die eine treibende Kraft die Marktwirtschaft ist, die sich aber auch zunehmend darin einig ist, dass sie konsequenter als bislang eine Reihe sozialer und umweltpolitischer Ziele verfolgen muss.[13] Der Finanzmarkt bietet einerseits nützliche Hebel für mehr Nachhaltigkeit, aber ebenso werden hier Funktionsmechanismen des marktwirtschaftlichen Systems sichtbar, die dem Leitbild der Nachhaltigkeit fundamental entgegenzulaufen scheinen. Die Finanzierung von Unternehmen erweist sich dabei offenbar als eine Gretchenfrage.

2 Zur Entstehung dieses Buches

Der vorliegende Sammelband ist aus einer Tagungsreihe der Evangelischen Akademie Arnoldshain zur „Corporate Responsibility am Finanzmarkt" hervor-

---

[10] Die Online-Ausgabe der Wochenzeitung DIE ZEIT fand daher für ein Porträt über einen nachhaltig orientierten Stimmrechtsdienstleister die passende, wenngleich provokative Überschrift: „Heuschrecken-Methoden für die gute Sache" (Bergius 2007).

[11] „ESG" ist eine weitere international geläufige Abkürzung; sie steht für „environmental, social, and corporate governance issues": Das sind die Themen – Umwelt, Soziales und gute Unternehmensführung – die einen umfassenden Nachhaltigkeitsansatz ausmachen.

[12] Mehr Informationen: http://www.unpri.org (Zugriff am 9.8.2008).

[13] Dazu zählen etwa die „Millennium-Entwicklungsziele" der Vereinten Nationen. Diese acht konkreten Ziele zur Armutsbekämpfung wurden auf dem Millenniumsgipfel im Jahr 2000 festgeschrieben. Mehr Informationen dazu unter http://www.millenniumcampaign.de (Zugriff am 3.8.2008).

gegangen. Auf einer ersten, gut besuchten Tagung im November 2007 zum „Verantwortlichen Investieren“ kamen ganz unterschiedliche Akteurinnen, Akteure und Beobachtende des Finanzmarkts zusammen: Experten und Expertinnen aus Banken, Vermögensberatungen und Ratingagenturen, Wirtschaftswissenschaftler, Vertreterinnen und Vertreter der Politik, der Gewerkschaften und weiterer zivilgesellschaftlicher Gruppen. Eine besondere Rolle spielten institutionelle Anleger, wie Stiftungen, die Kirche und Altersvorsorgeanbieter. Sie alle diskutierten, welcher Anreize oder politischer Rahmenbedingungen der Finanzmarkt bedarf, um auch im globalen Maßstab zum Wohl von Mensch und Umwelt ausgerichtet zu sein. Dabei erkundeten sie auch, auf welche Weise Investoren eine nachhaltige Unternehmensführung befördern können. Die meisten der Mitwirkenden auf dieser Tagung haben wir für dieses Buchprojekt gewinnen können. Für diese Bereitschaft und die Mühe, die sie damit – neben ihrer täglichen beruflichen Arbeit – auf sich genommen haben, gebührt ihnen unser herzlicher Dank. Gedankt sei auch den Mitarbeitenden in der Evangelischen Akademie Arnoldshain für die Unterstützung bei der Durchführung der Tagungsprojekte. Hier sei vor allem Gabriele Blumer genannt.

Die Tagungsreihe ebenso wie dieses Buch sind Teil eines Gesamtprojekts der Evangelischen Akademien Deutschland (EAD) zur Corporate Social Responsibility. Es startete im Jahr 2007 und soll bis 2009 abgeschlossen sein. Beteiligt sind neben der Evangelischen Akademie Arnoldshain (Hessen) die Evangelischen Akademien Bad Boll (Baden-Württemberg), Meißen (Sachsen) und Villigst (Nordrhein-Westfalen). Kooperations- und Förderpartner ist die Hans-Böckler-Stiftung. Die anderen Akademien behandeln weitere Aspekte, die das Thema CSR mit sich bringt. Dazu zählen etwa die Gestaltung des politischen Handlungsrahmens, die Ansatzpunkte für eine nachhaltige Regionalentwicklung sowie die Bedeutung von Fragen der Nachhaltigkeit in der öffentlichen Beschaffung. Eine besondere Chance liegt in der Vernetzung dieser verschiedenen Themenbereiche und der Erkenntnisse, die dabei gewonnen werden. Die Herausgeberinnen danken daher an dieser Stelle besonders auch Dr. Bettina Musiolek (Meißen), PD Dr. Martin Büscher (Villigst) und Jobst Kraus (Bad Boll), Dr. Franz Grubauer (Evangelische Akademien in Deutschland) sowie Dr. Winfried Heidemann und Dr. Beate Feuchte (Hans-Böckler-Stiftung) für ihre Unterstützung und fachliche Begleitung.

3 Zur Anlage dieses Buches

Die Vielfalt der Perspektiven und Meinungen, die den Reiz der Tagung „Corporate Social Responsibility am Finanzmarkt“ ausmachten, prägen auch die

Anlage dieses Buches: Es liefert einen Querschnitt der Debatte zu CSR und Nachhaltigkeit auf den Finanzmarkt, erläutert aktuelle Trends und skizziert Zukunftsszenarien aus mannigfaltigen Perspektiven. Die grundlegenden Fragestellungen, die unsere Autorinnen und Autoren in unterschiedlicher Akzentuierung aufgreifen, lassen sich wie folgt zusammenfassen:

- Auf welcher Grundlage lässt sich der Finanzmarkt als ökonomisches Handlungsfeld überhaupt mit ethischen Kategorien – wie etwa dem Verantwortungsbegriff – analysieren und bewerten?
- Welche Marktwirkungen hat die ethische Motivation für mehr Umweltschutz und soziale Gerechtigkeit? Oder anders gefragt: Wie hat der Finanzmarkt auf die Forderung nach mehr Nachhaltigkeit und CSR reagiert? Welche Produkte hat er im Angebot, welche Trends zeichnen sich ab? Wie entwickelt sich insbesondere der Markt nachhaltiger Geldanlagen?
- Was sind überhaupt die Kriterien, nach denen sich eine nachhaltige Unternehmensführung und die Übernahme von Corporate Social Responsibility messen lassen? Welche Instrumente gibt es, um solche „extrafinanziellen Faktoren" quantifizierbar und damit vergleichbar zu machen?
- Welche Forderungen müssen an Unternehmen gestellt werden, damit sie gut aufbereitete Informationen zur Verfügung stellen, die ihre Nachhaltigkeitsperformance messbar machen?
- Wie kann das Leitbild der Nachhaltigkeit auf dem Finanzmarkt noch besser verankert werden? Kommt es darauf an, noch mehr marktwirtschaftliche Anreize zu setzen oder muss nicht vielmehr die Politik verbindliche rechtliche Rahmenbedingungen schaffen, die ein nicht nachhaltiges Anlageverhalten sanktionieren und eine am CSR-Konzept orientierte Unternehmenspolitik belohnen?
- Welche Rolle spielt die Zivilgesellschaft? Welche Möglichkeiten haben Verbraucher, Druck auf den Finanzmarkt auszuüben?
- Was können insbesondere institutionelle Anleger tun, denen eine Förderung von Nachhaltigkeit wichtig ist? Nach welchen Kriterien sollen sie Finanzmarktprodukte auswählen und in welcher Weise können sie ihre Aktionärsrechte nutzen, um Unternehmen zu einer besseren Berücksichtigung von sozialen und ökologischen Belangen zu bewegen?
- Wie verhalten sich Rendite- und Nachhaltigkeitsorientierung zueinander? Muss zugunsten eines besseren Anlegergewissens auf Rendite verzichtet werden?

Ausgehend von diesen Grundfragen haben wir die Aufsätze unserer Autorinnen und Autoren drei Hauptkapiteln zugeordnet. In dem auf diese Einleitung direkt folgenden Hauptkapitel stehen die Verbindungslinien zwischen ethischen Grundlagen und marktwirtschaftlichen Ausprägungen im Mittelpunkt:

- *Gotlind Ulshöfer* zeigt in ihrem Beitrag, dass der Verantwortungsbegriff, weil er sich auf verschiedene Zwecke beziehen kann, besonders gut geeignet ist, um eine Brücke zwischen Moral und Ökonomie zu schlagen. Der Autorin kommt es allerdings darauf an, dass systematische Verbindungen zwischen dem normativen CSR-Konzept und dem Finanzmarktsystem auf mehreren Ebenen zu ziehen sind. Daher dürfe die Debatte nicht auf den Aspekt der nachhaltigen Geldanlagen beschränkt werden. Gefordert sei etwa auch die Auseinandersetzung mit den verschiedenen Akteuren des Finanzmarkts – darunter Finanzinvestoren wie etwa Hedgefonds – ebenso wie mit Fragen einer weitergehenden rechtlichen Regulierung oder mit entwicklungspolitischen Auswirkungen von Finanzmarktaktivitäten.
- *Michael S. Aßländer* und *Markus Schenkel* legen in ihrem Beitrag dar, wie schwierig die Anwendung ethischer Kriterien auf Finanzmarktprodukte ist. Denn im Gegensatz zu finanziellen Kenngrößen sind gesellschaftliche Verantwortung oder ethisches Verhalten nicht quantifizierbar. Dann müsste aber der Anspruch lauten, stichhaltig normativ zu begründen, warum ein Unternehmen in einem Ethikfonds aufgenommen wird oder nicht. Schwierig zu klären ist aber die eindeutige Abgrenzung von aufnahmefähigen und nicht aufnahmefähigen Unternehmen, praktische Probleme bereitet die Zugänglichkeit von Unternehmensinformationen sowie die Überwachung der Kriterieneinhaltung. Ein konsequentes Vorgehen auf einer schlüssigen normativen Grundlage sei in der Praxis kaum zu finden. Letztlich entscheiden daher doch Marktinteressen. Allerdings können auch sie – durch ein veränderndes Nachfrageverhalten – Einfluss auf die Geschäftspolitik der Unternehmen nehmen und einer ethischen Praxis in der Wirtschaft zu mehr Bedeutung verhelfen.
- *Henry Schäfer* liefert in seinem Beitrag nach einer eingehenden Begriffsklärung einen Überblick über den für Außenstehende nicht ohne weiteres durchsichtigen Markt der nachhaltigen Kapitalanlagen. So legt er dar, dass sich allein die Ethikfonds in diverse Anlagekategorien unterteilen lassen. Schäfer erläutert dann die Bedeutung des CSR-Konzepts für eine Steigerung des Unternehmenswerts und zeigt auf, dass in dem heutigen geldwirtschaftlich organisierten marktwirtschaftlichen System den Stakeholdergruppen der Finanzmärkte eine herausgehobene Rolle dabei zukommt, die Unternehmen zu einer noch besseren Verankerung von Nachhaltigkeitszielen in ihrer Geschäftsstrategie zu bewegen. Anhaltende Impulse für den nachhaltigen Kapitalanlagemarkt werden zukünftig nach

seiner Ansicht vor allem von den Pensionsfonds ausgehen und in Verbindung damit von den staatlichen Verpflichtungen zum Transparenzausweis bezüglich ethischer, ökologischer und sozialer Anlageprinzipien.

Im folgenden Hauptkapitel werfen wir einen genaueren Blick auf die Akteure, die Nachhaltigkeit als Finanzmarktprinzip befördern können – oder behindern. Die hier versammelten Autorinnen und Autoren setzen dabei unterschiedliche Akzente und erläutern ihre Ansätze und Ideen zu einem Finanzmarkt der Zukunft. Hier sind die Meinungen natürlich verschieden: etwa zu der Frage, ob in erster Linie die Politik gefordert ist, eine stärkere internationale Regulierung der Finanzmärkte durchzusetzen oder im Gegenteil die eigentlichen marktwirtschaftlichen Akteure – wie Einzelaktionäre und institutionelle Investoren – ihren Einfluss deutlicher geltend machen und Trends verstärken sollten. Eine besondere Rolle spielen auf dem Markt der nachhaltigen Geldanlagen die Finanzdienstleister sowie Initiativen und Projekte, die sich für eine nachvollziehbare Bewertung einer an CSR-Kriterien orientierte Unternehmensführung einsetzen. Welche Impulse hiervon ausgehen können, ist ebenfalls Gegenstand dieses Kapitels.

- Der geschäftsführende Vorstand des Deutschen Aktieninstituts *Rüdiger von Rosen* hält fest: Das nachhaltige Investment ist zwar noch ein Nischen-, aber auch ein Wachstumsmarkt und als solcher für den Finanzmarkt schon per se attraktiv. Nachhaltige Kapitalanlagen wirkten zunehmend als Innovationstreiber für die gesamte Finanzbranche. Aber nicht weitere rechtlichen Auflagen und Berichtspflichten können nach seiner Ansicht für eine noch bessere Verankerung von Nachhaltigkeitsaspekten an diesem Markt sorgen. Er setzt vielmehr auf mündige Anleger und sieht in dieser Hinsicht die Investoren am Markt für nachhaltige Kapitalanlagen als vorbildlich an: Schon aufgrund der höheren Komplexität der Anlageformen befassten sie sich intensiver mit ihrer Geldanlage und seien in der Regel auch langfristiger orientiert. Aktienbesitz ist nach Ansicht des Autors eine der verantwortungsvollsten Formen der Geldanlage überhaupt. Es sollte daher das Ziel sein, auch Arbeitnehmer verstärkt zu Anteilseignern zu machen und eine Aktienkultur in der Gesellschaft auszubilden.
- *Alexandra Krieger* von der Hans-Böckler-Stiftung beobachtet hingegen, dass die Gewinnmaximierungstendenz des Shareholder-Value und die Interessen von Arbeitnehmern immer weniger zusammengehen. In dem zunehmend auch in Kontinentaleuropa verbreiteten Shareholder-Value-Kapitalismus sei die Erfüllung von Sozialkriterien kein eigener Wert – maßgeblich seien allein die Interessen der Kapitalgeber. Als idealtypische

Vertreter des Shareholder-Value macht sie Finanzinvestoren wie Hedgefonds und Private-Equity-Firmen aus und zeigt an einer Reihe von Beispielen, inwieweit die Beschäftigten deren Praktiken weitgehend schutzlos ausgeliefert sind. Gefragt sei deswegen von der Politik mehr Mut zur Regulierung und damit zur Beschneidung der Rechte der Anteilseigner zugunsten eines besseren Schutzes der Interessen der Beschäftigten an einer nachhaltigen Unternehmensentwicklung.

- *Christine Scheel* führt die jüngste Kreditkrise an, die am US-Hypothekenmarkt ihren Ausgang nahm, um zu zeigen: Angesichts gravierender Rückwirkungen solcher Finanzmarktkrisen auf die Realwirtschaft ist eine bessere Regulierung der Finanzmarktakteure auf nationaler und internationaler Ebene unverzichtbar. Aufgabe der Politik sei es, die Rahmenbedingungen so zu setzen, dass diejenigen, die Investitionen tätigen, auch diejenigen sind, die die Investitionsrisiken zu tragen haben. Die Grünen-Politikerin setzt vor allem auf eine verbesserte Transparenz der Finanzmarktprozesse. Sie fordert daher unter anderem, Manager und Aufsichtsratsmitglieder stärker in die Verantwortung zu nehmen sowie eine größere Unabhängigkeit und transparentere Arbeitsweise der Ratingagenturen zu gewährleisten. Außerdem sei eine bessere Kontrolle von Finanzinvestoren wie Hedgefonds nötig und die Finanzmarktaufsicht insgesamt müsse auf allen Ebenen gestärkt werden.
- *Antje Schneeweiß* richtet den Blick auf die Nichtregierungsorganisationen als Finanzmarktakteure. Diese hätten zwar für den Markt der nachhaltigen Geldanlagen wichtige Impulse gegeben, wirkten heute jedoch zumeist nur als Informationslieferant für Ratingagenturen – und ließen sich so als Gewährsleute für die Glaubwürdigkeit einer Anlage einsetzen. In der Regel, so Schneeweiß, haben die NRO dabei aber auf die Einordnung eines Unternehmens und damit den Nachhaltigkeitswert einer Anlage nur wenig Einfluss. Sie fordert daher die zivilgesellschaftlichen Organisationen auf, die eigene Mitarbeit an solchen Ratingprozessen stärker zu kontrollieren und an Forderungen wie eine bessere Einsichtnahme zu binden. Zudem sollten NRO die Entwicklung des nachhaltigen Anlagemarkts kritischer als bislang begleiten und so zu dessen Qualitätssicherung beitragen. Außerdem könnten sie institutionelle Investoren, die auf Nachhaltigkeit Wert legen, in ihrer kritischen Aktionärsrolle unterstützen.
- *Silke Riedel* nimmt sich in ihrem Beitrag der Frage an, inwieweit die Integration von Nachhaltigkeitsaspekten und damit die Berücksichtigung von extrafinanziellen Faktoren im „konventionellen" Anlagegeschäft schon gediehen ist. Ihr Fazit fällt differenziert aus. Einerseits spräche eine Vielzahl von Neuerungen auch auf dem konventionellen Markt für diesen

Schritt von der Nische in den Massenmarkt. Andererseits machten Umfragen deutlich, dass in der allgemeinen Unternehmensbewertung Nachhaltigkeitsfaktoren de facto eine untergeordnete Rolle spielten. Das liegt nach Einschätzung der Autorin nicht zuletzt an der Schwierigkeit, Nachhaltigkeit zu messen und zu bewerten und an der fehlenden Zugänglichkeit solcher Informationen für konventionelle Analysten. Grundsätzlich stelle sich daher die Frage, wie anschlussfähig das CSR-Konzept an deren Denkweise, Sprache und Arbeitsweise mit standardisierten Kennzahlen ist. Riedel zeigt dann anhand verschiedener Initiativen und Akteursgruppen die potenziellen Erfolgsfaktoren für ein gelingendes Mainstreaming auf.

- *Kerstin Fritzsche* und *Walter Kahlenborn* machen deutlich, dass Faktoren wie der CO_2-Ausstoß oder das Gefährdungspotenzial eines Unternehmens durch mögliche Folgen des Klimawandels längst zu einer gewichtigen wirtschaftlichen Größe geworden sind. Klimaschutzfaktoren beeinflussen Kosten und Risiken und damit letztlich den Gewinn. Die Finanzbranche sei daher gefordert zu reagieren und sie könne die wirtschaftlichen Chancen, die sich aus dem Klimaschutz ergeben, nutzen. Die Autoren stellen Initiativen und Projekte vor, die sich zum Beispiel dafür einsetzen, dass Unternehmen klimaschutzrelevante Aspekte wie ihre CO_2-Bilanz offen legen. Diese kann dadurch in Investmententscheidungen und Risikobewertungen der Finanzdienstleister einbezogen werden. Trotzdem sei der Klimawandel noch immer ein Nischenthema auf dem Finanzmarkt. Um seiner faktischen Bedeutung besser gerecht zu werden, schlagen Fritzsche und Kahlenborn eine Reihe von Maßnahmen vor, die von Marktanreizen – wie einem Klimaschutz-Logo – über eine verbesserte Fachkompetenz der Finanzdienstleister bis hin zu veränderten rechtlichen Rahmenbedingungen reichen.

In unserem abschließenden Hauptkapitel wenden wir uns den Praxisstrategien für ein nachhaltiges Investieren zu. Es zeigt sich, dass die Schwierigkeiten der Erhebung, Messung und Bewertung von Nachhaltigkeitsfaktoren auch hier wieder eine Rolle spielen. Und es wird deutlich: Sicherheit und Renditeorientierung ist für alle Investoren eine entscheidende Basis – schon aus Gründen der Verantwortung für das treuhänderisch verwaltete Kapital. Es gilt, sie in ein vernünftiges Verhältnis zu den jeweils formulierten ethischen Ansprüchen zu setzen.

- *Heinz Thomas Striegler*, verantwortlich für die Finanzen der Evangelischen Kirche in Hessen und Nassau (EKHN), erläutert in seinem Beitrag die Anlagepolitik dieser Landeskirche. Insgesamt sind in der EKHN über 30.000

Menschen beschäftigt. Für eine solche Großorganisation habe der verantwortungsvolle Umgang mit den ihr anvertrauten Ressourcen hohe Priorität, so Striegler. Ziele seien ebenso die Sicherung der Altersversorgung für die Beschäftigten wie die Rücklagenbildung zum Ausgleich künftiger Einnahmeverluste. Zugleich müsse die Kirche in ihrer Anlagepolitik aber auch ihrem christlichen Selbstverständnis und Auftrag entsprechen. Damit wäre beispielsweise der Besitz von Aktien eines Rüstungsproduzenten nicht zu vereinbaren. Die EKHN habe deswegen Richtlinien für die Vermögensanlage beschlossen. Im Ergebnis orientiert sich die Landeskirche in ihrer Anlagestrategie an einer Negativliste, die durch einen Best-in-Class-Ansatz ergänzt wird. Dabei nutze die EKHN auch aktiv die mit dem Aktienbesitz verbundenen Stimmrechte, um Einfluss auf Unternehmen im Sinne der Nachhaltigkeit zu nehmen.

- *Heribert Karch* stellt in seinem Beitrag die Anlagepolitik des Versorgungswerks MetallRente vor, einer gemeinsamen, sozialpartnerschaftlichen Einrichtung des Arbeitgeberverbands Gesamtmetall und der IG Metall. MetallRente richtet seine Kapitalanlagepolitik konsequent an Nachhaltigkeitskriterien aus und übernimmt damit eine Pionierrolle: So ist der MetallRente Pensionsfonds derzeit der einzige am Markt, dessen gesamtes Aktienportfolio an Kriterien des Socially Responsible Investment (SRI) ausgerichtet ist. In den ersten fünf Jahren orientierte sich die Methodik beim Aufbau des Versorgungskapitals an einer Negativliste. Aus verschiedenen Gründen wurde dann auf einem aktiv gemanagten Best-in-Class-Ansatz umgestellt. Seinen Beitrag schließt Karch, selbst Geschäftsführer der MetallRente, mit einigen Wünschen zum SRI aus Sicht einer Altersvorsorgeeinrichtung. Dabei geht er auch auf die von ihm zuvor ausführlich erläuterten gesetzlichen Rahmenbedingungen ein, in denen nach seiner Ansicht die Förderung nachhaltiger Anlagepraxis wirkungsvoller verortet sein könnte.
- *Hermann Falk* vom Bundesverband deutscher Stiftungen sagt: Stiftungen sind die geborenen Nachhaltigkeitsakteure, denn sie sind schon durch ihre ideelle Zweckverfolgung den Gedanken der Generationengerechtigkeit und der Ressourcenschonung verpflichtet. Stiftungen sollten ihre Nachhaltigkeitsstrategie aber sorgfältig entwickeln und in einem Gesamtprozess integrieren. Die Anlage der Stiftungsgelder bilde hierbei einen wichtigen Baustein. Falk erläutert, dass es entgegen landläufiger Annahme für Stiftungen keine rechtliche Beschränkung bei der Investition in Nachhaltigkeitsprodukte gibt. In den letzten Jahren sei denn auch ein Trend zur nachhaltigen Geldanlage spürbar. Allerdings zeige eine aktuelle Befragung, dass derzeit nur 10 Prozent der Stiftungen ethische Kriterien bei ihrer Geldanlage

berücksichtigen. Immerhin fast 30 Prozent wünschen sich mehr Informationen darüber und eine bessere Beratung in ihren Banken diesbezüglich.

- *Falk-Reiner Kolter* legt dar, warum für das Bankhaus Metzler in Frankfurt ethische Werte in der eigenen Unternehmensführung ebenso zählen wie im Anlagemanagement für Kunden. Das Bankhaus vermeide Interessenkonflikte, indem es weder aktiv im Kreditgeschäft noch in Emissionskonsortien vertreten sei, kein Private-Equity-Geschäft betreibe und auf den Eigenhandel in Aktien verzichte. Unabhängigkeit sei ein entscheidender Wert, dadurch stehe Metzler nicht unter dem permanenten Druck, in kurzfristigen Abständen gute Unternehmensnachrichten zu verkünden. Mit den Kunden und Kundinnen, darunter zahlreichen Kirchen und kirchlichen Organisationen, werde eine jeweils individuelle Anlagestrategie entwickelt, der genau definierte Erwartungen an Sicherheit und Rendite in Verbindung mit einem Kriterienkatalog zur Nachhaltigkeit zugrunde liegen. Metzler arbeitet dabei mit spezialisierten Ratingagenturen sowie einem Dienstleister zusammen, der im Sinne einer aktiven Stimmrechtspolitik die Interessen der Anleger gegenüber Unternehmen vertritt.
- *Michaela Collins* erläutert in ihrem Beitrag den nachhaltigen Investmentansatz der schweizerischen Bank Sarasin. Diese sei nach Umweltkatastrophen wie Tschernobyl zu der Überzeugung gelangt, dass mit der Berücksichtigung von sozialen und Umweltaspekten ein dauerhaft wichtiges und ertragsbringendes Investitionsthema zutage trat. Die nachhaltige Titelselektion sei ein Weg zu einer Beteiligung an Unternehmen, die an der Minderung von Zukunftsrisiken arbeiten und neue Marktchancen nutzen. Um dieses Potenzial für Anleger systematisch zu erschließen, käme es auf einen professionell und gut strukturierten Anlageprozess an. Die Bank Sarasin setze dabei in erster Linie auf eine Auswahl nach sozialen und ökologischen Positivkriterien (Best in Class), verbunden mit der selektiven Anwendung einzelner, absoluter Ausschlusskriterien. Grundlage dessen müsse eine systematische Nachhaltigkeitsanalyse sein.
- *Frank Czichowski* und *Marion Marinov* stellen in ihrem Beitrag den Nachhaltigkeitsansatz und die Anlagepolitik der KfW-Bankengruppe vor. Sie orientiert sich als öffentlich-rechtliche Förderbank an der Nachhaltigkeitsstrategie der Bundesregierung. Ende 2006 unterzeichnete die KfW die von der UN initiierten Principles for Responsible Investment (PRI). In ihrer eigenen Investorentätigkeit orientiert sich die Bank an diesen Grundsätzen für verantwortungsbewusstes Wertpapiermanagement. Ein Schwerpunkt liege, so die Autoren, auf der Umsetzung des ersten Prinzips, der Einbeziehung von Nachhaltigkeitsaspekten in die Investmententscheidung.

Dabei komme dem Umweltschutz eine besondere Bedeutung zu. An der konsequenten Einbeziehung der weiteren Prinzipien arbeite die KfW.

4 Ausblick

Dieser Band bietet ein breites Spektrum an Meinungen und Erfahrungen sowie ethischen und wirtschaftlichen Fachinformationen zur Bedeutung von CSR auf dem Finanzmarkt und soll damit einen Beitrag zur Meinungsbildung leisten. Insbesondere sollen die Chancen und Herausforderungen einer zukunftsfähigen, am Leitbild der Nachhaltigkeit orientierten Investorentätigkeit sichtbar werden.

Dass wir in nicht alle Aspekte aufgreifen konnten, die es wert wären, unter dem Titelthema „Corporate Responsibility auf dem Finanzmarkt" diskutiert zu werden, liegt in der Natur der Beschränkung, die jeden Sammelband kennzeichnet. Der Fokus dieses Buches liegt vor allem auf den Finanzmarktakteuren. Hier seien noch zwei Perspektiven auf unser Thema genannt, die ebenfalls einer genaueren Analyse wert wären: Dazu zählt zum einen die Sicht von Unternehmen, da diese auch als Kapitalnehmer agieren und damit „Ratingobjekte" auf dem Finanzmarkt sind. Dazu gehört auch die Frage, wie eine bessere Standardisierung der Unternehmensberichterstattung auf dem Feld der Nachhaltigkeit erreicht werden kann, einschließlich der weiteren Entwicklung quantitativer Kennzahlen. Außerdem ließe sich noch genauer untersuchen, wie bestimmte politische Zielsetzungen, wie etwa die Frauenförderung, durch ethisches Investment und eine stärkere Verankerung von CSR auf dem Finanzmarkt gefördert werden könnten.

Wir wollen mit diesem Band daher auch zur Weiterführung des Themas „CSR auf dem Finanzmarkt" anregen, damit die politische und gesellschaftliche Bedeutung von Corporate Social Responsibility für eine nachhaltige Entwicklung gleichzieht mit der Bedeutung, die die Finanzmärkte zurzeit faktisch haben.

Literatur

Backhaus-Maul, Holger/Biedermann, Christiane/Nährlich, Stefan/Polterauer, Judith (2008): Corporate Citizenship in Deutschland. Die überraschende Konjunktur einer verspäteten Debatte. In: Dies. (Hrsg.): Corporate Citizenship in Deutschland. Bilanzen und Perspektiven. Wiesbaden: 13-42.

Bergius, Susanne (2007): Korrekt Sparen: Heuschrecken-Methoden für die gute Sache. In: ZEIT online vom 5.6.2007. http://www.zeit.de/online/2007/23/karina-litvack-portraet?page=1 (Zugriff am 14.8.2008).

Europäische Kommission 2001: Europäische Rahmenbedingungen für die soziale Verantwortung der Unternehmen. Grünbuch. http://ec.europa.eu/employment_social/soc-dial/csr/greenpaper_de.pdf (Zugriff am 9.8.2008).

manager-magazin.de (2005): Kapitalismuskritik: Wen Müntefering für räuberische Heuschrecken hält. In: manager-magazin.de vom 29.4.2005. http://www.manager-magazin.de/unternehmen/artikel/0,2828,354010,00.html (Zugriff am 3.8.2008).

Piper, Nikolaus (2008): Ein Jahr Kreditkrise: Das Ende einer Party. In: sueddeutsche.de vom 11.7.2008. http://www.sueddeutsche.de/finanzen/artikel/883/185302/ (Zugriff am 2.8.2008).

Voigt, Marc-Oliver/Klein, Serena (2008): Ringen um Einfluss. In: pressesprecher 04/08: 10-16.

WCED (World Commission on Environment and Development) (1987): Our Common Future. http://www.un-documents.net/wced-ocf.htm (Zugriff am 9.8.2008).

Welthungerhilfe/International Food Policy Research Institute/Concern (2007): Herausforderung Hunger 2007. Welthungerindex: Fakten, Ursachen, Entwicklungen. Maßnahmen zur Bekämpfung von akuter Unterernährung und chronischem Hunger. http://www.welthungerhilfe.de/welthungerindex-2007-pm.html (Zugriff am 9.8.2008).

Windolf, Paul (2005): Was ist Finanzmarkt-Kapitalismus? In: Windolf, Paul (Hrsg.): Finanzmarkt-Kapitalismus. Analysen zum Wandel von Produktionsregimen. Wiesbaden: 20-57.

II. Ethische Grundlagen und marktwirtschaftliche Ausprägungen

Corporate Social Responsibility auf den Finanzmärkten: Ebenen der Verantwortung

Gotlind Ulshöfer

1 CSR und Finanzmärkte: Zur Diskussion in der Europäischen Union

„Corporate Social Responsibility", das heißt die „soziale Verantwortung von Unternehmen", ist in der wirtschafts- und unternehmensethischen Diskussion, aber auch in Praxis- und Politikzusammenhängen zu einem vielfach verwendeten und diskutierten Begriff geworden. Grundlegend ist bei CSR die Vorstellung, dass Unternehmen und Firmen neben dem ökonomischen Erfolg auch für soziale und ökologische Belange innerhalb und außerhalb des Unternehmens Verantwortung tragen – „inklusive derjenigen sozialen und ökologischen Stakeholder, die die Aktivitäten der unternehmerischen Entität beeinflussen oder von ihnen beeinflusst werden" (Freemantle/Rockney 2004: 226; Übersetzung GU). Was jedoch genau unter CSR zu verstehen ist, hängt von den unterschiedlichsten Faktoren ab: je nach Akteur (vgl. z. B. Suchanek/Lin-Hi 2008: 69) und auch je nach wirtschaftspolitischem, gesellschaftspolitischem, rechtlichem und kulturellem Kontext. Die Frage, wie CSR und Finanzmärkte dabei zusammenhängen, wurde bis jetzt eher am Rande thematisiert (Schäfer 2008: 251).[1]

Seit der Jahrtausendwende wird innerhalb der Europäischen Union (EU) das Thema der sozialen Verantwortung von Unternehmen politisch vorangetrieben. Der CSR-Diskurs ist dabei in die Sozialpolitik der Europäischen Kommission eingebunden. Die Diskussionen um CSR erstrecken sich unter anderem auf Aspekte der Implementierung und der Freiwilligkeit. Den Einstieg dazu bildete im Jahr 2001 das Grünbuch der Europäischen Kommission zum Thema „Promoting a European Framework for Corporate Social Responsibility", in dem von einem offenen Begriff von CSR ausgegangen wird als „im Wesentlichen eine freiwillige Verpflichtung der Unternehmen auf eine bessere Gesellschaft und eine sauberere Umwelt hinzuwirken" (Kommission der Europäischen Gemeinschaft 2001: 4). Im März 2007 beschrieb der Präsident der Europäischen Kommission José Manuel Barroso drei Aspekte, die der Europäischen Union im

[1] Dies bedeutet, dass es zwar im Kontext der CSR-Diskussion Hinweise auf das Thema „Ethical Investment" gibt, eine grundlegende Untersuchung der Beziehung steht jedoch noch aus.

Blick auf CSR wichtig sind: erstens das „European Multistakeholder Forum on CSR“, eine Plattform, auf der sich Unternehmen, Gewerkschaften und Nichtregierungsorganisationen über CSR austauschen; zweitens die Freiwilligkeit der Aktivitäten sowie drittens die Förderung der CSR-Aktivitäten von kleinen und mittelständischen Unternehmen (Barroso 2007). Innerhalb der EU-Strategie wird der Zusammenhang von CSR und Finanzmärkten insbesondere anhand von „ethischem Investment“ thematisiert. Im Grünbuch von 2001 wird zum Beispiel in einem Unterkapitel auf sozial verantwortliches Investieren eingegangen. Dabei wird das soziale und ökologische Engagement eines Unternehmens als ein Hinweisgeber auf seine Qualität für die Investoren betrachtet: „In den letzten Jahren erfreut sich das sozial verantwortliche Investieren (SRI = Socially Responsible Investment) zunehmender Popularität bei institutionellen Anlegern. Verantwortliches Handeln unter sozialen und ökologischen Aspekten liefert Investoren zusätzliche Anhaltspunkte über die Qualität des internen und externen Managements“ (Kommission der Europäischen Gemeinschaft 2001: 23).

In diesem Zitat zeigt sich ein – nicht nur im EU-Kontext – typischer Bezug, was die Fokussierung des Themas „CSR auf den Finanzmärkten“ anbelangt: Oft steht SRI bzw. ethisches Investment bzw. nachhaltiges Investment (die Begriffe sollen hier synonym verwandt werden) im Zentrum der Betrachtung. Sind es doch gerade die Aktien – und damit die Anteilsscheine an einem Unternehmen – durch die das Unternehmen mit dem Finanzmarkt auf den ersten Blick am engsten verbunden ist und bei dem am direktesten die soziale Verantwortung von Unternehmen in Bezug auf den Finanzmarkt zum Tragen zu kommen scheint.

Blickt man auf den europäischen Kontext, sind hinsichtlich der Finanz- und Wirtschaftspolitik zwei Tendenzen zu erkennen: Einerseits herrscht ein Pluralismus an wirtschaftspolitischen Modellen der nationalen Marktwirtschaften vor, der unterschiedliche Verständnisse von sozialer Verantwortung im ökonomischen Bereich impliziert. Zum anderen ist jedoch auch eine Angleichung der Systeme zu verzeichnen. Gerade was die Finanzmärkte anbelangt, so stellt der freie Kapitalverkehr eine der Grundfreiheiten der EU dar, an deren Verwirklichung kontinuierlich gearbeitet worden ist. Inzwischen sind die Kapitalverkehrsbarrieren tatsächlich abgebaut und die Dienstleistungsfreiheit für Finanzdienstleister garantiert. Der europäische Finanzmarkt wurde also liberalisiert und dereguliert. „Die Länder der Europäischen Union haben einen Binnenmarkt für Kapital und Finanzdienstleistungen nicht nur aktiv geschaffen und damit den Wettbewerbsdruck für die Finanzdienstleister und die Finanzplätze massiv verstärkt, sondern in diesem Prozess eine führende Rolle eingenommen“ (Loheide 2008: 50). Die Liberalisierung der Finanzmärkte führt zudem dazu, dass sich neue „Governance“- und Steuerungsformen entwickelt haben. Diese Formen beinhalten Macht- und Interessenverschiebungen zwischen

Akteuren des privaten, politischen und wirtschaftlichen Sektors. Neue Zuschreibungen für das Verhältnis von Unternehmen und Gesellschaft sowie neue „Netzwerke" und „Koalitionen" wie zum Beispiel „Public-Private-Partnerships" (Fürst 2003: 252) sind entstanden. In diesem Kontext ist die Diskussion um die gesellschaftliche Verantwortung von Unternehmen und ihre Bedeutung für die Finanzmärkte zu verorten.

Im Folgenden soll untersucht werden, wo es weitere Verbindungspunkte von Corporate Social Responsibility und Finanzmärkten gibt, wie diese beiden Größen sich gegenseitig beeinflussen und wo Chancen und Grenzen dieser Beziehung sind. Die grundlegende These ist, dass die Beziehung von Corporate Social Responsibility zu den Finanzmärkten auf unterschiedlichen Ebenen stattfindet und sich nicht auf SRI beschränken lässt.

2 Finanzmärkte in Zeiten des flexiblen Kapitalismus

Die Fragen nach der sozialen Verantwortung von Unternehmen und einer nachhaltigen Gestaltung der internationalen Finanzmärkte treffen sich – auf den ersten Blick – bei der Finanzierung von unternehmerischen Aktivitäten. Finanzmärkte dienen unter anderem zur Finanzierung von Geschäftsideen bzw. dem Ausbau von unternehmerischen Tätigkeiten. Seit der Gründung der Bundesrepublik Deutschland bis zum Ende des Jahrtausends waren es vor allen Dingen die Banken, die durch das Finanzierungsinstrument „Kredit" Unternehmen liquide machten. Das Unternehmen als Aktiengesellschaft zu führen und über Aktien die Unternehmensfinanzierung zu ermöglichen bzw. andere Finanzierungsinstrumente in Anspruch zu nehmen war weniger verbreitet.

Wie fest die Verflechtungen zwischen Banken und Unternehmen in Deutschland waren, zeigen Untersuchungen, die sich etwa auf Beteilungen der Deutschen Bank 1995 an Industrieunternehmen in Deutschland beziehen. Beteiligungen von 45 Prozent – dieser Bank zum Beispiel an Klöckner-Humboldt-Deutz – waren symptomatisch. Aufgrund dieser engen Verbindung ist auch die Geschäftspolitik des Unternehmens beeinflusst worden. „Die kreditgebenden Banken versuchen, die Unternehmen auf eine spezifische Form ökonomischer Rationalität zu verpflichten, die sich aus der Eigenart des Kredits als Finanzierungsinstrument ableiten lässt. Die Bank ist nicht daran interessiert, dass ihre Schuldner eine Strategie der Profitmaximierung verfolgen (und damit relativ hohe Risiken eingehen). Vielmehr ist die Bank an einer verlässlichen *(Rück-)Zahlungsfähigkeit* des Unternehmens interessiert" (Windolf 2005: 22; H.i.O.). Das Thema der „sozialen Verantwortung" von Unternehmen ist in diesen Zeiten zwar auch diskutiert worden – etwa unter der Fragestellung, ob in

Firmen investiert werden soll, die im damaligen Apartheidsstaat Südafrika tätig waren (Hiß 2006: 30). Die Relevanz des Themas für den Finanzmarkt war dennoch nicht in dem Maße gegeben wie heutzutage. In der Zwischenzeit kann von einem „Finanzmarkt-Kapitalismus" geredet werden, weil Bankenkredite zugunsten von Finanzierungsinstrumenten, die über den Finanzmarkt laufen wie z. B. Aktien, immer mehr in den Hintergrund traten. „Die Beziehung zwischen dem Finanzmarkt und der Realökonomie werden nicht durch ein ‚*relational contracting*' zwischen einer Hausbank und dem Unternehmen geprägt, sondern durch die Funktionsweise globaler Finanzmärkte" (Windolf 2005: 23; H. i. O.).

Der größere Einfluss der Finanzmärkte auf die Situation von Unternehmen führt auch dazu, dass nicht mehr nur Banken wichtig sind, sondern weitere Institutionen in den Blick geraten, wenn die Verbindungslinien zwischen CSR und den Finanzmärkten analysiert werden sollen – wie Investmentfonds, Hedgefonds, Staatsfonds, Analysten, Rating-Agenturen, internationale Institutionen wie der Internationale Währungsfonds, Weltbank, GATS sowie verschiedene nationale, europäische und internationale rechtliche Regelungen. Staaten und auch Nichtregierungsorganisationen sind mit zu bedenken. Unter „Finanzmärkten" sollen daher Märkte verstanden werden, auf denen unter anderem Finanzintermediäre tätig sind, „die zum Ausgleich von Anlage- und Finanzbedarf von Geldgebern und Geldnehmern (...) beitragen" (Loheide 2008: 29).

Die Erhöhung der Anzahl der Akteure, die Verschiebung von Verantwortlichkeiten und die Intensivierung der globalen Finanzaktivitäten sind Ausdruck einer sich globalisierenden Wirtschaft im Zeitalter des flexiblen Kapitalismus. Die schnellen Veränderungen innerhalb der „Realökonomie" haben ihren Gegenpart in der hohen Dynamik der Finanzmarktaktivitäten und vice versa. Sie sind jedoch üblicherweise nicht auf fassbare Werte, sondern auf „Zahlungsversprechen, d. h. fiktives Kapital" gerichtet. „Diese besondere ‚Ware' schafft eine spezifische Gelegenheitsstruktur für Opportunismus und ‚moral hazards'" (Windolf 2005: 34). Mit dieser Entwicklung geht eine verstärkte Orientierung an kurzfristigen Ergebnissen einher.

Für die Bedeutung von sozialen und ökologischen Belangen von Unternehmen taucht hier eine Diskrepanz auf: Wie lässt sich die längerfristig orientierte Nachhaltigkeits- und CSR-Strategie eines Unternehmens im Blick auf den kurzfristig orientierten Finanzmarkt rechtfertigen? In der aktuellen Diskussion wird diese Diskrepanz „aufgelöst", indem argumentiert wird, dass sich gerade längerfristig eine ökologische und soziale Unternehmenspolitik positiv auf die Gewinnmaximierung des Unternehmens auswirkt bzw. zumindest, dass sich Unternehmen mit CSR-Aktivitäten nicht ökonomisch schlechter stellen. Auch die Performance der ethikbasierten Fonds sei daher nicht grundsätzlich schlechter ist als die der „regulären" Fonds (exemplarisch z.B. Delbeck 2008).

Der Wandel der Finanzmärkte wird auch deutlich in ihrem Bedeutungszuwachs der sich in vier Aspekten manifestiert, wie Johannes Loheide (2008: 34) erläutert: Erstens ist die Anzahl der Finanzinnovationen gestiegen, das heißt, es gibt sowohl Prozess- als auch Produktinnovationen. Zweitens ist die Deregulierung im Bereich der Finanzdienstleistungen vorangeschritten, ebenso wie drittens die Globalisierung des Kapitalverkehrs. Viertens haben sich infolgedessen die Kundenbedürfnisse geändert. Loheide weist dabei darauf hin, dass es jedoch hinsichtlich der unterschiedlichen Aspekte des Finanzsektors – dem Kapital, den Finanzdienstleistungen und den Finanzdienstleistern – zu unterschiedlichen Entwicklungen gekommen ist. Sind alle drei Aspekte aufgrund der oben angedeuteten Entfaltungen tatsächlich international stark vernetzt und global wirkkräftig, so gibt es dennoch Unterschiede: Während das Kapital selbst grenzenlos mobil sein kann, sind die Finanzdienstleistungen sowie die -erbringer derselben immer wieder regional zurückgebunden. „Finanzdienstleister stellen sich zwar international auf, suchen aber die Verankerung in den regionalen Märkten" (Loheide 2008: 93).

Für den weiteren Gang der Untersuchung bedeutet dies, dass in Bezug auf den Zusammenhang von CSR und Finanzmärkten nicht nur der Aspekt der Finanzdienstleistung (und dabei auf der Produktebene etwa das „ethische Investment"), sondern auch die Ebenen des Kapitals selbst und der Finanzdienstleister behandelt werden sollten. Zunächst soll jedoch grundsätzlich nach der Bedeutung von Verantwortung im Rahmen der CSR-Diskussion gefragt werden.

3 Die Bedeutung von „Verantwortung" im Diskurs um Corporate Social Responsibility

Der Diskurs um CSR soll im Rahmen dieses Artikels gedeutet werden als Antwort auf Kritik am Kapitalismus. Auf den Vorwurf, sich nur am Shareholder-Value zu orientieren und soziale und ökologische Belange in der Unternehmenspolitik außen vor zu lassen (Scherer 2003: 18), reagieren Unternehmen und Manager, indem sie Nachhaltigkeits- und Sozialstrategien in die Geschäftspolitik integrieren. Im Sinne der Analyse von Luc Boltanskis und Ève Chiapello, die in ihrem Werk „Der neue Geist des Kapitalismus" (Boltanski/Chiapello 2006) davon ausgehen, dass der Kapitalismus sich immer wieder transformiert, indem er Kritik internalisiert, kann auch CSR als die Internalisierung von Kapitalismuskritik in den Kapitalismus selbst verstanden werden. Dabei befindet sich die Internalisierung jedoch gerade im Finanzbereich erst in ihren Anfängen. Angesichts der aktuellen Finanzkrise der Jahre 2007 und 2008 wird deutlich, dass die Kritik am Finanzmarktkapitalismus vor allen Dingen auf die Intransparenz mancher Finanzierungsinstrumente wie z.B. den Verbriefungsinstrumenten zielt. Durch sie konnte es zwar einerseits zu einer besseren Verteilung von Risiken kommen, andererseits wurde die Risikobewertung kritisch (Heise/Holzhausen 2008:1). Außerdem wird die Rolle von Ratingagenturen immer wieder kritisiert, ebenso wie die enge und nicht genügend transparente Verbindung zwischen Investment-Banking und Rating-Abteilungen der Banken. Wird die CSR-Debatte als Aufnahme von Kritik innerhalb des kapitalistischen Systems verstanden, so zeigt sich für das Thema „CSR auf den Finanzmärkten", dass ein relativ breit angelegter Begriff von „Corporate Social Responsibility" vonnöten ist, der hier im Folgenden dargestellt werden soll. Durch dieses offene Verständnis kann der CSR-Diskurs dann auch im Bereich Finanzmärkte verstärkt werden, wobei der Aspekt der Verantwortung zentral ist.

„Verantwortung" ist im Bereich der Finanzmärkte vor allen Dingen ökonomisch besetzt. Im Zentrum steht der effiziente und rationale Umgang mit Geld bzw. Finanzprodukten. Der Begriff der Verantwortung in CSR-Konzeptionen bezieht sich auf ein moralisches Verständnis von Verantwortung, denn es geht um „soziale Verantwortung". Es wird also eine normative Konzeption impliziert. Verantwortung als mehrstelliger Relationsbegriff fordert heraus, Antwort zu darauf geben, wer, was, vor wem, getan hat bzw. tun wird. Dabei trifft der Verantwortungsbegriff sowohl auf prospektive als auch auf retrospektive Handlungen. „Verantwortung" als gemeinsame Basis, sei sie ökonomisch oder moralisch verstanden, ist insofern gerade für die Frage nach den Verbindungslinien zwischen CSR und Finanzmärkten von Interesse, weil das Verantwortungsprinzip „als Integrationsprinzip unterschiedlicher Interessenlagen und Handlungszwecke [fungiert], indem es ökonomische, rechtliche, ethische und philanthropische Zielsetzungen so miteinander verbindet, dass dilemmatische Konflikte zwischen diesen Zielsetzungen möglichst gering gehalten werden" (Heidbrink 2008: 19). Der Verantwortungsbegriff kann daher zum „Brückenbegriff" zwischen ökonomischem Denken und normativen Ansprüchen werden.

Verantwortung im Rahmen von CSR-Konzeptionen ist multidimensional. Betrachtet man die „Subjekte" von Verantwortung, so stellt sich die Frage gerade für den Finanzmarkt, wer hier überhaupt „Subjekt" sein kann: Sind es die Unternehmen, die als Aktiengesellschaften agieren? Oder die Ratingagenturen, die als „Unternehmen" Verantwortung hinsichtlich ihrer Geschäftsaktivitäten und Ratings tragen? Sind es die Banken? Oder die Fonds bzw. deren Manager? Wer kann noch Verantwortungs-„Subjekt" in diesem Handlungszusammenhang sein? Entsprechend schwierig ist die Differenzierung für die „Objekte" der Verantwortung: Geht es dabei um die genuinen Geschäftstätigkeiten von Unternehmen, also unter anderem um die Produkte, die „sozial verantwortlich" erstellt werden sollten, im Sinne einer „internen Verantwortung“? Oder sind es im Sinne einer „externen Verantwortung“ die Beziehungen des Unternehmens zu den gesellschaftlichen Anspruchsgruppen und darüber hinaus in die gesellschaftlichen Kontexte? Und auf welche Art von „Unternehmen“ wird eigentlich beim Thema „CSR auf den Finanzmärkten“ Bezug genommen? Sind es die produzierenden Unternehmen oder werden Finanzdienstleister dazu gerechnet?

CSR steht für das ganze Feld von sozialer Verantwortung der oben angedeuteten „Subjekte“ und „Objekte“ im externen und internen Sinne (vgl. Ulshöfer 2007: 316f.). Dies bedeutet also, dass die „korporativen Akteure“, auf die sich CSR bezieht, nicht nur die produzierenden Unternehmen sind, sondern auch Finanzdienstleister sowie die anderen Akteure auf den Finanzmärkten – wie etwa Nichtregierungsorganisationen. Das Thema „CSR auf den Finanzmärkten“ nimmt daher ebenso Bezug auf eine Bankenethik wie auf die Frage danach, wie im internationalen Finanzmarktkontext eine global gerechte Struktur aussehen könnte. Dabei wird mit dem Begriff der „sozialen Verantwortung“ eine normative Konzeption eingeführt. Über die Bestimmung von CSR als freiwilligem Engagement von Unternehmen für soziale und ökologische Belange hinaus, werden damit drei Aspekte thematisiert, die sich auf das Wort „sozial“ beziehen:

- Erstens kann „soziale Verantwortung“ verstanden werden als gesellschaftliche Verantwortung. Werden Unternehmen, seien es produzierenden Unternehmen oder Dienstleistern wie im Finanzsektor, Verantwortlichkeiten für „die Gesellschaft“ zugeschrieben, so bedarf es einer öffentlichen Verständigung darüber, was „die Gesellschaft“ eigentlich ist bzw. wie sie aussehen soll. Daher wird CSR unter dieser Perspektive zu einem politisch relevanten Begriff, denn er impliziert die Frage, wie die Gesellschaft angesichts der veränderten Finanzmarktbedingungen gestaltet sein sollte. Normativ bestimmt werden kann der Begriff der sozialen Verantwortung, wenn man davon ausgeht, dass „gesellschaftliche Verantwortung“ eine Orientierung am Gemeinwohl impliziert. Dabei soll Gemeinwohl im Sinne von John Rawls Differenzprinzip bestimmt werden als der Zustand, bei dem die gesellschaftlichen Ungleichheiten nur dann gerechtfertigt sind, wenn sie für die Ärmsten von Vorteil sind (Rawls 2001).
- Ein zweiter Aspekt ist damit zugleich angelegt: Soziale Verantwortung kann verstanden werden als eine Verantwortung, die insbesondere den gesellschaftlich Marginalisierten gilt. Nach diesem Verständnis schließt der Begriff ökologische Verantwortung ein – im Sinne einer Nachhaltigkeitskonzeption, die Ressourcen- und Umweltschonung impliziert. Auch hierbei

zeigen sich die Korrespondenzen zwischen der Bedeutung sozialer Verantwortung und Fragen der Gerechtigkeit.

- Ein dritter Aspekt tut sich bei „Corporate Social Responsibility" auf bei der Frage, was „korporative" Verantwortung bedeuten kann. Hier gibt es Überschneidungen mit dem oft synonym benutzten Begriff der Corporate Citizenship. Dabei kann mit Jeremy Moon, Andy Crane und Dirk Matten unterschieden werden (Moon et al. 2008: 56ff.) zwischen a) Unternehmen, die als Bürger Teil von politischen Gemeinden sind und darin wie Bürger agieren; b) Unternehmen, die politische Gemeinschaften mit regierungsgleicher Gewalt und dementsprechenden Verantwortlichkeiten regieren, und c) Unternehmen, die Gelegenheiten bzw. Freiräume für ihre Stakeholder schaffen, damit diese sich wie Bürger verhalten können. Die oben genannten Autoren machen darauf aufmerksam, dass hierbei nicht nur die Frage der Verantwortlichkeit wichtig wird, sondern auch diejenige der Machtverteilung, denn Macht impliziere auch Verantwortung.

4 Verknüpfungen von CSR und Finanzmärkten

Die Kritik, die gegenüber Finanzmärkten und deren Akteuren geäußert wird, liegt zum einen in der Sache selbst begründet: Auf Finanzmärkten geht es um Geld, aber wie schon erwähnt, auch um Zahlungsversprechen. Sowohl die Zahlungsversprechen als auch Geld selbst stellen anonyme Mittel dar (vgl. Schäfer 2008: 246). Die Anonymität führt dazu, dass weder Besitzverhältnisse noch Verantwortlichkeiten auf den ersten Blick genau zugeschrieben werden können. Verbunden mit der Macht, die Finanzmärkten bzw. den Akteuren auf den Finanzmärkten attestiert wird, erscheint dieser Bereich als diffus und unregulierbar. Der in Zeiten von Finanzkrisen aufkommende Ruf nach „mehr Transparenz" weist auf diese Problematik hin, denn er drückt auch den Wunsch nach einer besseren Zuschreibbarkeit von Verantwortlichkeiten sowie einer Aufklärung über Risiken aus.

Wie kann unter diesen Prämissen von CSR auf den Finanzmärkten geredet werden, insbesondere, wenn ein normativer Begriff von CSR zugrunde gelegt wird? Hierbei soll an der Unterscheidung von Loheide zwischen Kapital, Finanzdienstleistern und Finanzdienstleistungen erinnert werden. Diese Unterscheidung wird hier erweitert um die Vorstellung des Umfeldes von Unternehmen und Finanzdienstleistungen im Sinne der „organisationalen Felder", wie sie in der Theorie des Neuen Soziologischen Institutionalismus benutzt werden (vgl. auch Beschorner 2008). Ein organisationales Feld beschreibt diejenigen Akteure, die in einem gemeinsamen Umfeld agieren, das auf einem geteilten

Symbolsystem beruht. „Im organisationalen Feld eines Unternehmens agieren beispielsweise Konkurrenzfirmen, Zuliefererfirmen, Konsumenten, Regulierungsbehörden, Gewerkschaften, Nichtregierungsorganisationen oder auch die Medien. (...) Durch den Analyserahmen organisationaler Felder werden die Beziehungen und Wechselwirkungen zwischen unterschiedlichen Organisationen in einem gemeinsamen System oder Netzwerk in den Blick genommen“ (Hiß 2006: 126). In diesem Sinne können auch Finanzmärkte als organisationale Felder verstanden werden. Im Folgenden soll aufgezeigt werden, in welchen Bereichen – über das ethische Investment hinaus – CSR auf den Finanzmärkten eine Rolle spielt. Dies lässt sich an dieser Stelle nur als grober Überblick leisten. Er gibt Hinweise auf neue Forschungsfelder, die sich mit der In-Beziehung-Setzung von CSR und Finanzmärkten ergeben.

4.1 Ethisches Investment als Kernelement des Themas „CSR auf den Finanzmärkten“

In Fortführung der Diskussion um CSR und Unternehmen finden sich beim Thema „nachhaltiges bzw. ethisches Investment“ die offensichtlichsten Anknüpfungspunkte für die Beziehungen zwischen CSR und Finanzmärkte. Diese müssen hier als „organisationale Felder“ gesehen werden, damit für ihr Verständnis auch die verschiedenen Akteure in den Blick genommen werden können. So haben auch die Forderungen nach einer sozial und ökologisch verträglichen Unternehmenspolitik seitens Kunden und Kundinnen, Nichtregierungsorganisationen und Stakeholdern Auswirkungen auf den Finanzmarkt, weswegen für Kapitalgeber diese Aspekte bei der Bewertung von Unternehmen wichtig geworden sind (vgl. Schneeweiß in diesem Band). Diese „Triple-Bottom-Line“-Orientierung an der ökonomischen wie auch sozialen und ökologischen Performance eines Unternehmens findet sich also gerade auch aufseiten der Nachfrage wieder. Aus dieser Orientierung hat sich ein Markt für Informationsdienstleistungen entwickelt, in dem drei Gruppen agieren, die Ratings für die CSR-Aktivitäten von Unternehmen entwickeln: nämlich Ratingagenturen, Inhouse Research Teams von Kreditinstituten sowie Wertpapierindizes-Betreiber (Schäfer 2005: 251).

Für das Thema „CSR auf den Finanzmärkten“ ist festzuhalten, dass soziale und ökologische Verantwortung von Unternehmen so einen Einstieg in den Finanzmarktbereich gefunden hat (zur ethischen Analyse des ethischen Investments siehe Aßländer/Schenkel in diesem Band). Dass es sich bei ethischem Investment immer noch um einen Nischenmarkt handelt, sollte jedoch nicht davon ablenken, dass es auch ein Wachstumsmarkt ist (vgl. die Artikel von

Schäfer und von Rosen in diesem Band), und es außerdem seine Auswirkungen auf konventionelles Investment zeigt (vgl. den Artikel von Riedel in diesem Band). Gleichzeitig führt die Nachfrage von ethischem Investment bei institutionellen Anlegern (vgl. die Artikel von Falk, Striegler und Karch in diesem Band), aber auch von Privatpersonen zu vermehrtem Druck auf die Unternehmen, ihre Geschäftspolitik nach CSR-Gesichtspunkten auszurichten und darüber auch Rechenschaft abzulegen.

Das ethische Investment ist ein Kernelement des Themas „CSR auf den Finanzmärkten", weil sich hierbei realökonomische Aktivitäten von Unternehmen im CSR-Bereich auswirken auf die Finanzierungsseite und damit Aspekte und Anforderungen von CSR auch innerhalb von Finanzmärkten relevant werden. Hier ist zugleich der Ausgangspunkt, um genauer zu analysieren, warum das ethische Investment sich zwar als Kernelement des Themas zeigt, jedoch die Untersuchung der Verbindungslinien von CSR und Finanzmärkten noch weitere Aspekte in den Blick nehmen muss. Der Fokus bei SRI liegt vor allen Dingen auf dem Investment und auf dem sozialen und ökologischen Verhalten von Unternehmen. Andere Aktivitäten des Finanzmarkts wie z. B. das „Hedging" bleiben bei diesem Thema im Hintergrund. Außerdem werden andere Akteure des Finanzmarkts hinsichtlich ihrer eigenen CSR-Aktivitäten nicht befragt. Wo sich daher weitere Anknüpfungspunkte zwischen CSR und dem Finanzmarkt finden mögen, soll im Folgenden weiter thematisiert werden.

4.2 Finanzdienstleister und CSR

Soll CSR für die Finanzmärkte relevant werden, so sind in jedem Fall auch die Finanzdienstleister selbst, d. h. unter anderem Banken, Ratingagenturen (Hirsch/Bannier 2007), Fondgesellschaften und Börsen auf ihre eigenen CSR-Aktivitäten hin zu befragen (vgl. Collins und Kolter in diesem Band). Im Sinne des oben vertretenen breiten CSR-Ansatzes soll zwischen „internen" und „externen" Dimensionen von CSR sowie CSR im Blick auf die Produkte unterschieden werden.

Damit es zu einer „internen" CSR-Orientierung bei einem Finanzdienstleister kommen kann, bedarf es in der Organisation entsprechender „institutioneller Arrangements, in deren Rahmen moralisches Handeln stattfinden kann" (Beschorner 2008: 73). „Intern" soll sich daher auf die Strukturen im Unternehmen beziehen. Welche Möglichkeiten gibt es, Fälle von Missbrauch von Wissen über Finanzaktivitäten entweder zu unterbinden oder zu melden? Was wird gegen Insider-Handel, Bilanzfälschung oder auch Korruption getan (ausführlich erörtert bei Koslowski 1997)? Hier werden Bereiche einer Bankenethik tangiert, genauso wie einer „Ethik für Finanzdienstleister". Deutlich wird auch, dass die „interne" CSR-Orientierung von Finanzdienstleistern (exemplarisch Knüfermann 2005: 5) sich überschneidet mit rechtlichen Regelungen, wobei CSR gerade dann interessant wird, wenn rechtliche Regelungen einen Spielraum lassen oder nicht vorhanden sind.

Oft sind es Fragen der Verantwortung und Verantwortlichkeiten, die in Konfliktsituationen auftreten. Beim Fall Enron etwa hatte Chang Wu, einer der Angestellten der Investmentbank Paine Webber, die eng mit dem Energiekonzern Enron zusammenarbeitete, kurz vor dessen Zusammenbruch (und damit kurz vor dem Skandal um die Machenschaften des Konzerns und seines Umfelds), unautorisiert warnende E-Mails an Enron-Mitarbeiter verschickt, deren Stock-Options-Programme er betreute. Diese enthielten den Hinweis, dass die Bontität der Aktie nicht mehr gewährleistet sein werde. Als die Investmentbank dies erfuhr, entließ sie Chang Wu umgehend, weil er gegen interne Regeln verstoßen habe, mehr als zehn Kunden eine Verkaufsempfehlung zu geben. Im Gegensatz dazu war das Verhalten von Chang Wu in den Augen des den Fall untersuchenden Kongressabgeordneten Harry A. Waxman korrekt und ein „angemessener finanzieller Ratschlag" (Thielemann/Ulrich 2003: 60ff.). Moralisch fragwürdig ist an dieser Tat erstens, ob Chang Wu sich hätte wegen der Kundenwarnung absprechen müssen und wenn ja, warum sich die Investment-Bank mit dieser harten Reaktion auf die Tat hervortat. Unter dem Fokus von CSR betrachtet, müsste davon ausgegangen werden, dass es seitens des Unternehmens einen verantwortlichen Umgang mit Mitarbeitenden gibt und Chang Wu eine Chance bekommen hätte, selbst bei einem möglichen Fehler, nicht sofort entlassen zu werden. Das Beispiel weist aber zum anderen darauf hin, dass die Unterscheidung zwischen „extern" und „internen" CSR-Aktivitäten immer nur „analytisch" verstanden werden kann, denn phänomenologisch muss zur Analyse der Situation sowohl die interne als auch die externe Perspektive betrachtet werden.

Der Fall Chang Wu beim Enron-Skandal wird verständlicher, wenn das Gesamtsetting der Verflechtungen zwischen Banken, Research-Abteilungen, Analysten, ihren Ratings und dem Unternehmen betrachtet wird. Zwar hätte Paine Webber auch die Treuepflicht gegenüber den Aktionären gehabt, aber diese wurde nicht unbedingt eingehalten. „Allerdings wird auch vermutet, dass Banken nicht nur zu den Mitwissern des desolaten Zustands von Enron zählten und gleichwohl die Aktie weiter empfahlen, sondern selbst an den kaum durchschaubaren Firmenkonstruktionen beteiligt waren, mit denn unrentable Bereiche aus der Bilanz ausgelagert werden sollten" (Thielemann/Ulrich 2003: 63). Die Credit Suisse Gruppe, um die es in diesem Fall geht, bestreitet jedoch die Vorwürfe. Für das Thema CSR als Teil der Aufgabe von Finanzdienstleistern wird hier deutlich, dass die internen Möglichkeiten, CSR-Standards durchzusetzen und einzuhalten, immer auch in Relation dazu stehen, wie der ganze Sektor aufgestellt ist.

4.3 Die politische Relevanz des CSR-Konzepts

Obwohl es wenig direkte gesetzliche Regelung für CSR-Aktivitäten von Unternehmen und Finanzdienstleistern gibt, da CSR beispielsweise in der EU dezidiert als freiwilliges Konzept verstanden wird, tangiert das Thema der sozialen und ökologischen Verantwortung die Finanzmärkte auch auf einer politischen Ebene. Dies soll im Folgenden an zwei Aspekten deutlich werden. Erstens ist das ethische Investment nicht nur finanz- und unternehmenspolitisch eine Größe, die für Anleger und Finanzdienstleister sowie das Unternehmen selbst wichtig ist, sondern es hat häufig auch eine entwicklungspolitische Dimension. Zweitens zeigen die Diskussionen um mehr Transparenz auf den Finanzmärkten, die aktuell in Zusammenhang mit der Finanzkrise, aber auch mit dem Verhalten von Hedgefonds, Private Equity und Staatsfonds geführt werden, dass hier sowohl das Bewusstsein für die CSR-Dimension der Tätigkeiten als auch intensivere rechtliche Regelungen noch ausstehen. Eine Ausnahme bilden teilweise die Staatsfonds, die wie das Beispiel Norwegen zeigt, durchaus die Möglichkeit hätten, sich für ethisches Investment zu entscheiden (vgl. dazu den Artikel von Karch in diesem Band).

4.3.1 Ethisches Investment und Entwicklungspolitik

Dass auch beim ethischen Investment die Perspektive nicht nur auf dem Verhältnis zwischen Unternehmen und Finanzmarkt liegt, sondern ebenso politische Ebenen tangiert, macht exemplarisch die Diskussion um die Bedeutung des sozial verantwortlichen Investierens für die Entwicklungszusammenarbeit deutlich. Brigitte Hamm zeigt in ihrem Überblick über die Relevanz von SRI für Entwicklungspolitik auf, dass die Initiative *Just Pensions* in Großbritannien versuchte, die Verantwortlichen von Pensionsfonds dafür zu sensibilisieren, dass Investitionen entwicklungspolitische Auswirkungen haben und daher auch gezielt im Sinne einer guten Entwicklungspolitik gelenkt werden können. Handel und Investitionen in Entwicklungsländer sollen so strukturiert sein, dass sie vor Ort die sozialen und ökologischen Gegebenheiten verbessern, um damit auch den Millenniums-Entwicklungszielen näher zu kommen (Hamm 2006).

Obwohl die Verknüpfung von Entwicklungszielen und CSR in diesem Beispiel über das ethische Investment läuft, kann man jedoch für das Thema „CSR auf den Finanzmärkten“ auch direkt die Unternehmen bzw. Finanzdienstleister in den Blick nehmen, die etwa in Entwicklungsländern investieren und dort mit Direktinvestitionen (Foreign Direct Investment = FDI) tätig sind. Dabei ist zu bedenken, dass die „wachsenden internationalen Finanzströme (...) nicht gleichmäßig auf die Weltregionen verteilt [sind]. Der weitaus größere Teil der weltweiten Finanztransaktionen findet zwischen den Industrieländern statt“ (Loheide 2008: 67). Außerdem werden die FDI, die in Entwicklungs- und Schwellenländer fließen, auf nur wenige Staaten verteilt. Betrachtet man detaillierter, welche Akteure FDI betreiben, stellt sich für Deutschland heraus, dass es sich vor allen Dingen um Großunternehmen handelt. CSR auf den Finanzmärkten sollte entsprechend der normativen Vorstellung von CSR, die hier vertreten wird, auch das Thema FDI aufgreifen, um hier zu analysieren, wie sich das soziale und ökologische Finanz-Engagement von Unternehmen auswirkt.

4.3.2 Hedgefonds und Private Equity und CSR

Hedgefonds sind international tätig. „Sie können Leerverkäufe tätigen, also auf fallende Kurse setzen, Derivate handeln, durch Kreditaufnahme ihre Gewinne und Verluste vergrößern und große Positionen in einzelnen Firmen aufbauen (jenseits der Obergrenze, die in vielen Ländern für Investmentfonds gelten ...)“ (Voth 2007: 9). Diese Tätigkeiten führen einerseits positiv betrachtet zu einer Streuung von Risiken. Daher investieren gerade auch die großen Anleger wie Pensionsfonds gerne in diese Fonds. Private Equity bezieht sich vor allen Dingen auf den „Buy Out“, d. h. den Aufkauf von Firmen durch einen Finanzinvestor und auf Venture-Capital, d. h. Risiko-Kapital für neu zu gründende bzw. junge Firmen. „Private Equity gehört wie Hedge-Fonds zu den sogenannten *Alternative investments* und hat sich in den letzten Jahren zunehmender Beliebtheit erfreut. Wie Hedge-Fonds zeichnet sich die Anlageklasse durch (i.) geringe Liquidität, (ii.) relativ hohe durchschnittlich (ausgewiesene) Rendite, (iii.) geringe Transparenz und (iv.) hohe Gebühren der Fonds aus“ (Voth 2007: 33; H.i.O.).

In der aktuellen Debatte um die Transparenz auf den Finanzmärkten wird sowohl Hedgefonds als auch Private Equity vorgeworfen so intransparent zu handeln, dass es zu Marktinstabilitäten kommt, die die Finanzmärkte gefährdet. Dies ist gerade nicht im Sinne eines normativen CSR-Konzepts, das implizit die Förderung des Gemeinwohls in sich trägt. Bei diesen Beispielen zeigt sich zudem, dass die „externen“ Aktivitäten von Fondsgesellschaften in engem Zusammenhang stehen mit der Qualität der Produkte, die sie auflegen. Sind sie nicht CSR-gemäß, so treten Risiken für den Markt auf. Gleichzeitig steht eine intensivere rechtliche Regelung dieses Bereiches – vor allen Dingen international – noch aus. Die Bundesrepublik Deutschland hat mit dem Risikobegrenzungsgesetz, das Anfang Juli 2008 auch vom Bundesrat verabschiedet worden ist, versucht eine größere Transparenz herzustellen.[2] Eine geringe Transparenz kann dazu führen – wie im Fall des Zusammenbruchs des Hedgefonds Long Term Capital Management (LTCM) im Sommer 1998 –, dass zwar die einzelnen Banken, mit denen der Fonds handelte, den Eindruck bekamen, dass die Kredite durch Wertpapiere gesichert gewesen seien. Da das Gesamtrisiko nicht bekannt war, kam es zu Fehlentscheidungen, die dann zum Zusammenbruch führten. Gerade bei dieser Art von Fonds macht auch deren Ansiedlung in „Steuerparadiesen", die relativ wenige Regulierungen bzw. Gesetze haben, die Durchsetzung von Regulierungen schwieriger.

Die Diskussion um Private Equity und Hedgefonds zeigt, dass ein rechtlicher Regelungsbedarf besteht (vgl. Krieger in diesem Band). Eine Möglichkeit wäre die „wahren Renditen" deutlich zu machen, die unter den angegebenen Renditen liegen (vgl. Voth 2007: 31). In jedem Fall ist die Politik gefragt, entsprechende Gesetze aufzulegen bzw. internationale Vereinbarungen auszuhandeln. Wie genau in diesem Bereich die soziale Verantwortung von Unternehmen – also der Aspekt CSR – aussehen könnte und einen Beitrag zur größeren Transparenz leisten könnte, muss noch genauer untersucht werden (vgl. Scheel und Krieger in diesem Band).

Finanzdienstleister als Corporate Citizen sind auch als Bürger einer politischen Gemeinschaft zu verstehen, denen durchaus auch Rechte und Pflichten jenseits der eigentlichen Geschäftsaufgaben auferlegt werden können (vgl. Roth 2006 zu Corporate Citizenship von Kreditgenossenschaften). Was bedeutet dies für die Frage nach CSR auf den Finanzmärkten? Ist hier auch eine „Verrechtlichung" vonnöten – und wie sollte diese dann aussehen? Wo kann CSR auf den Finanzmärkten politisch „greifen" auch angesichts der Globalität der Märkte, wenn gilt: „Neben den Verteilungswirkungen der internationalen Finanzmärkte sind unter Gerechtigkeitsgesichtspunkten vor allem ihre Wechselwirkungen mit dem politischen Handlungsbereich der integrierten Gesellschaften sowie mit dem politischen System internationaler Beziehungen zu untersuchen" (Emunds 2004: 19)? Dies sind offene Fragen, die der weiteren Bearbeitung harren.

[2] Mehr Informationen: http://www.bundesfinanzministerium.de/nn_54090/DE/Pressemitteilungen/Finanzpolitik/2008/07/20080407_PM28.html (Zugriff am 27.7.2008).

4.4 Die Bedeutung der Öffentlichkeit für das Thema „CSR auf den Finanzmärkten"

CSR ist aufgrund seiner Gemeinwohlorientierung eng verknüpft mit politischen Entscheidungen. Gleichzeitig implizieren CSR-Aktivitäten von Unternehmen und auch von Finanzdienstleistern eine gewisse Öffentlichkeit und damit auch eine Transparenz. Die Kommunikation darüber in der Öffentlichkeit ist ein erster Schritt zur Politisierung von CSR. Je mehr Informationen über CSR-Aktivitäten von Unternehmen und Finanzdienstleistern für alle zu haben sind, desto wichtiger werden auch deren soziale und ökologische Aktivitäten (Fieseler 2008).

Zur Öffentlichmachung und zur Beurteilung der Aktivitäten sind Nichtregierungsorganisationen (NRO) wichtig. Jedoch agieren NRO nicht nur über Kampagnen in der Öffentlichkeit, sondern sind auf dem Kapitalmarkt bzw. Finanzmärkten selbst aktiv, indem sie „entweder i) als Eigenkapitalgeber (...) agieren oder ii) Einfluss auf fremde Kapitalgeber, insbesondere Eigenkapitalgeber, aus(...)üben, um auf die Politik erwerbswirtschaftlicher Unternehmen in ihrem Sinne einzuwirken" (Lindenmayer 2008: 312).

Gesetzliche Regelungen hinsichtlich CSR auf den Finanzmärkten lassen sich in Deutschland in der Forderung nach einer Berichterstattung über nichtfinanzielle Leistungsindikatoren im HGB §§ 289, 315 finden und in den Vorgaben hinsichtlich Pensionsfonds (§ 115 Versicherungsaufsichtsgesetz und vgl. Karch in diesem Band). Dabei handelt es sich jedoch entweder um Minimalforderungen bzw. um „Kann"-Erklärungen, sodass sich die gesetzlichen Vorgaben für CSR auf einem Minimalniveau befinden. Neben den ökonomischen und rechtlichen Möglichkeiten, CSR-Aspekte auch im Finanzbereich zu verstärken, sind gerade die Öffentlichmachung von CSR-Aktivitäten und die Bekanntmachung der Möglichkeiten von ethischem Investment Wege, das Thema zu verbreiten. Dies kann dann auch dazu führen, dass Unternehmen und Finanzdienstleister unter moralischen Druck geraten, sich CSR-gemäß zu verhalten.

5 Chancen und Grenzen von „CSR auf dem Finanzmärkten"

Vermittelt über den Verantwortungsbegriff kann eine stärkere Bedeutung von CSR auf den Finanzmärkten dazu beitragen, dass soziale und ökologische Standards sowohl bei Finanzdienstleistern und Unternehmen als auch bei den Finanzdienstleistungen selbst eingeführt bzw. gestärkt werden. Gerade der Finanzsektor wird aufgrund der Struktur des dort gehandelten Geldes und der damit verbundenen Zukunftserwartungen oft mystifiziert bzw. dämonisiert. Die Frage nach den Verbindungslinien zwischen CSR und den Finanzmärkten, die die Frage nach den Verantwortlichkeiten und einer impliziten normativen Ausrichtung dieses Sektors einschließt, kann auch seine Entmystifizierung unterstützen.

Grenzen von CSR liegen erstens in der Frage nach der Umsetzung. Warum sollen im Finanzbereich Akteure und die Finanzdienstleistungen sich des Themas der sozialen und ökologischen Verantwortung annehmen? Wie können Anreize geschaffen werden zu mehr CSR? Wie kann zu mehr CSR motiviert werden? Wie soll CSR ökonomisch umgesetzt werden? Reicht der öffentliche Druck oder bedarf es politischer Regelungen und Gesetze? Wie kann dies international vermittelt werden? Reichen Initiativen der Vereinten Nationen wie zum Beispiel die Principles of Responsible Investment aus (vgl. dazu den Beitrag von Czichowski/Marinov in diesem Band)?

Zweitens stellt sich die Frage nach der Kontrollierbarkeit und Überprüfbarkeit von CSR-Aktivitäten, wie sie sich exemplarisch an der Bewertung bei ethischem Investment und der Vergleichbarkeit von Unternehmensberichten zeigt. Außerdem ist noch genauer zu klären, was alles zu CSR-Aktivitäten gerechnet werden kann. Die Macht und der Einfluss, den Finanzmarktakteure gerade durch die Verfügungsgewalt von großen Geldsummen haben, stellt zudem eine weitere Herausforderung dar. Wird „Investor Activism“ im Sinne einer „Demokratisierung“ von Unternehmen verstanden oder geht es hier, gerade wenn ein Investor viele Anteile, hält nicht genau um das Gegenteil, dass hier Macht missbraucht und nicht im Sinne des Unternehmens eingesetzt werden kann? Wie lässt sich hier eine CSR-orientierte Unternehmenspolitik durchsetzen?

Obwohl bei dem Thema „CSR auf den Finanzmärkten“ noch viele Forschungsfragen offen sind – und im Bereich der Finanzmärkte dessen Bedeutung noch wachsen kann –, handelt es sich hinsichtlich einer globalen Gemeinwohlorientierung um ein Thema von international grundlegender Bedeutung. Dabei kann gerade der Verantwortungsbegriff dazu führen, die Orientierung an der ökonomischen Rationalität aufzuweiten und so die gesellschaftliche Relevanz finanzwirtschaftlicher Tätigkeiten deutlich zu machen.

Literatur

Barroso, José Manuel: Why Europe needs responsible companies, 2007: Why Europe needs responsible companies. In: think:act, Roland Berger Strategy Consultants Magazine 3 (keine Seitenangabe). http://ec.europa.eu/enterprise/csr/documents/thinkact_article_jmbarroso_march_2007.pdf (Zugriff am 3.6.2008).

Beschorner, Thomas (2008): Corporate Social Responsibility und Corporate Citizenship: Theoretische Perspektiven für eine aktive Rolle von Unternehmen. In: Backhaus-Maul, Holger/Biedermann, Christiane/Nährlich, Stefan/Polterauer, Judith (Hrsg.): Corporate Citizenship in Deutschland. Bilanz und Perspektiven. Wiesbaden: 68-86.

Boltanski, Luc/Chiapello, Ève (2006): Der neue Geist des Kapitalismus. Konstanz.

Delbeck, Petra (2008): Ethikbasierte Investmentfonds. Ein Performancevergleich mit traditionellen Investmentsfonds. Hamburg.

Emunds, Bernhard (2004): Gerechte Nord-Süd-Beziehungen über internationale Finanzmärkte (Frankfurter Arbeitspapiere zur gesellschaftsethischen und sozialwissenschaftlichen Forschung 39). Frankfurt.

Fieseler, Christian (2008): Die Kommunikation von Nachhaltigkeit. Gesellschaftliche Verantwortung als Inhalt der Kapitalmarktkommunikation. Wiesbaden.

Freemantle, Andy/Rockney, Nick (Hrsg.) (2004): The good Corporate Citizen… pursuing sustainable business in South Africa. Kapstadt.

Fürst, Dietrich (2003): Regional Governance zwischen Wohlfahrtsstaat und neo-liberaler Marktwirtschaft. In: Katenhusen, Ines/Lamping, Wolfram (Hrsg.): Demokratie in Europa. Der Einfluss der europäischen Integration auf Institutionenwandel und neue Konturen des demokratischen Verfassungsstaats. Opladen: 251-268.

Hamm, Brigitte (2006): Maßnahmen zur Stärkung von Sozial verantwortlichem Investieren (SRI). Vorschläge für die deutsche Entwicklungszusammenarbeit, Bonn.

Heidbrink, Ludger (2008): Einleitung – Das Verantwortungsprinzip in der Marktwirtschaft. In: Heidbrink, Ludger/Hirsch, Alfred (Hrsg.): Verantwortung als marktwirtschaftliches Prinzip. Zum Verhältnis von Moral und Ökonomie. Frankfurt am Main/New York: 11-30.

Heise, Michael/ Holzhausen, Arne (2008): Fehlende Transparenz und hohe Risikokultur. Wo liegen die Ursachen der Finanzmarktkrise? In: Arnoldshainer Akzente 1: 1-2.9.

Hirsch, Christian/ Bannier, Christina (2007): The Economics of Rating Watchlists: Evidence from Rating Changes. (Working Paper Series: Finance & Accounting 184 Johann Wolfgang Goethe-Universität Frankfurt am Main. Fachbereich Wirtschaftswissenschaften). http://www.wiwi.uni-frankfurt.de/schwerpunkte/finance/wp/1575.pdf (Zugriff am 1.7.2008).

Hiß, Stefanie (2006): Warum übernehmen Unternehmen gesellschaftliche Verantwortung? Ein soziologischer Erklärungsversuch. Frankfurt am Main/New York.

Knüfermann, Markus (2005): Ethikbasiertes Strategisches Management. Werteeinstellungen als Erfolgsfaktor im Bankenmarkt. Heidelberg.

Kommission der Europäischen Gemeinschaft (2001): Grünbuch: Europäische Rahmenbedingungen für die soziale Verantwortung der Unternehmen, Brüssel KOM(2001)

366 endgültig. http://eur-lex.europa.eu/LexUriServ/LexUriServ.do?uri=COM:2001:0366:FIN:DE:PDF (Zugriff am 3.6.2008).

Koslowski, Peter (1997): Ethik der Banken und Börsen: Finanzinstitutionen, Finanzmärkte, Insider-Handel. Tübingen.

Lindenmayer, Philipp (2008): Nichtregierungsorganisationen als spezialisierte Kapitalmarktakteure. Ein finanzintermediationstheoretischer Erklärungsansatz. Wiesbaden.

Loheide, Johannes (2008): Finanzmarkt ohne Grenzen? Regionalpolitik und Finanzplätze in der Globalisierung. Wiesbaden.

Moon, Jeremy/Crane, Andy/Matten, Dirk (2008): Citizenship als Bezugsrahmen für politische Macht und Verantwortung der Unternehmen. In: Backhaus-Maul, Holger/Biedermann, Christiane/Nährlich, Stefan/Polterauer, Judith (Hrsg.): Corporate Citizenship in Deutschland. Bilanz und Perspektiven. Wiesbaden: 45-67.

Rawls, John (2001): Eine Theorie der Gerechtigkeit, 12. Auflg. Frankfurt.

Roth, Katja (2006): Corporate Citizenship von Kreditgenossenschaften in Deutschland. Eine empirische Studie. Berlin.

Schäfer, Henry (2005): Corporate Social Responsibility Rating – Technologie und Marktverbreitung. In: Finanzbetrieb, Fachinformation für Finanzmanagement, Unternehmensbewertung und Kapitalmärkte 7,4: 251-259.

Schäfer, Henry (2008): Ratings im Dienst des Corporate Citizenship – eine Sichtweise basierend auf geld- und marktwirtschaftlichem Verhalten von Anspruchsgruppen. In: Backhaus-Maul, Holger/Biedermann, Christiane/Nährlich, Stefan/Polterauer, Judith (Hrsg.): Corporate Citizenship in Deutschland. Bilanz und Perspektiven. Wiesbaden: 237-254.

Scherer, Andreas (2003): Braucht der Kapitalmarkt eine (Unternehmens-)Ethik? – Orientierungen zur Problemstellung dieses Bandes. In: Scherer, Andreas Georg/Hütter, Gerhard/Maßmann, Lothar (Hrsg.) Ethik für den Kapitalmarkt? Orientierungen zwischen Regulierung und Laisser-faire. München/Mering: 15-34.

Suchanek, Andreas/Lin-Hi, Nick (2008): Die gesellschaftliche Verantwortung von Unternehmen in der Marktwirtschaft. In: Heidbrink, Ludger/Hirsch, Alfred (Hrsg.): Verantwortung als marktwirtschaftliches Prinzip. Zum Verhältnis von Moral und Ökonomie. Frankfurt/New York: 69-96.

Thielemann, Ulrich/Ulrich, Peter (2003): Brennpunkt Bankenethik: Der Finanzplatz Schweiz in wirtschaftsethischer Perspektive. Bern/Stuttgart/Wien.

Ulshöfer, Gotlind (2007): Economic Justice as Social Justice in a Globalized World: A Theological Analysis. In: Journal of Reformed Theology 1,3: 307-319.

Voth, Hans-Joachim (2007): Transparenz und Fairness auf einem einheitlichen europäischen Kapitalmarkt. Düsseldorf.

Windolf, Paul (2005): Was ist Finanzmarkt-Kapitalismus? In: Windolf, Paul (Hrsg.): Finanzmarkt-Kapitalismus. Analysen zum Wandel von Produktionsregimen. Wiesbaden: 20-57.

Vom Guten, vom Schönen und vom Baren: Wie praktikabel ist Ethik als Fondskriterium?

Michael S. Aßländer, Markus Schenkel

1 Korporative Verantwortung am Finanzmarkt

Wenn es um Fragen der Moral geht, sehen sich nicht nur deutsche Banken zunehmend in der Kritik der Öffentlichkeit. Auch international stellen gerade in jüngster Zeit Fehlspekulationen, eine riskante Anlage- und Kreditvergabepolitik und somit ein fragwürdiger Umgang mit den anvertrauten Kundengeldern die moralische Integrität vieler Banken infrage. So etwa löste das Platzen der durch billige Kreditvergabe und unzureichende Kreditabsicherung gespeisten Immobilienblase in den USA Mitte 2007 eine weltweite Banken- und Finanzkrise aus, in deren Folge zahlreiche Bankhäuser nur durch massive staatliche Stützungszahlungen vor der Pleite gerettet werden konnten (vgl. sueddeutsche.de 2008; Scheel in diesem Band). Zu Beginn des Jahres verglich sich die Citigroup mit den Gläubigern des ehemaligen Energiekonzerns Enron und verpflichtet sich zu einer Schadensersatzzahlung von 1,66 Milliarden US-Dollar sowie zu dem Verzicht auf die noch offenen Forderungen gegenüber dem ehemaligen Energiekonzern in Höhe von 4,25 Milliarden US-Dollar – dies alles selbstverständlich ohne eine Mitschuld an dem Zusammenbruch und den Finanzmanipulationen des ehemaligen Energieriesen einzugestehen (vgl. DiePresse.com 2008).

Doch trotz der generellen Berechtigung der hier einsetzenden Kritik wird übersehen, dass Banken nicht nur im Umgang mit Privatanlegern oder bei der treuhänderischen Verwendung der ihnen anvertrauten Gelder „moralisch in die Pflicht genommen sind". Durch ihr Dienstleistungsangebot, ihre Kreditvergabepolitik, ihre Börsenempfehlungen und nicht zuletzt durch ihre Fondspolitik beeinflussen die Banken mittelbar auch die Moral börsennotierter Unternehmen. „However, as a service provider to other organizations, the financial services industry has an important role to play in taking responsibility for its support and facilitation of responsible (or irresponsible) practices on the part of its customers" (Crane et al. 2008: 343).

Durch Kauf- und Verkaufsempfehlungen beeinflussen Banken als Finanzintermediäre die Kaufentscheidungen potenzieller Anleger, aber auch die Kursentwicklung und damit mittelbar die Refinanzierungsmöglichkeiten der börsennotierten Unternehmen. In einer am Shareholder-Value als zentraler Kenngröße ausgerichteten Wirtschaft wirken Banken daher mindestens mittelbar auch auf die Geschäftspolitik der von ihnen bewerteten Unternehmen (vgl. Scherer 2003: 16) und beeinflussen somit auch deren ökologische und soziale Praktiken. „Mehr und mehr nimmt die Einsicht zu, dass Finanzdienstleistungen sehr wohl Einfluss auf die Umwelt nehmen. Ohne das dahinter stehende Kapital kann kein Projekt realisiert werden, kein Unternehmen produzieren, und kein Staat und keine Organisation agieren. Jede Geldanlage hat daher auch Konsequenzen für die Umwelt und Gleiches gilt für die soziale Dimension von Geldanlagen" (Kahlenborn 2003: 193).

Wenn es um die Frage der Wirtschaftsmoral geht, kommt daher dem Aktienmarkt und den hier agierenden Finanzintermediären eine herausragende Rolle zu (vgl. Ulshöfer in diesem Band). Diese Erkenntnis ist zugegebener Maßen nicht neu. Bereits 1928, ein Jahr bevor die amerikanische Börse zusammen- und damit die Weltwirtschaftskrise über die „goldenen Zwanzigerjahre" hereinbrach, bemerkte Oswald von Nell-Breuning prophetisch: „Nichtsdestoweniger ist die Börse und ihre Behandlung vom Standpunkt der Wirtschaftsmoral auch heute von der allergrößten Bedeutung, ja (...) im Augenblick wieder aktueller vielleicht als je" (Nell-Breuning 1928: 10). Die Krise und ihre ökonomischen und sozialen Folgen verdeutlichten seinerzeit schmerzhaft, dass der Markt kein naturwüchsiges Phänomen sondern ein „höchst gebrechliches Kunstprodukt der Zivilisation" (Böhm 1937: 73f.) ist, das zur Aufrechterhaltung seiner Funktionsfähigkeit auch der ordnenden Hand des Staates bedarf. Die Steuerung bliebe jedoch defizitär, würde sie nur als Staats- und nicht zugleich auch als eine individuelle Aufgabe verstanden. Denn Gesetze und formale Regeln können viele, jedoch nicht alle Problemlagen lösen. Letztlich bleibt es damit auch dem einzelnen Akteur anheimgestellt, bestehende Steuerungslücken und Möglichkeiten der Vorteilsnahme nicht auszunutzen, sondern sich im Marktgeschehen auch stets seiner Verantwortung gegenüber Kunden, Mitarbeitern oder der Allgemeinheit bewusst zu sein (vgl. Scherer 2003: 22-23).

Die Mithilfe und Beteiligung der großen Banken bei den prominenten Unternehmensskandalen der letzten Jahre, bei Insiderhandel und Marktmanipulation haben in neuerer Zeit jedoch Zweifel an den Fähigkeiten der individuellen Selbstbegrenzung der Banken und an der Selbststeuerungsfähigkeit des ökonomischen Systems insgesamt aufkommen lassen (vgl. Aßländer/Roloff 2004, 26 ff.; Aßländer 2005a: 251ff.; Aßländer 2005b: 8ff.; Aßländer 2006: 213ff.; Thielemann/Ulrich 2003: 60; Thielemann 2005: 38). Insbesondere die Möglichkeit, moralisch erwünschtes Verhalten durch entsprechende Anreiz- und Compliance-Systeme zu garantieren, scheint in der Post-Enron-Economy zunehmend infrage gestellt. Dies wiegt umso schwerer, als besonders der Finanzsektor in Folge seiner Komplexität Spielräume für opportunistisches, auf die Optimierung des eigenen Vorteils gerichtetes Verhalten ermöglicht. „Das Kredit- und Börsengeschäft ist sehr abstrakt und setzt eine beidseitige, hohe Vertrauensbereitschaft voraus. Hinzu kommt, dass Missbräuche hier weniger handgreiflich und sichtbar sind als in anderen Wirtschaftszweigen und dem Anbieter von Bankdienstleistungen vielfältige Spielräume zu opportunistischem Handeln offen stehen" (Haueisen 2003: 107).

Angesichts der wachsenden Bedeutung institutioneller Anlagemöglichkeiten beispielsweise für Pensionsfonds, aufgrund der dominanten Stellung des Aktienmarktes innerhalb der Wirtschaft, aber auch aufgrund der Einflussmöglichkeiten der Banken und Finanzintermediäre auf die Geschäftspolitik von Unternehmen stellt sich die Frage nach einer korporativen gesellschaftlichen Verantwortung hier auf eine besondere Weise.

2 Ethisches Investment

Nicht zuletzt in Folge der politischen und wirtschaftlichen Globalisierung ist die Frage nach der ökonomischen, sozialen und ökologischen Verantwortung von Unternehmen in das Bewusstsein der breiten Öffentlichkeit gedrungen. Beschränkte sich die von der Öffentlichkeit geforderte unternehmerische Verantwortung bis weit in die 1970er-Jahre hinein auf Beiträge zu einem stabilen Wirtschaftswachstum, auf eine angemessene Lohnpolitik und auf die Schaffung von Arbeitsplätzen, erweiterte sich diese Sicht erstmals mit dem Aufkommen der sogenannten Ökologie-Debatte und der vor allem in kirchlichen Kreisen geführten „Dritte-Welt-Debatte" zu Beginn der 1980er-Jahre. Zunehmend rückte nun auch die Frage nach der moralisch integren Geschäftspolitik und nach dem sozialen und ökologischen Engagement der Unternehmen ins Zentrum der Aufmerksamkeit (vgl. Aßländer/Roloff 2004: 26f.). Angesichts zahlreicher Skandale, etwa um die unverantwortlichen Verkaufspraktiken von Muttermilchersatzprodukten der Firma Nestlé in den Ländern der sogenannten Dritten Welt (Launer 1991; Crane/Matten 2007: 353ff.), begannen sich die Sichtweise unternehmerischer Verantwortung und die Einstellung der Öffentlichkeit gegenüber der Geschäftspolitik der Unternehmen zu wandeln: Unternehmen, so die Vorstellung, seien gesellschaftliche Akteure, die sich für ihre Geschäftspraktiken und Produktionsstandards ebenso zu verantworten hätten, wie für ihre ökonomische Leistung. Zu bewerten seien daher nicht nur die erreichten wirtschaftlichen Ziele sondern auch die Mittel, mit denen sie erreicht wurden. Besondere Relevanz bekam diese (neue) Verantwortungszuschreibung angesichts zunehmender ökonomischer Globalisierungstendenzen gegen Mitte der 1990er-

Jahre, die einen fortschreitenden Steuerungsverlust nationalstaatlicher Regulierungen im Wirtschaftsbereich offenbarten (vgl. Beck 1997: 16f.; Scherer 2003: 25). Während so nationales Recht immer weniger geeignet schien, das Verhalten multinationaler Konzerne zu steuern, entwickelte sich in Form sogenannter Nichtregierungsorganisationen (NRO) eine wirkmächtige Gegenkultur, die im Namen der kritischen Öffentlichkeit auf die Einhaltung von Umwelt- und Sozialstandards in den Unternehmen drängte und Zuwiderhandeln mit Boykottaufrufen und Shaming-Kampagnen ahndete (vgl. Aßländer/Roloff 2004: 28f).

Parallel hierzu kam es auch auf den Finanzmärkten schrittweise zu einer Neuorientierung der Anleger. Zum einen haben sich mit den Aktienbooms der frühen 1980er- und der 1990er-Jahre, dem Aufkommen der sogenannten „Volksaktien" und der Einführung zahlreicher neuer Derivate auf den Finanzmärkten die Mobilität und die Anlegerstruktur auch auf den Aktienmärkten im deutschsprachigen Raum deutlich zugunsten der Privatanleger verändert (vgl. Kahlenborn 2003: 195). Zum anderen spiegelt das Anlegerverhalten auch die geänderte Einstellung der Öffentlichkeit bei der Bewertung der Produkt- und Geschäftspolitik der Unternehmen wider. Neben „klassischen Anlegern", die sich primär auf den finanziellen Aspekt ihrer Investition konzentrieren, finden sich vermehrt Anleger, die neben der Rendite auch soziale und ökologische Aspekte bei ihrer Investitionsentscheidung berücksichtigen und in entsprechende Geldanlagen investieren.

Die Diskussion um ein solches „nachhaltiges Investment" verdankt sich dabei in ihren Anfängen vor allem der Ökologie-Bewegung der beginnenden 1980er-Jahre, deren Vertreter, beeinflusst von Dennis Meadows' „Grenzen des Wachstums" (Meadows 1972), für ein Umdenken im Umgang mit der Natur und den nicht erneuerbaren Ressourcen innerhalb der Wirtschaft plädierten und es sich zum Anliegen machten, verstärkt in „alternative Unternehmen" zu investieren. In der Folge entstanden auch auf den Kapitalmärkten die ersten sogenannten „Öko-Fonds". Waren es in der Anfangszeit vor allem Außenseiter und Idealisten, die diese Entwicklung in Gang setzten, haben sich derartige Anlageformen mittlerweile auch bei den traditionellen Fondsanbietern etabliert (Kahlenborn 2003: 195; Sparkes/Cowton 2004: 49; McCann et al. 2003:19). Angesichts der gesellschaftlichen Debatte um die unter dem Begriff Corporate Social Responsibility (CSR) gefasste soziale Verantwortung der Unternehmen hat sich zwischenzeitlich auch das Spektrum der Erwartungshaltungen bei den Fonds-Anlegern erweitert. Neben ökologischen Gesichtspunkten spielt zunehmend eine Vielzahl weiterer Kriterien bei der Bewertung der Unternehmenspolitik eine wichtige Rolle. Dazu zählen etwa die Einhaltung von Sozialstandards, die Verpflichtung auf grundlegende arbeitsrechtliche Normen, die aktive Bekämpfung von Korruption oder die Einhaltung der Menschenrechte (vgl. Krieger in diesem Band).

Geschätzt wird, dass sich das unter ethischen Gesichtspunkten angelegte Fonds-Volumen in Europa zu Beginn 2007 auf mehr als 40 Milliarden Euro, verteilt auf etwa 360 Fonds, belief und in den kommenden Jahren weiter steigen wird (vgl. Neugebauer/Greutter 2007: 23). Dieser Tendenz scheinen auch Schätzungen des Sustainable Business Institute der European Business School in Oestrich-Winkel Recht zu geben, die davon ausgehen, dass das Fondsvolumen im deutschsprachigen Raum von geschätzten 300 Millionen im Jahr 1996 auf mehr als 9,2 Milliarden zu Beginn des Jahres 2006 angewachsen ist (vgl. Krebs 2006 und von Rosen in diesem Band). „Betrachtet man die Entwicklung nachhaltiger Geldanlagen wie auch speziell die der Öko-Fonds im zeitlichen Verlauf, so ist fast konstant und in praktisch allen Ländern ein Anstieg der investierten Summen festzustellen. Auch gilt, dass der traditionelle Markt langsamer wächst als der nachhaltige Anlagenmarkt“ (Kahlenborn 2003: 194; vgl. Tometschek 2008c: 13).

Umstritten bleibt jedoch, ob sich „ethisches Investment“ tatsächlich als „ertragreicher“ erweist als konventionelle Anlageformen. Zwar werden seitens der Protagonisten zahlreiche Studien angeführt, die scheinbar einen positiven Zusammenhang zwischen „sozialer“ und „finanzieller Performance“ von Unternehmen belegen (vgl. Margolis/Walsh 2001; Orlitzky et al. 2003). Allerdings erweist sich hier nicht zuletzt die Festlegung dessen, was als „soziale Performance“ oder als „ethisches Verhalten“ der Unternehmen gelten soll, als nicht eindeutig; dies macht letztlich eine der Schwächen der genannten Studien aus. Von 127 Studien, die zwischen 1972 und 2002 durchgeführt wurden, konnte nur etwa die Hälfte einen positiven Zusammenhang zwischen der „sozialen Performance“ und der „finanziellen Performance“ von Unternehmen feststellen. Allerdings wurde in keiner der benannten Studien ein negativer Zusammenhang nachgewiesen (vgl. Banerjee 2007: 25f.). Somit lassen sich zumindest einige Plausibilitätsargumente für eine mögliche positive Korrelation anführen (vgl. Haßler 2003: 312):

- Eine nachhaltige Wirtschaftsweise beeinflusst die Kostenstruktur der Unternehmen und damit auch die finanzielle Leistungsfähigkeit. So kostete BP die zehnprozentige Reduktion des Ausstoßes von Treibhausgasen bisher 20 Millionen US-Dollar, verhalf dem Unternehmen aber zu Einsparungen in Höhe von geschätzten 650 Millionen US-Dollar (Banerjee 2007: 56).
- Möglicherweise sind es gerade die ohnehin finanziell leistungsstarken Unternehmen, die sich aufgrund ihrer höheren Gewinne die Umsetzung ökologischer und sozialer Standards leisten können.

- Schließlich besteht Grund zu der Annahme, dass sowohl die finanzielle wie auch die soziale und ökologische Leistungsfähigkeit eines Unternehmens stark von dessen Management beeinflusst wird. Entsprechend würde sich ein „gutes" Management sowohl positiv auf die „soziale und ökologische" wie auch auf die „finanzielle Performance" auswirken.

Als Treiber auf diesem „neuen Markt" können trotz aller Zurückhaltung derzeit insbesondere die traditionellen Banken ausgemacht werden, die „ethisches Investment" als neues Geschäftsfeld für sich entdeckt zu haben scheinen und ihren Kunden Ethikfonds als neue Anlageformen verstärkt anbieten. Jedoch ist dieses Engagement der Banken gerade aus „ethischer Perspektive" mit Vorsicht zu genießen. Grosso modo handelt es sich hierbei nicht um eine Neuorientierung der Banken, die damit ihrer korporativen gesellschaftlichen Verantwortung gerecht werden möchten, sondern um den Versuch, ein neues Marktsegment zu erschließen (Kahlenborn 2003: 195). Neben den Privatanlegern stehen dabei vor allem institutionelle Anleger, beispielsweise Stiftungen oder kirchliche Institutionen (vgl. Striegler in diesem Band) im Fokus der Bemühungen, denen ethisches Investment als „saubere" und mit den jeweiligen ethischen Grundsätzen der Umworbenen verträgliche Geldanlage empfohlen werden soll. Letzten Endes, so einige Kritiker, würde hier Moral allerdings als subjektive Präferenz von Nachfragern missverstanden, die es durch ein entsprechend maßgeschneidertes Angebot zu befriedigen gelte (vgl. Voigt/Kratochwil 2004: 315f.). Demgegenüber aber gilt: „Wer wahrhaftig an Ethik interessiert ist, der hat nicht bloß Präferenzen, sondern Prinzipien" (Thielemann/Ulrich 2003: 145).

Allerdings können die Gründe für private und institutionelle Anleger, soziale und ökologische Aspekte bei ihrer Anlageentscheidung zu berücksichtigen, durchaus auch anderer Natur sein. So erachten Fondsmanager die soziale und ökologische Leistungsfähigkeit von Unternehmen zunehmend auch als Indiz für die Einschätzung der Anlagerisiken (vgl. Hockets/Moir 2004). Dieser Sichtweise liegt die Annahme zugrunde, dass sich eine wahrgenommene korporative Verantwortung auch in einer finanziellen Wertsteigerung niederschlagen wird. Zugleich vermindert ein derartiges Engagement das Risiko, durch eine riskante Unternehmenspolitik in Skandale verwickelt zu werden und sich in deren Folge Schadensersatzforderungen gegenüberzusehen. Nach dem Best-in-Class-Ansatz werden deshalb die „Top-Performer" einer Branche ausgesucht und zu einem Fond zusammengefasst. Problematisch hierbei ist jedoch zum einen, dass jeweils nur einzelne Unternehmen und nicht die ganze Branche und deren Leistung bewertet werden. Entsprechend lassen sich die „Klassensieger" untereinander nur schwer vergleichen. Zum zweiten bezeichnet „Best in Class" kein absolutes sondern nur ein relatives Kriterium; das heißt, gemessen wird nicht die

Erreichung eines „objektiv" vorgegebenen Leistungszieles sondern nur der Vorsprung vor den anderen Unternehmen (vgl. Haßler 2003: 210f.). In einer Branche mit allgemein niedrigen Standards besteht somit die Gefahr, dass der Schlechte vor den Schlechteren siegt, mithin die alte Weisheit gilt, dass der Einäugige König im Reich der Blinden sei.

Neben den Anlegern, die primär auf eine Wertsteigerung qua Ethik setzten und sich damit letztlich nicht wesentlich von durchschnittlichen Anlegern unterscheiden, lassen sich nach Hockets und Moir (2004) aber noch zwei weitere Anlegertypen identifizieren, deren Motivation für ein ethisches Investment anders gelagert ist: Zum einen Anleger, die Investitionen in bestimmte Industriesektoren oder Unternehmen bewusst vermeiden möchten und deshalb in spezielle Fonds investieren, die diese anhand von Negativ-Kriterien ausschließen; zum anderen jene Gruppe von Anlegern, die aktiv versucht auf die Unternehmenspolitik Einfluss zu nehmen (shareholder activism) (vgl. Hockets/Moir 2004: 86, Haig/Hazelton 2004; 60; Sparkes/Cowton 2004: 50-51, Lewis/Mackenzie 2000).

3 Unklare Fondskriterien und mangelnde Transparenz

Ungeachtet der Intentionen der Anleger stellt sich jedoch die Frage, anhand welcher Kriterien Unternehmen überhaupt in einen Ethikfonds aufgenommen werden und wie sich die hierbei zugrunde gelegten Kriterien begründen lassen. Dabei geht es in ethischer Hinsicht weniger um die Ertragsstärke der jeweiligen Fonds. Vielmehr sind es mindestens drei Problemkreise, die aus ethischer Perspektive einer kritischen Analyse unterzogen werden müssen. Es sind dies: (1) die Frage nach der Begründung der zugrunde gelegten Auswahlkriterien, (2) die Frage nach der eindeutigen Abgrenzung der jeweiligen Unternehmen und (3) die Frage nach der Überwachung der Einhaltung der benannte Kriterien.

3.1 Probleme bei der Begründung der Auswahlkriterien

Hinsichtlich der Auswahlkriterien lassen sich prinzipiell drei Vorgehensweisen unterscheiden. Zum einen kann versucht werden, über Negativkriterien Unternehmen mit sogenannten „kontroversen Geschäftsfeldern und/oder mit kontroversen Geschäftspraktiken" (Haßler 2003: 210) aus dem Fondsuniversum auszuschließen. Zum Zweiten kann umgekehrt über Positivkriterien eine Auswahl jener Unternehmen erfolgen, die der ethischen Zielsetzung des Fonds in besonderer Weise entsprechen. Zum Dritten schließlich kann über das Best-in-Class-Prinzip eine Rangliste der Unternehmen entsprechend der Fondskriterien innerhalb der jeweiligen Branche erstellt werden. Hinzu kommen „Länderlisten“, nach denen Unternehmen aufgrund politischer Defizite in ihren Heimatländern – z.B. Menschenrechtsverletzungen – ausgeschlossen werden. In der Regel werden bei der Auswahl der Unternehmen für den Fonds die verschiedenen Auswahlmöglichkeiten kombiniert (vgl. Kahlenborn 2003: 194).

So etwa verfährt das kirchennahe Wiener Bankhaus Schelhammer & Schattera bei der Unternehmensauswahl für seine Ethikfonds der Gruppe SUPERIOR zweistufig. In einem ersten Schritt werden diverse Ausschlusskriterien formuliert; in einem zweiten Schritt erfolgt eine Auswahl nach dem Best-in-Class-Prinzip. Das Bankhaus orientiert sich dabei an dem von der Ratingagentur oekom research durchgeführten „Corporate Rating“, das auf der Grundlage des sogenannten Frankfurt-Hohenheimer Leitfadens die unternehmerische Verantwortung in den Bereichen „Naturverträglichkeit“, „Sozialverträglichkeit“ und „Kulturverträglichkeit“ bewertet (vgl. Werther 2007: 36; Haßler 2003: 207f.). Zu den Ausschlusskriterien der SUPERIOR-Fondsgruppe zählen (vgl. Werther 2007: 37; Eurosif 2004):

- kontroverse Geschäftsfelder:
  - keine Unterstützung der Atomenergie,
  - keine Unterstützung von Abtreibung und Euthanasie,
  - keine Drogen,
  - keine Pornografie,
  - keine Rüstung,
  - kein Tabak;
- kontroverse Geschäftspraktiken:
  - keine gravierenden Menschenrechtsverletzungen
  - keine gravierenden Arbeitsrechtverletzungen,
  - kein kontroverses Umweltverhalten;
- Länder-Ausschlusskriterien:
  - keine Unternehmen in Staaten, die das Kyoto-Protokoll ablehnen,
  - keine Unternehmen in Ländern, in denen die Todesstrafe existiert.

Prima facie scheinen die hier aufgelisteten Kriterien ohne Einschränkung ethische Relevanz zu besitzen und keiner weiteren Erläuterung zu bedürfen. Auf den zweiten Blick stellt sich jedoch die Frage, auf welcher normativen Grundlage die Auswahl der Ausschlusskriterien erfolgte. Nun scheint es im Falle des österreichischen Bankhauses Schelhammer & Schattera, einer Bank der römisch-katholischen Kirche, durchaus naheliegend, dass die einzelnen Ausschlusskriterien auf der Folie eines christlichen Wertehintergrund formuliert wurden (vgl. Werther 2007: 37). Für andere Ethikfonds aber bedeutet dies, dass auch für sie ein eigener Ethik-Kodex zu benennen wäre, auf dessen Basis die einzelnen Ausschlusskriterien formuliert werden. Ist dies nicht der Fall, wird die Zusammenstellung der Kriterien in gewisser Weise beliebig. Sie richtet sich dann möglicherweise nur mehr nach den einschlägigen Kundenwünschen und orientiert sich so letztlich ausschließlich am Nachfrageverhalten der (potenziellen) Anleger. Ob ein derartiges „Produkt" dann allerdings noch als „Ethikfonds" bezeichnet werden kann, scheint zumindest aus ethischer Sicht fragwürdig. „Man hätte es letztlich mit einem opportunistischen Konzept der Anpassung an mehr oder minder beliebige, bloß als ‚ethisch' apostrophierte ‚Kundenwünsche' zu tun" (Voigt/Kratochwil 2004: 316).

Ein zweites Problem ergibt sich bei genauerer Betrachtung hinsichtlich der Vollständigkeit der Ausschlusskriterien. So ließe sich die Liste der kontroversen Geschäftsfelder auch auf Basis der christlichen Werthaltungen des Bankhauses Schelhammer & Schattera mit guten Gründen erweitern: Alkohol, Gentechnik oder Glücksspiel sind Bereiche, die nicht zu den explizit benannten Ausschlusskriterien zählen. Gleiches gilt für die kontroversen Geschäftspraktiken, die um die Ausschlusskriterien „Tierversuche", „Korruption" und „wirtschaftskriminelles Verhalten", sowie die Länderkriterien, die um „Apartheid" oder „Geschlechterdiskriminierung" als mögliche Ausschlusskriterien ergänzt werden könnten. Fraglich scheint aber, ob die Benennung von Ausschlusskriterien für Länder überhaupt sinnvoll erscheint. Dies zum einen deswegen, weil Landespolitik nur in begrenztem Umfang durch die Unternehmen beeinflusst werden kann. Zum anderen ist ein vorbildliches Verhalten einzelner Unternehmen auch entgegen der jeweiligen Landespolitik möglich und in diesen Fällen unter Umständen sogar besonders wertzuschätzen; so können beispielsweise Unternehmen auch in Ländern, die das Kyoto-Protokoll nicht unterzeichnet haben, international akzeptierte Umweltstandards einhalten.

Letztlich scheint so die Festlegung der Ausschlusskriterien vom Belieben und den je individuellen Vorstellungen der Fondsmanager darüber, was unter „sozial", „ökologisch" oder „ethisch" zu verstehen ist, abzuhängen. Entsprechend existieren derzeit rund 250 unterschiedlich gefasste soziale, ethische und ökologische Kriterien, die von den Anbietern als Grundlage für die Zusammenstellung ihrer Fonds herangezogen werden (Kahlenborn 2003: 199). Angesichts der hier aufgezeigten Bandbreite unterschiedlicher Ausschlusskriterien stellt sich die generelle Frage, wie sich die Vielzahl der unterschiedlichen Ethikfonds überhaupt miteinander vergleichen lässt. Welche der jeweils genannten Ausschlusskriterien sind für einen Fonds als essenziell zu betrachten, um dezidiert als Ethikfonds firmieren zu dürfen? Da es in diesem Bereich an einschlägigen rechtlichen Vorgaben fehlt, versuchen unterschiedlichste Ratingagenturen zu einer größeren Transparenz in der Fondslandschaft beizutragen.

Allerdings herrscht auch hier Uneinigkeit über die zur Gruppierung heranzuziehenden Kriterien, sodass sich anstatt einer höheren Transparenz letztlich nur ein noch undeutlicheres Bild der aktuellen Fondslandschaft ergibt.

Hieran ändern auch die vom European Social Investment Forum (Eurosif) erlassenen Transparenzleitlinien wenig.[1] Diese verpflichten die Unterzeichner nicht nur zur Offenlegung der üblichen Basisinformationen, sondern unter anderem auch zur Darstellung der Auswahlkriterien, der Häufigkeit der Überprüfung dieser Kriterien, der Beschreibung der Bewertungsmethoden (vgl. Tometschek 2008a: 31; Eurosif 2004). Problematisch hierbei ist, dass so zwar die Information über den einzelnen Fonds zunimmt, angesichts unterschiedlicher Auswahlkriterien und Überprüfungsmethoden aber die Vergleichbarkeit zwischen den Fonds nicht erhöht wird. Zusätzliche Brisanz gewinnt diese mangelnde Transparenz durch die Tatsache, dass die unterschiedliche finanzielle Performance der einzelnen Fonds letztlich nicht mehr vergleichbar ist. Ob nämlich die Unterschiede in der Ertragsstärke der einzelnen Fonds auf einem möglicherweise schlechten Fondsmanagement und einer schlechten Zusammenstellung der Fondspapiere oder aber auf der Festlegung unterschiedlicher Ausschlusskriterien beruhen, ist für den Anleger im Einzelfall nicht ersichtlich. So erhöht die Ausrichtung unterschiedlicher Fonds an unterschiedlichen Ausschlusskriterien für den Kunden zwar die Möglichkeit, Fonds entsprechend seiner individuellen Werthaltungen auszuwählen. Ob diese Angebotsvielfalt aber tatsächlich noch genutzt werden kann, hängt jedoch letztlich wieder von der Transparenz der jeweiligen Fondskriterien ab, die, wie gezeigt, in nur unzureichendem Maße gegeben ist.

3.2 Probleme bei der Abgrenzung

Sind die Schwierigkeiten bei der Festlegung der Ausschlusskriterien vor allem normativer Art, ergibt sich bei der konkreten Entscheidung für oder gegen die Aufnahme bestimmter Unternehmen in den Fonds ein im Einzelfalle nicht zu unterschätzendes Abgrenzungsproblem. Dies betrifft zum einen die Probleme bei der Auslegung der einzelnen Ausschlusskriterien:

---

[1] In dem gemeinnützigen Verband Eurosif haben sich unter anderem Finanzdienstleister, Pensionsfonds, Ratingagenturen, wissenschaftliche Einrichtungen, Forschungsinstitutionen und Nonprofit-Organisationen zusammengeschlossen. Ihr gemeinsames Ziel ist es, in Europa über den Finanzmarkt die Nachhaltigkeit zu fördern. 2004 hat Eurosif mit Unterstützung der europäischen Kommission Transparenzleitlinien für verantwortliches Investieren veröffentlicht (European SRI Transparency Guidelines). Mehr Informationen: http://www.eurosif.org (Zugriff am 8.8.2008).

- Eine Abgrenzung wird hier umso schwieriger, je unspezifischer beispielsweise die auszuschließenden Produktgruppen benannt sind. So etwa lässt das Ausschlusskriterium „Drogen" einen erheblichen Interpretationsspielraum offen, der in einer weiten Auslegung auch Alkohol und andere legale Drogen mit einschließt, im Falle einer strikten Auslegung jedoch nur illegale Drogen umfasst. Da jedoch die Frage, welche Drogen als illegal zu bezeichnen sind, nach Maßgabe der landesspezifischen Gesetze variiert, ist auch hier eine eindeutige Bestimmung offensichtlich nicht möglich.
- Zudem erschweren unbestimmt formulierte Ausschlusskriterien eine eindeutige Abgrenzung. Es stellt sich im konkreten Fall etwa die Frage, ab wann „gravierende Arbeitsrechtsverletzungen" gegeben sind, die den Ausschluss eines Unternehmens rechtfertigen würden. Jenseits der Frage, inwieweit das Fondsmanagement hier tatsächlich ein einschlägiges Wissen erlangen kann, bleibt offen, ob derartige Verletzungen bereits im Einzelfall oder erst im Wiederholungsfall, bei Verletzung der Rechte bereits eines Einzelnen oder erst mehrerer Mitarbeiterinnen und Mitarbeiter, schon bei einem „geringfügigen Verdacht" oder erst ab einer bestimmten wie auch immer zu definierenden „Schwere" entsprechende Konsequenzen nach sich ziehen müssen.
- Schließlich führt auch die sich aus der jeweiligen Formulierung ergebende Ambivalenz der möglichen ethischen Interpretationen zu Abgrenzungsschwierigkeiten. So etwa stellt sich die Frage, wie die auch innerhalb der Ethik nicht eindeutig bestimmten Termini „Abtreibung" oder „Euthanasie" auszulegen sind.

Weitere Unklarheiten und Probleme ergeben sich angesichts der weitreichenden Kapitalverflechtung der Unternehmen und der multinationalen Konzernstrukturen. Hier stellt sich unter anderem die Frage, wie mit den Beteiligungsverhältnissen multinationaler Unternehmen und deren Engagement in den unterschiedlichsten Ländern umgegangen werden soll. Zwar betonen Schelhammer & Schattera, dass die Negativkriterien auch für Tochtergesellschaften und verbundene Unternehmen gelten (vgl. Tometschek 2007: 20). Dennoch stellt sich die Frage, wie damit angesichts der in der schnelllebigen Finanzwelt üblichen Unternehmenszusammenschlüsse und Übernahmen umgegangen wird? Konkret: Wie etwa wirkte sich der Zusammenschluss der Unternehmen Daimler und Chrysler auf die Bewertung durch Schelhammer & Schattera aus, wenn sie als eindeutiges Ausschlusskriterium „Länder mit Todesstrafe" nutzen? Lässt sich diese Frage möglicherweise noch eindeutig beantworten, stellen die Mehrheitsbeteiligungen bei stark diversifizierten Konzernen ein weitaus diffizileres Problem dar. So kündigte beispielsweise der Tabakkonzern Philip Morris, 2001 umbenannt in Altria Group, 2007 die Übernahme des Lebensmittelherstellers Kraft an, was dem Unternehmen einen zehnprozentigen Kursgewinn bescherte (Banerjee 2007: 42). Jedoch stellt sich die für die Fondslistung entscheidende Gretchenfrage: Handelt es sich nach dem Zusammenschluss um eine Lebensmittelgruppe, die auch Zigaretten herstellt oder weiterhin um einen Zigarettenhersteller, der mehrheitlich an einem Lebensmittelkonzern beteiligt ist?

Ein ähnliches Problem wie bei der Einordnung von Mischkonzernen anhand scheinbar einfacher Kriterienkataloge ergibt sich auch für die Klassifikation „multifunktionaler" Artefakte. So sind zahlreiche Erzeugnisse beispielsweise aus den Bereichen Telekommunikation, Informationstechnologie oder Luft- und Raumfahrt sowohl für zivile wie auch für militärische Zwecke nutzbar. Die einfache Zuordnung zu „Rüstungsindustrie" oder eben „nicht Rüstungsindustrie" ist hier in den meisten Fällen nicht mehr möglich. Eine zweite Frage stellt sich im Zusammenhang mit der sinnvollen Grenzziehung bei der Produktzuordnung: Ab wie viel Prozent Lieferung für „Rüstungszwecke" zählt ein Unternehmen zur Rüstungsindustrie? In welchen Branchen ist trotz gelegentlicher Aufträge aus dem Verteidigungsbereich davon auszugehen, dass sie nicht zur Rüstungsindustrie gezählt werden müssen? Hier sind die Grenzen fließend: Wie bereits Berthold Brecht in seinem Stück „Furcht und Elend des Dritten Reichs" mahnend ausführt, wird im Kriegsfall selbst die Glühlampenproduktion zum wesentlichen Bestandteil der Rüstungsindustrie (vgl. Brecht 1979: 113f.).

Gerade angesichts dieser Abgrenzungsprobleme ist es für die Fondsanbieter vielfach schwierig die selbst gesteckten Abgrenzungsziele zu hundert Prozent zu erreichen. Entsprechend ergibt sich die Forderung, bereits im Vorfeld zu klären, wie groß der Graubereich sein darf, der für den Anleger akzeptabel erscheint bzw. von ihm systembedingt toleriert werden muss. Damit bewegen sich die Fondsmanager mit ihrer Informationspolitik und der Offenlegung ihrer Anlagekriterien in gewisser Weise zwischen Scylla und Charybdis: Je transparenter das Fondsmanagement seine Informationspolitik gestaltet, desto angreifbarer wird es im Krisenfall. Je zurückhaltender es sich bei seiner Informationspolitik gibt und je allgemeiner die Fondskriterien gehalten werden, desto unglaubwürdiger wird das „Ethiklabel".

3.3 Der Zirkelschluss der Überwachung

Ein Glaubwürdigkeitsverlust droht dem Ethiklabel schließlich noch aus zwei weiteren Gründen: Zum einen stützen sich die Fondsgesellschaften zur Überprüfung ihrer Ausschlusskriterien in der Regel auf die Auskünfte und das Ranking einschlägiger Analyse- und Ratingagenturen, wie beispielsweise

Germanwatch, ökoinvest, oekom reseach oder der RiskMetrics Group. Problematisch hierbei ist, dass deren Urteil sich neben allgemein zugänglichen Marktdaten, vor allem auf die Selbstauskünfte der Unternehmen (mittels Fragebogenerhebung), die Auswertung der Unternehmensinformationen (Geschäfts-, Sozial- und Umweltberichte) und gegebenenfalls auf ergänzende Internet- und Datenbankenrecherchen und sogenannte „Expertenbefragungen" stützt (Haßler 2003: 209). Bewertet werden also neben den formalen Kriterien der Berichterstattung (GRI, EMAS) lediglich jene Inhalte, die das einzelne Unternehmen selbst bekannt gibt. Eine tatsächliche Evaluierung oder Auditierung durch diese Agenturen findet in der Regel jedoch nicht statt, nicht zuletzt, da hierzu bislang eine gesetzliche Handhabe fehlt. Damit lässt sich prinzipiell aber nur feststellen, dass ein Unternehmen formal über bestimmte Ethikleitlinien oder Sozial- und Umweltstandards verfügt, und über diese entsprechend berichtet, nicht aber, ob sich dies im Zweifel auch in seiner Geschäftspolitik niederschlägt. Mindestens in Bezug auf US-amerikanische Unternehmen kommt Subhabrata Banerjee jedoch hinsichtlich der Aussagekraft derartiger Berichte zu einem mehr als ernüchternden Ergebnis: „Glossy corporate social responsibility reports are forms of green-washing that often do not reveal the grim realities that lie behind them" (Banerjee 2007: 43). Die Validität der Daten, die zu einer Listung oder zum Ausschluss eines Unternehmens führen, ist damit mindestens als bedenklich einzustufen.

Zum anderen ist bei vielen Fonds der „Ausschließungsgrad" ein Problem: Denn vielfach werden Unternehmen erst dann aus dem Fond ausgeschlossen, wenn deren Anteil an „unverantwortlichen" Geschäften fünf oder mehr Prozent beträgt. Insbesondere dann, wenn die Performance eines Unternehmens hoch ist, neigen Fondsmanager dazu, die Ausschlusskriterien nicht zu eng zu fassen. Dieser Handlungsspielraum erweist sich insbesondere auch deshalb als problematisch, da er den Fondsanbietern mindestens prinzipiell die Möglichkeit eröffnet, die finanzielle Performance einzelner ertragsstarker Unternehmen gegen ihre möglicherweise schwache soziale Performance innerhalb bestimmter Grenzen auszuspielen und sich so Vorteile gegenüber Konkurrenten und Mitbewerbern mit einer strengeren Auslegung ihrer Ausschlusskriterien zu verschaffen. Dass derartige „Freiräume" wenn vielleicht nicht bewusst geschaffen, so aber doch bewusst von den Fondsanbietern genutzt werden, um die Ertragsstärke ihrer Fonds zu erhöhen, offenbart eine Recherche des Österreichischen Verbandes für Konsumenteninformation. Dabei zeigte sich, dass einige Fondsanbieter Unternehmen erst dann aus ihren Fonds ausschlossen, wenn deren Umsätze zu mehr als 10 Prozent in „schmutzigen" Geschäftsbereichen getätigt wurden und damit eine Listung absolut nicht mehr vertretbar erschien (vgl. Neugebauer/Greutter 2007: 24f.). Langfristig führt dies jedoch zu einem Absenken der Grenzmoral auf dem Markt, da Kunden neben dem guten Gewissen auch am Ertragswert des Fonds interessiert sind (vgl. McLachlan/Gardner 2004: 12). Innerhalb der Branche kommt es so zu einem wachsenden Anpassungsdruck, denn je weiter die Kriterien ausgelegt werden und je erfolgreicher sich der Fonds am Markt präsentiert, desto lukrativer wird er für die Kunden. Um hier nicht den Anschluss zu verlieren, sind auch die anderen Fondsanbieter gezwungen, ihre moralischen Standards zu lockern (vgl. Nell-Breuning 1975: 39). Neben Unternehmen, welche die Ausschlusskriterien erfüllen, finden sich so möglicherweise im Portfolio eines Fonds Unternehmen wieder, die diese nicht oder nur bedingt erfüllen (vgl. Finanztest 2004). Für Kunden wird die Einhaltung und konsequente Anwendung der Ausschlusskriterien durch das Fondsmanagement damit äußerst fraglich.

Um hier an Glaubwürdigkeit zu gewinnen, setzt beispielsweise das Bankhaus Schelhammer & Schattera neben einem Wirtschaftsprüfer, der die Einhaltung der Anlagekriterien und des Auswahlverfahrens überwacht (vgl. Tometschek 2007: 21), auf einen Ethikbeirat, der das Bankhaus bei der Auslegung und der Umsetzung der Kriterien berät. Trotz aller Fachkompetenz der Mitglieder eines solchen Gremiums lässt sich dadurch jedoch nicht die Frage nach der Validität der verwendeten Daten klären, auf deren Grundlage die Entscheidungen getroffen werden. Zwar haften nun prominente Vertreter aus Kirche und Gesellschaft mit ihrem guten Namen für die Einhaltung der Kriterien; dies ändert jedoch im Einzelfall nichts an der zur Verfügung stehenden Datenbasis. Letztlich reduziert auch die Einsetzung eines Beirates kaum die Schwierigkeiten der Einzelfallbewertung; er erhöht allenfalls die Glaubwürdigkeit des Fondsmanagements, sich um die Einhaltung der Standards zu bemühen.

4 Ausblick: Zukunftsperspektiven ethischen Investierens

Letztlich besteht das Grundproblem aller Ethikfonds in der Tatsache, dass gesellschaftliche Verantwortung oder ethisches Verhalten und deren Auswirkungen nicht quantifizierbar sind: „Kernproblem aller Ethikfonds ist: Ethik lässt sich nur schwer wiegen und messen. Ausschlaggebend für die Akzeptanz von Unternehmenspapieren in einem Ethikfonds sind somit denn auch eher qualitative denn quantitative Kriterien. Gerade diese lassen sich aber nur in unzureichendem Maße ermitteln“ (Neugebauer/Greutter 2007: 25). Zwar legt die Interpretation von CSR als ökonomisch, ökologisch und sozial nachhaltige Unternehmensführung nahe, dass das CSR-Engagement von Unternehmen in einheitlichen Standards erfasst werden könnte. Allerdings stellt der hier verwendete Begriff der Corporate Social Responsibility innerhalb der betriebswirtschaftlichen Praxis allenfalls einen „Umbrella-Term“ dar, unter dem sich scheinbar beliebige ökologische und soziale Aktivitäten der Unternehmen versammeln lassen (vgl. Senge 2006: 19). Trotz der gewachsenen Bedeutung von CSR im unternehmerischen Handeln gilt es zudem zu beachten, dass auch die Ausrichtung der Unternehmen an CSR nicht primär ethischen sondern vielmehr ökonomischen Gesichtspunkten folgt.

Damit stellt sich die Frage ob und wenn ja wie unterschiedliche Aktivitäten, wie beispielsweise die Einführung eines Abfallwirtschaftssystems oder die Förderung zur Hepatitis-Prophylaxe, miteinander verglichen werden können. Zwar erlauben es die nach dem Frankfurt-Hohenheimer Leitfaden erarbeiteten Analysemethoden, wie sie beispielsweise von oekom research und anderen Ratingagenturen verwendet werden, die verschiedenen Ebenen – „social rating“, cultural rating“ und „environmental rating“ – zu gewichten und zu einer Gesamtbewertung zusammenzuführen und garantieren damit annähernd einheitliche Standards innerhalb der Analysemethodik (vgl. Haßler 2003: 207ff.). Dennoch bleibt die Bewertung der von den Unternehmen berichteten Einzelmaßnahmen mit einem erheblichen subjektiven Faktor behaftet. Offen bleibt, wie unterschiedliche Aktivitäten objektiv gewichtet und gewertet werden können, um so auch innerhalb eines einzelnen Unternehmens zu entsprechenden Kennzahlen zusammengefasst werden zu können.

Trotz aller Schwierigkeiten bei der exakten Festlegung dessen, wie sich „Ethik“ als Fondskriterium im Einzelnen darstellen lässt und wie dies überprüft werden kann, besteht seitens der Anleger im deutschsprachigen Raum eine hohe Bereitschaft, Gelder in derartige Anlagemöglichkeiten zu investieren. Gemäß einer Umfrage des Bundesumweltministeriums und des Meinungsforschungsinstitutes Emnid wünschen sich 83 Prozent der Deutschen, dass ihre Ersparnisse für ihre Altersvorsorge in Unternehmen investiert werden, die weder umweltschädliche Produkte erzeugen, noch in ihren Fertigungsbetrieben fundamentale Menschenrechte missachten (vgl. Krebs 2006). Betrachtet man die Anlagestruktur in den USA, wo immerhin rund 11 Prozent aller professionellen Investments nach ethischen Kriterien angelegt werden, besteht in Deutschland in gewisser Weise noch Nachholbedarf (vgl. Fowler/Hope 2007: 244, Krebs 2006). Trotz der deutlichen Nachfrage nach ethischem Investment im deutschsprachigen Raum ist das Angebotsverhalten der Geldinstitute, gemessen am Gesamtmarkt eher gering. „Diese Fonds werden vor allem aus Gründen des Erfahrungsgewinns und des Images durch die Geldinstitute aufrecht erhalten“ (Krebs 2006: 8).

Ob sich Ethikfonds jedoch angesichts der hier genannten Probleme dauerhaft am Markt bewähren und erfolgreich sein werden, hängt zukünftig wohl von mindestens drei Bedingungen ab:

- Zunächst ist davon auszugehen, dass Investoren letztlich auch bei Ethikfonds primär oder doch zumindest sekundär an der Rendite ihrer Anlage interessiert bleiben werden. Dies bedeutet, dass Ethikfonds nur dann langfristig Bestand haben werden, wenn es ihnen gelingt, konkurrenzfähige Renditen zu erzielen. „Ethik" stellt hier für den Anleger in gewisser Weise eine Art „Hygiene-Faktor" im Sinne Frederick Herzbergs (vgl. Herzberg 1968: 74) dar: Es wird erwartet, dass es sich bei den im Ethikfonds zusammengestellten Aktien um Anteilsscheine moralisch integerer Unternehmen handelt. Ist dies nicht der Fall, werden die entsprechenden Fonds gemieden. Umgekehrt motiviert alleine die Zusammenstellung „ethisch einwandfrei" wirtschaftender Unternehmen in einem Fondsuniversum nicht zur Geldanlage, wenn es dem Fonds an Ertragsstärke fehlt. Motivator im Sinne Herzbergs bleibt hier letztlich die Rendite.
- Entscheidend für die Etablierung eines Ethiklabels auch auf dem Kapitalmarkt ist die Schaffung verbindlicher Regelungen, die die entsprechenden Kriterien und die Toleranzbereiche festlegen, nach denen die Auszeichnung eines Fonds als Ethikfonds erfolgen darf. Gefordert sind hier neben dem Gesetzgeber vor allem die Banken selbst, die auf dem Wege der Schaffung von Branchenstandards eigenständig für eine notwendige Normierung sorgen können. Transparenz und Vergleichbarkeit der zugrunde gelegten Auswahlkriterien bilden eine wesentliche Voraussetzung für den Anlegerschutz und für die Glaubwürdigkeit des Ethiklabels.
- Letztlich müssen jedoch auch die Unternehmen Gefallen an derartigen Fonds finden. Ein Anreiz für Unternehmen an einer Listung in einem Ethikfonds könnte sich ergeben, wenn es standardisierten Ethikfonds gelingt, sich als Label für glaubwürdige Unternehmenspraxis durchzusetzen. Unternehmen hätten dann selbst ein Interesse daran, ihre entsprechenden Daten offen zu legen, mit dem Ziel, durch die Listung in einem Fonds ausgezeichnet zu werden. „Je höher der Marktanteil dieser Anlageform ist und je attraktiver es damit für die Unternehmen wird, in den entsprechenden Investmentfonds vertreten zu sein (…) desto stärker werden sich die Unternehmen bei ihrem Tun an den Kriterien dieser Anleger bzw. Fonds orientieren" (Tometschek 2008b: 32). Risikoaufschläge, die Unternehmen schon jetzt als Folge von schlechten CSR-Ratings drohen und die damit schrittweise eine Veränderung in der Unternehmenspolitik bewirken, weisen bereits in diese Richtung.

Damit bestünde die Möglichkeit, dass ein sich veränderndes Nachfrageverhalten auf den Finanzmärkten auch Einfluss auf die Geschäftspolitik der Unternehmen nimmt: „Das Nachhaltigkeitsinvestment (…) sendet entscheidende Impulse an die Unternehmen aus, ihre Performance im ökologischen und sozialen Bereich kontinuierlich zu verbessern. Dieser ‚ethische Wettbewerb' wird umso stärker, je mehr Investoren Nachhaltigkeitsaspekte bei ihrer Kapitalanlage berücksichtigen" (Haßler 2003: 213).

Literatur

Aßländer, Michel S. (2005a): Governance can't make it all – das Versagen der Governance-Strukturen am Beispiel Enron, in: Meier, Uto/Still, Bernhard (Hrsg.): Zwischen Gewissen und Gewinn – Beiträge zur wertorientierten Personalführung. Regensburg: 249-266.

Aßländer, Michael S. (2005b): Der Fall Enron – Aufstieg und Fall eines amerikanischen Vorzeigeunternehmens, in: Forum Wirtschaftsethik Jg. 13, Heft 2: 7-17.

Aßländer, Michael S. (2006): Geschäfte unter Freunden – Supply-Chain-Management auf Italienisch. In: Hopej, Marian et al. (Hrsg.): Nowe tendencje w nauce o oganizacji i zarządzaniu – Neuere Tendenzen der Managementlehre. Breslau: 209-225.

Aßländer, Michael S./Roloff, Julia (2004): Sozialstandards als Beispiel für soziale Verantwortung von Unternehmen. In: Journal für politische Bildung 3/2004: 26-36.

Banerjee, Subhabrata Bobby (2007): Corporate Social Responsibility – The Good, the Bad, and the Ugly. Northampton.

Beck, Ulrich (1997): Was ist Globalisierung? Frankfurt am Main.

Böhm, Franz (1937): Die Ordnung der Wirtschaft als geschichtliche Aufgabe und rechtsschöpferische Leistung, Stuttgart.

Brecht, Berthold (1979): Furcht und Elend des Dritten Reiches. Frankfurt am Main.

Crane, Andrew/Matten, Dirk (2007): Business Ethics. 2. Aufl., Oxford.

Crane, Andrew/Matten, Dirk/Spence, Laura (2008): Corporate Social Responsibility – Readings and Cases in a Global Context. New York.

DiePresse.com (2008): Citigroup beendet Enron-Streit mit Milliardenzahlung. In: DiePresse.com vom 26.3.2008. http://diepresse.com/home/wirtschaft/economist/372443/index.do?from=suche.intern.portal (Zugriff am 1.4.2008).

Eurosif (2004): Transparenzleitlinien für Publikumsfonds. www.forum-ng.de/upload/pdf/final_textversion_dt.pdf (Zugriff am 17.3.2008).

Finanztest (2004): Ethisch-ökologische Fonds: Gewissenhaft anlegen. In: Finanztest 10/2004: 36-43. http://www.test.de/themen/geldanlage-banken/test/-Ethisch-oekologische-Fonds/1204233/1204233/1204340/ (Zugriff am 17.3. 2008).

Fowler, Stephen J./Hope, C. (2007): A Critical Review of Sustainable Business Indices and their Impact, in: Journal of Business Ethics, 76 Jg., Nr. 3: 243-252.

Haig, Matthew/Hazelton, James (2004): Financial Markets: A Tool for Social Responsibility? In: Journal of Business Ethics, 52 Jg., Nr. 1: 59-71.

Haßler, Robert (2003): Nachhaltigkeits-Rating: Ein innovatives Konzept zur Förderung der nachhaltigen Entwicklung bei Unternehmen und auf den Finanzmärkten. Eine Chance für Stiftungen. In: Scherer, Andreas G./Hütter, Gerhard/Maßmann, Lothar

(Hrsg.): Ethik für den Kapitalmarkt? Orientierung zwischen Regulierung und Laissez-faire. München: 205-213.

Haueisen, Gunter K. (2003) Ethische Verhaltensteuerung im Bankwesen. In Scherer, Andreas G./Hütter, Gerhard/ Maßmann, Lothar (Hrsg.): Ethik für den Kapitalmarkt? Orientierung zwischen Regulierung und Laissez-faire. München: 107-124.

Herzberg, Frederick (1968): Work and the Nature of Man. London.

Hockets, Kai/Moir, Lance (2004): Communication Corporate Responsibility to Investors: The Changing Role of the Investor Relations Function. In: Journal of Business Ethics, 52 Jg., Nr. 1: 85-98.

Kahlenborn, Walter (2003): Nachhaltige Geldanlagen und Transparenz. In: Scherer, Andreas G./Hütter, Gerhard/Maßmann, Lothar (Hrsg.): Ethik für den Kapitalmarkt? Orientierung zwischen Regulierung und Laissez-faire. München: 193-204.

Krebs, Carsten (2006): Vorsicht bei ethischen Geldanlagen. In: Frankfurter Rundschau vom 14.6.2006. www.nachhaltiges-investment.org/dateien/FR%20140606.pdf (Zugriff am 17.3.2008).

Launer, Ekkehard (1991) (Hrsg.): Nestlé, Milupa ... Babynahrung in der Dritten Welt. Göttingen.

Lewis, Alan/Mackenzie, Craig (2000): Support for Investor Activism among U.K. Ethical Investors. In: Journal of Business Ethics, 24 Jg., Nr. 3: 215-222.

McCann, Leo/Solomon, Aris/Solomon, Jill F. (2003): Explaining the Growth in U.K. Socially Responsible Investment. In: Journal of General Management, 28 Jg., Nr. 4: 15-36.

McLachlan, Jonathan/Gardner, John (2004): A Comparison of Socially Responsible and Conventional Investors. In: Journal of Business Ethics, 52 Jg., Nr. 1: 11-25.

Margolis, Joshua D./Walsh, James P. (2001): People and Profits? The Search for the Link between a Company's Social and Finance Performance, Mahwah (New Jersey).

Meadows, Dennis (1972): Grenzen des Wachstums – Bericht des Club of Rome zur Lage der Menschheit. Stuttgart.

Nell-Breuning, Oswald von (1928): Grundzüge der Börsenmoral. Freiburg im Breisgau.

Nell-Breuning, Oswald von (1975): Der Mensch in der heutigen Wirtschaftsgesellschaft. München.

Neugebauer, Christian/Greutter, Georg (2007): Ethikfonds in Österreich – Ein kommentierender Streifzug. In: Forum Wirtschaftsethik, 15. Jg., Nr. 4: 22-25.

Orlitsky, Marc/Schmidt, Frank L./Rynes, Sara L. (2003): Corporate Social and Financial Performance: A Meta Analysis. In: Organizational Studies, 23. Jg., Nr. 3: 403-411.

sueddeutsche.de (2008): US-Finanzkrise: Ramschpreise für Bear Stearn – und die Fed hilft. In: sueddeutsche.de vom 17.3.2008. http://www.sueddeutsche.de/finanzen /artikel/317/163857/ (Zugriff am 21.3.2008).

Scherer, Andreas G. (2003): Braucht der Kapitalmarkt eine (Unternehmens-)Ethik? In: Scherer, Andreas G./Hütter, Gerhard/Maßmann, Lothar (Hrsg.): Ethik für den Kapitalmarkt? Orientierung zwischen Regulierung und Laissez-faire. München: 15-33.

Senge, Konstanze (2006): Wie tragfähig ist CSR? – Das Beispiel Wal Mart. In: Forum Wirtschaftsethik, 14. Jg., Nr. 3: 19-29.

Sparkes, Russel/Cowton, Christopher J. (2004): The Maturing of Socially Responsible Investment: A Review of the developing Link with Corporate Social Responsibility. In: Journal of Business Ethics, 52 Jg., Nr. 1: 45-57.

Thielemann, Ulrich (2005): Compliance und Intergrity – zwei Seiten ethisch integrierter Unternehmensteuerung. In: ZFWU, 6. Jg., Nr. 1: 31-45.

Thielemann, Ulrich/Ulrich, Peter (2003): Brennpunkt Bankenethik. St. Galler Beiträge zur Wirtschaftsethik Bd. 33, Bern.

Tometschek, Gerhard (2007): Zukunftsfähiges Investment: Aus der Praxis des ethischen Fondsmanagements. In: Glocalist 22/2007: 20-21.

Tometschek, Gerhard (2008a): Mehr Transparenz an den Kapitalmärkten. In: Glocalist 23/2008: 31.

Tometschek, Gerhard (2008b): Ethische Geldanlagen als Beitrag zu einer zukunftsfähigen Wirtschaft. In: Glocalist 25/2008: 32.

Tometschek, Gerhard (2008c): Ethik und Nachhaltigkeit in der Wirtschaft. In: Glocalist 26/2008: 13.

Voigt, Matthias/ Kratochwil Martin (2004): Wie ethisch sind Ethikfonds? – Sozial verantwortbare Geldanlagen. In Ruh, Hans/Leisinger Klaus M. (Hrsg.): Ethik im Management – Ethik und Erfolg verbinden sich. Zürich: 309-319.

Werther, Alexander (2007): Doppelte Dividende – Die Praxis nachhaltiger Kapitalanlagen am Beispiel des Bankhauses Schelhammer & Schattera. In: Forum Wirtschaftsethik, 15. Jg., Nr. 4: 34-37.

Verantwortliches Investieren: Zur wachsenden ökonomischen Relevanz von Corporate Social Responsibility auf den internationalen Finanzmärkten

Henry Schäfer

In Deutschland nennt man sie oft noch „grüne Kapitalanlagen", in Teilen Europas und den USA heißen sie „Socially Responsible Investments" und verbreitet sind sie auf Finanzmärkten rund um den Globus: Kapitalanlagen, mit denen Rendite verdient und gleichzeitig einer „ethisch guten Sache" gedient werden soll. Wenn auch längst nicht eindeutig ist, was als ethisch „gut" und was als „verwerflich" in der Kapitalanlage zu erachten ist, so existiert doch mittlerweile auch auf den Finanzmärkten eine Palette von „ethisch ausgerichteten Anlagemöglichkeiten". Sie stellen in Deutschland zwar mit einem Anteil von etwa 0,3 Prozent am gesamten Volumen der Investmentfonds (Kahlenborn/Dereje 2007: 13) ein noch kleines Segment des Finanzmarkts dar, doch erreichen solche Anlagen in anderen Ländern wie z.B. den USA bereits seit mehreren Jahren mehr als zehn Prozent des gesamten professionell verwalteten Anlagevermögens (sog. Assets under Management) (vgl. Schäfer 2005). Nachfolgend werden die zentralen Merkmale dieser Anlageform und deren Besonderheiten im Kapitalanlageprozess dargestellt.

1 Konzepte und Begriffe

Grundsätzlich können alle Anlageformen als nachhaltige Kapitalanlagen bezeichnet werden, wenn sie neben den konventionellen Anlagekriterien (Rendite, Risiko und Liquidität) zusätzlich außerökonomische, das heißt ethische Werte bzw. moralische Prinzipien berücksichtigen (vgl. etwa Schäfer 2005: 558). Bis dato existiert allerdings keine allgemeingültige Terminologie. Vielmehr findet eine Reihe von Termini parallele Verwendung (etwa: prinzipiengeleitetes Investment, nachhaltige oder verantwortliche Geldanlage, sozial verantwortliches Investieren, Ethical Investment u. a.).

Im englischen Sprachgebrauch hat sich insbesondere der Begriff „Socially Responsible Investment" (SRI) durchgesetzt. Das US-amerikanische Social Investment Forum liefert hierzu folgende Definition: „SRI considers both the investor's financial needs and an investment's impact on society. SRI investors encourage corporations to improve their practices on environmental, social, and governance issues." (USSIF 2008). Der Begriff „sozialverantwortlich" enthält damit die drei Dimensionen „Ökonomie", „Ökologie" und „Soziales", aus denen heraus die Selektion von Anlagemöglichkeiten begründet wird. Es bestehen mit der Filtration von Anlageprozessen nach Kriteriensätzen aus den drei vorgenannten Gruppen enge inhaltliche Verbindungen zu den Konzepten der Nachhaltigkeit und der Corporate Social Responsibility (CSR). Bei letztgenanntem handelt es sich um ein typischerweise im angelsächsischen Raum verbreitetes Ethikkonzept der Unternehmensführung. Es betont insbesondere die Auswirkungen und Interaktionen unternehmerischen Handelns mit Stakeholdergruppen. Substanziell weitgehend in die gleiche Richtung geht das Konzept der Nachhaltigkeit bzw. nachhaltigen Entwicklung wie es 1987 von der Brundtland-Kommission (Brundtland Commission for Environment and Development) im Auftrag der Vereinten Nationen erarbeitet wurde. Kennzeichnend für Nachhaltigkeit ist danach der ethische Anspruch einer gleichzeitigen Berücksichtigung *zweier* Gerechtigkeitsdimensionen: der intragenerationellen Gerechtigkeit, insbesondere zwischen erster und dritter Welt und der intergenerationellen Gerechtigkeit zwischen heutigen und zukünftigen Generationen (vgl. Schäfer 2001).

CSR und Nachhaltigkeit haben in den letzten Jahren auf vielfältige Weise Einzug in ökonomisches Denken, die Unternehmensführung und die Wertschöpfungsprozesse erhalten – so auch im Bereich der Kapitalanlage. Dieser Tatsache Rechnung tragend und um der Begriffsvielfalt Einhalt zu bieten, werden im Folgenden ausschließlich die Termini „Nachhaltige Kapitalanlage" und „Socially Responsible Investment" verwendet. In Ermangelung einer gängigen deutschen Abkürzung wird SRI entsprechend synonym behandelt. Konstituierend für nachhaltige Kapitalanlagen ist demnach, dass neben ökonomischen auch soziale und/oder ökologische Aspekte in die Kapitalanlageentscheidung einfließen.

In ihrer Ursprungsform (und heute durchaus auch noch vorhanden) waren SRI Kapitalanlagen, die vor allem ein Ziel verfolgten: keine Anlage von Geldern in Aktien solcher Unternehmen, die mit ihren Produkten und/oder wirtschaftlichen Produktionsweisen für Anleger wichtige Ziele verletzten. Diese vor allem aus dem Bereich der Kirchen erwachsene Form des SRI, die bis heute noch in unterschiedlicher Weise besteht, versucht insbesondere mit Ausschlusskriterien bestimmte Unternehmen oder ganze Branchen vollständig in der Kapitalanlage zu meiden. Klassische Ausschlusskriterien sind Unternehmenstätigkeiten mit Bezug zu Alkohol, Tabak, Rüstung, Pornografie, Gen-Technik. Ziel dieser Anlagepolitik ist also, nur solchen Unternehmensleitungen Anlagegelder anzuvertrauen, die damit keine ethischen Prinzipien verletzen.

Abbildung 1: Die Entwicklung vom ethischem zum nachhaltigen Investment

Ethisches Investment	Nachhaltiges Investment
· Ethische Motivation · Ausschlussprinzip (Einzelunternehmen, Branchen) · Focus auf wenige soziale und ökologische Selektionskriterien · Ergänzend: Shareholder Adovcacy/Engagement	· Shareholder-Value-Orientierung · Suche nach Unternehmen mit Überrenditen · Best-of-Class- und industriespezifische Ansätze · Integration ökonomischer, ökologischer und sozialer Kriterien

... oder die Suche nach dem „heiligen Gral“

Welches ist *das* „ethische“ Unternehmen?

Welches ist *das* hochrentierliche Unternehmen?

Die heute sehr verbreitete Ausprägung von SRI erlaubt zwar grundsätzlich auch, dass bestimmte Unternehmen oder Branchen von der Anlage ausgeschlossen werden, aber dies ist eher der Spezialfall. Mithilfe des sogenannten Best-in-Class-Ansatzes geht es in erster Linie darum, von vornherein keine Unternehmen bzw. deren Aktien und Anleihen von der Geldanlage auszuschließen, sondern diejenigen Unternehmen mit den Anlagegeldern zu „belohnen“, denen es besonders gut gelungen ist, Nachhaltigkeit in ihren Produkten und/oder Produktions-, Beschaffungs- und Absatzbereichen umzusetzen. Mittels eines fein ausgetüftelten Kriteriensystems wird bei Unternehmen durch Befragungen von Unternehmensvertretern und Analysen von deren Veröffentlichungen (z.B. Nachhaltigkeitsberichten) herausgearbeitet, ob ein Unternehmen bei dem jeweiligen Analysekriterium Plus- oder Minuspunkte bekommt und eventuell auch deren Anzahl. Immer mehr Aktienanalysten meinen sogar, damit ließen sich auch in ökonomischer Hinsicht relevante Aussagen gewinnen, nämlich die in der Zukunft wirtschaftlich erfolgreichen Unternehmen besser identifizieren (vgl. Abb. 1).

2 Marktvolumen und Erscheinungsformen von SRI

In der letzten Dekade sind weltweit die Märkte für SRI, d.h. die nach Umwelt-, Sozial- und Governance-Kriterien strukturierten Aktien- und Anleiheportfolios, bedeutend gewachsen. Zur Jahresmitte 2007 waren in Europa fast 50 Milliarden Euro der professionell verwalteten Kapitalanlagen (Assets under Management) nach ESG-Kriterien (Environment, Social and Governance) angelegt (vgl. Abb. 2). Der Großteil des Marktvolumens der SRI ist in Großbritannien angelegt (vgl. Abb. 3). Deutschland hinkt hier bislang noch in den Anteilen hinterher, weist aber nach Experteneinschätzungen ein signifikantes Aufholpotenzial auf (vgl. Schäfer 2001: 43).

Abbildung 2: Assets under Management nach ESG-Filtern in Europa

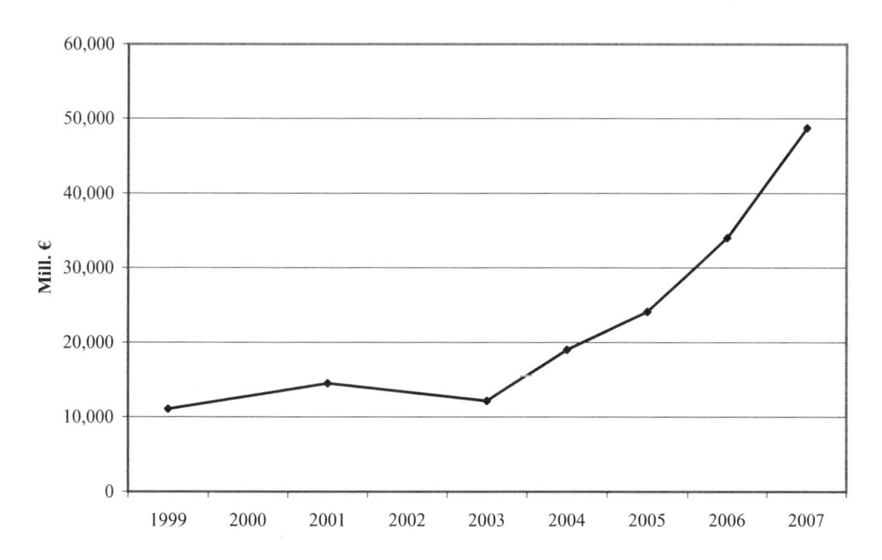

Abb.2: Entwicklung der Anlagevolumina von 1999 bis 2007 (Avanzi 2007: 3).

Abbildung 3: Länderspezifische Mittelverteilung von Anlagen mit ESG-Filtern

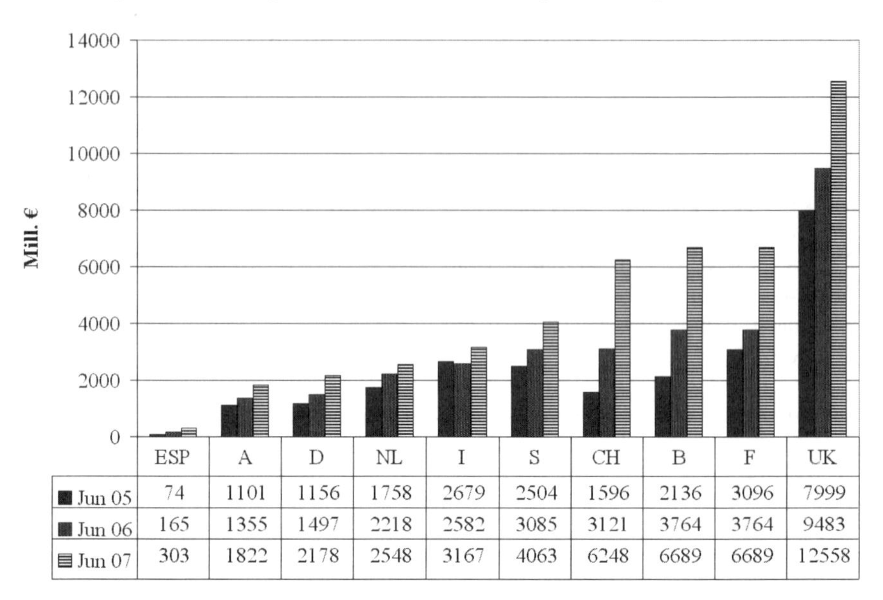

	ESP	A	D	NL	I	S	CH	B	F	UK
Jun 05	74	1101	1156	1758	2679	2504	1596	2136	3096	7999
Jun 06	165	1355	1497	2218	2582	3085	3121	3764	3764	9483
Jun 07	303	1822	2178	2548	3167	4063	6248	6689	6689	12558

Abb. 3: Entwicklung der Anlagevolumina in Europa im Zeitraum 2005 bis 2007 (in Anlehnung an Avanzi 2007: 2).

In praktischer Hinsicht lassen sich SRI danach unterscheiden, ob sie vom Anleger in einer aktiven und/oder in einer passiven Form umgesetzt werden. Während der Anleger bei passiven Strategien seine Wertvorstellungen ausschließlich in Form von Wertpapierkäufen und -verkäufen zum Ausdruck bringt (sog. Screening-Ansätze), wirkt er bei den aktiven Strategien bewusst auf die Unternehmensleitungen ein (sog. Engagement-Ansätze). Wie sich verschiedene Arten nachhaltiger Kapitalanlagen im Detail ausprägen können, lässt sich produktseitig anhand der Anlageform besonders gut illustrieren, der mit Abstand die höchste Marktbedeutung zukommt: den Investmentfonds (vgl. Cowton 1994: 214). Solche Fonds werden überwiegend in Forschung und Praxis als Ausdruck eines speziellen Anlagestils verstanden. Hierbei wird in der Regel das Anlageuniversum (bestehend aus Aktien oder Anleihen bzw. beiden) bewusst – durch die Anlegerpräferenzen – gegenüber dem Gesamtmarkt eingeengt. Ob es dabei – wie es die klassische Portfoliotheorie vermuten lässt – zwangsläufig zu einer Verschlechterung in der Rendite/Risiko-Beziehung kommen muss und eine Underperformance hinzunehmen ist, war Gegenstand einer Fülle von empirischen Untersuchungen in den letzten 30 Jahren. Alles in allem lässt sich nicht von vornherein eine Underperformance empirisch nachweisen. Es sind sogar in nicht unerheblicher Zahl Studien zum Nachweis einer Outperformance von nachhaltigen gegenüber konventionellen Kapitalanlagen gekommen (vgl. Schäfer/Stederoth 2002). Die Frage, ob man bei der Anlage in SRI Geld verliert oder sogar vermehrt, wird gerne unter Verweis auf den Vergleich von Aktienindizes, die sich aus SRI-Aktien zusammensetzen, mit solchen Indizes durchgeführt, die keinerlei Beschränkung durch Umwelt- und Sozialfilter unterliegen.

Der Vergleich eines weltweit führenden Nachhaltigkeitsindexes, des Dow Jones Sustainability Index World (DJSI World) mit seinem „konventionellen Pendant", dem Morgan Stanley Composite Index World (MSCI World), der nicht nach ESG-Kriterien strukturiert ist, lässt indes keine eindeutige Aussage zu: Die Performance beider schwankt in geringem Umfang, ein Trend zeichnet sich nicht ab (vgl. SAM 2008: 5). Würde man einen weiteren Nachhaltigkeitsindex dazu nehmen, den britischen FTSE4Good, käme man zu einer ähnlichen Aussage.[1]

Die mittlerweile nicht unbeträchtliche Vielfalt von SRI in Deutschland macht eine Strukturierung sinnvoll. Nachfolgend werden die diesbezüglichen Anlagekategorien im Überblick vorgestellt (vgl. auch Schäfer/Lindenmayer 2007):

- In *ethisch-ökologischen Investmentfonds* liegt den enthaltenen Aktien und/oder Anleihen ein aus Negativ- und Positivkriterien bestehendes Auswahlverfahren (das sogenannte Screening) zugrunde. Dabei werden zunächst anhand von Negativkriterien im Sinne von Ausschlusskriterien diejenigen Branchen und/oder Unternehmen nicht weiter berücksichtigt, die für eine Anlage der Fondsmittel unzulässig sind: Primär soll durch das Negativkriterium eine Investition in bestimmte, vom Anleger als unethisch oder unmoralisch erachtete Branchen bzw. Unternehmen vermieden werden (z.B. Hersteller von Kriegswaffen). Unter den für eine Aufnahme ins Fondvermögen in Frage kommenden Unternehmen entscheiden schließlich Positivkriterien. Hier werden diejenigen Wertpapiere der Unternehmen für den Investmentfonds ausgewählt, welche die in den Positivkriterien spezifizierten Bedingungen (z.B. gemessen an einem Punkte-, also „Score"-Wert) erfüllen. Zumeist reduziert der aufwendige Auswahlprozess die infrage kommenden Anlageformen erheblich (vgl. Sparkes/Cowton 2004).

[1] Mehr Informationen zum FTSE4Good: http://www.ftse4good.com (Zugriff am 7.8.2008). Die Dow Jones Sustainability Indexes werden von der schweizerischen Vermögensverwaltung SAM in Kooperation mit Dow Jones Indexes und STOXX Limited entwickelt. Mehr Informationen: http://www.sustainability-index.com (Zugriff am 7.8.2008).

Der „Pionier“ auf diesem Gebiet ist der Investmentfonds „Ökovision“. Ursprünglich vor etwa zehn Jahren von der Frankfurter Umweltbank aufgelegt, später von der schweizerischen Bank Sarasin verwaltet, befindet er sich heute unter dem Management der belgisch-niederländischen Fortis-Finanzgruppe.

- *Umwelttechnologiefonds* gehören zu den ältesten im deutschen Sprachraum aufgelegten SRI-Publikumsfonds. In dieser Fondsgruppe sind Fondsarten aller Anlagekategorien vertreten. Gemeinsam ist ihnen, dass sie auf Unternehmen abstellen, die Angebotsschwerpunkte im Bereich umwelttechnologischer Produkte und Dienstleistungen haben. Derartige Fonds fassen damit Branchen zusammen, die von gesetzlichen Umweltauflagen oder Ressourcenverknappungen profitieren können, wie z.B. die Hersteller von Anlagen zur Wasserfiltration oder zur Energiegewinnung mittels Geothermie. Klassischer Vertreter dieser Fondskategorie ist der „Activest EcoTech“. Mehr und mehr sind allerdings über die Jahre die Anlageaspekte „erneuerbare Energie“ und „Ressourcen“ in dieser Anlagekategorie den Vordergrund gerückt.
- Eine weitere Gruppe stellen *Ökoeffizienzfonds* dar. Sie investieren unter dem Gesichtspunkt effizienten Ressourcenverbrauchs in Aktien ökologischer Vorreiterunternehmen (sog. „Öko-Leader“). Folglich werden keine Wirtschaftsbereiche durch Negativkriterien von vornherein ausgeschlossen. Vielmehr erfolgt die Auswahl von Aktien jeder Branche mithilfe festgelegter Ökoeffizienzkriterien. Ein solches Kriterium kann beispielsweise der Energieverbrauch bezogen auf den Umsatz des Unternehmens sein. Zusätzlich können Ökoeffizienzfonds auch die für ethisch-ökologische Fonds typischen Ausschlusskriterien verwenden. Die Auswahl der für ein Investment infrage kommenden Unternehmen ist damit erheblich größer als bei Umwelttechnologiefonds und ethisch-ökologischen Fonds (vgl. Armbruster 2000: 149).
- Während Umwelttechnologie- und Ökoeffizienzfonds einseitig die ökologische Dimension der Nachhaltigkeit betonen, liegt der Gruppe der *Nachhaltigkeitsfonds* ein ganzheitlicher Bewertungsansatz zugrunde. Hier werden sowohl ökologische und ökonomische als auch soziale Aspekte zur Bewertung der Nachhaltigkeit von Unternehmen herangezogen. Investiert wird in Unternehmen, die einen Beitrag zum nachhaltigen Wirtschaften leisten und einen ökonomischen Erfolg unter Berücksichtigung von sozialen und ökologischen Aspekten erreichen (vgl. Schäfer 2001). Auf dieser Grundlage verwaltete Fonds gründen ihre Titelauswahl ebenfalls auf (positiven) Einzelkriterien des Nachhaltigkeitsspektrums. So legt beispielsweise der Aktienfonds Pictet Funds-European Sustainable Equities zur

Titelselektion 180 soziale, ökologische und ökonomische Kriterien zugrunde. Sieht man sich solche Nachhaltigkeitsinvestmentfonds näher an, wie das seit einigen Jahren die Research-Agentur Avanzi macht, so stellt man fest, dass es sich vor allem um nicht-deutsche, multinationale Unternehmen aus ganz unterschiedlichen Branchen handelt. In Tabelle 1 sind die von Avanzi ausgemachten „Sustainability-Leader" aufgeführt. Der Rangliste liegt die Zahl an Nachhaltigkeitsfonds zugrunde, in denen die Unternehmen vertreten sind.

Tabelle 1: Hitliste der internationalen Sustainability Leader

Ranking im Juni 2007	Ranking im Juni 2006	Ranking im Juni 2005	Unternehmen
1	1	11	ING Group
2	20	Neuzugang	Nokia
3	Neuzugang	–	Allianz
4	6	1	Vodafone Group
5	8	Neuzugang	BNP Paribas
6	Neuzugang	–	Koninklijke Philips Electronics
7	5	14	Royal Bank of Scotland Group
8	Neuzugang	–	Roche Holding
9	Neuzugang	–	Société Générale Group
10	Neuzugang	–	SAP
11	Neuzugang	–	Danone Group
12	Neuzugang	–	Schneider Electric
13	Neuzugang	–	ABN AMRO Holding
14	13	Neuzugang	BG Group
15	Neuzugang	–	AXA
16	Neuzugang	–	Canon
17	Neuzugang	–	UniCredit Group
18	Neuzugang	–	Telecom Italia
19	Neuzugang	–	Telefónica
20	12	7	Ericsson

Tab. 1: Grundlage bildet die Vertretung der Unternehmen in Nachhaltigkeitsinvestmentfonds auf Aktienbasis (Avanzi 2007).

- Investmentfonds, die nach ökologischen, sozialen und/oder ethischen Filtern in Aktien von Unternehmen investieren, stellen – wie ausgeführt –

die Kernprodukte der nachhaltigen Kapitalanlagen dar. Um diesen Kern herum gibt es weitere Anlagemöglichkeiten, wiederum weitgehend aus der Welt der Fonds, die – ganz unterschiedliche – Bezüge zu ethisch ausgerichteter Geldanlage aufweisen. Eine dieser Gruppen stellen *religiös motivierte Fonds* dar, die primär von Kirchenbanken emittiert werden. Bei der Anlage werden neben den klassischen Anlagezielen (höchstmögliche Performance) auch soziale und ökologische Kriterien berücksichtigt. Ebenfalls religiös motiviert sind die Fonds, die nach islamischen Anlagekriterien entsprechend der Scharia aufgelegt werden.

- Eine andere dem SRI verwandte Investmentfondsklasse stellen *Spendenfonds* dar. Diese weisen in ihrer Anlagestrategie kein erkennbares ethisches bzw. ethisch-ökologisches Motiv bei der Auswahl der Aktie und Anleihe auf. Beispielhaft kann das Prinzip am Panda Renditefonds DWS verdeutlicht werden. Der Fonds investiert überwiegend in Anleihen. Die Käufer der Fondsanteile sind damit einverstanden, dass ein Drittel des Ausgabeaufschlags von der Kapitalanlagegesellschaft dem World Wide Fund for Nature (WWF) überwiesen wird. Der WWF hat sich verpflichtet, die Gelder in besonders bedürftige aktuelle Projekte zu investieren. Überwiegend sind Empfänger von Teilen des Ausgabeaufschlags oder auch der Ausschüttung Einrichtungen im karitativen Bereich oder der freien Wohlfahrtspflege.
- Mittlerweile gibt es auch die ersten sogenannten *Microfinance-Fonds*. Unter dem Terminus Microfinance wird die Bereitstellung von Finanzdienstleistungen (Kredite, Sparmodelle, Kapitaltransfers und Versicherungen) an Kleinstunternehmen und Haushalte mit Niedrigeinkommen verstanden, die sonst keine Möglichkeit haben, die Dienste lokaler Bank- und Kreditinstitute in Anspruch zu nehmen. Microfinance eröffnet diesen vorwiegend in Entwicklungs- und Schwellenländern anzutreffenden Bevölkerungsschichten auf diese Weise den Zugang zum offiziellen Finanzsektor. Mittlerweile werden über spezielle Investmentfonds-Konstruktionen solche Kreditinstitute durch Kapitalanleger mitfinanziert, deren Gesellschaftszweck die Vergabe von Kleinstkrediten ist.

Investmentfonds des Nachhaltigkeitsspektrums weisen demnach in etwa die gleiche Vielfalt an Varianten auf, wie sie im konventionellen Anlagebereich vorzufinden ist. So werden auch an Nachhaltigkeitsprinzipien ausgerichtete Investmentfonds als Dachfonds angeboten. Der IAM Pro Vita World Fund setzt sich zum Beispiel aus 60 Zielfonds zusammen. Marktexperten prophezeien solchen Dachfonds ein starkes Wachstum in der nahen Zukunft. Einige der Nachhaltigkeitsfonds sind sogenannte „Index-Tracker“; d.h., sie bilden in der

Aktienzusammenstellung einen ganz bestimmten Aktienindex ab. Der Green Effects etwa bildet in seiner Titelselektion den Naturaktienindex (NAI) ab.

Bei so vielen „ethisch korrekten" Anlageprodukten soll nicht unerwähnt bleiben, dass es auch Ansätze eines gegenläufigen Anlagestils gibt, die man als „Laster-Fonds" bezeichnet. Der amerikanische Vice Funds etwa investiert gezielt in Aktien von Unternehmen, die sich besonders durch die Produktion von Waffen, Rüstungsgüter, Alkohol, Tabak und dem Glücksspielbetrieb auszeichnen – alles Bereiche, die streng ethisch ausgerichtete Anleger als „Sünden-Aktien" verteufeln.

Anders als im angelsächsischen Ausland ist die Vorliebe deutscher Anleger mehr auf zinstragende Formen gerichtet. Viele deutsche Anleger sind sogar mit dem SRI-Thema eher nebenbei in Berührung gekommen, als sie nämlich steuersparende Kommandit- oder GmbH-Anteile, aber auch Anteile an geschlossenen Fonds zeichneten, mit deren Geld anschließend Windkraftanlagen oder andere Formen erneuerbarer Energieträger finanziert wurden. Neben Investmentprodukten werden daher im SRI-Spektrum Deutschlands vereinzelt auch andere Finanzprodukte als nachhaltige Kapitalanlage angeboten. Zu nennen sind hier Spareinlagen mit Zinsabschlägen und/oder speziellen Verwendungszwecken der Anlagegelder (etwa zur Kreditvergabe für ökologische Projekte). Daneben werden auch Versicherungsprodukte mit Nachhaltigkeitsansprüchen angeboten, meist in Form einer fondsgedeckten Kapitallebensversicherung. Der der Kapitallebensversicherung zugrunde liegende Investmentfonds kann dann wiederum einem der vorgenannten Kategorien entstammen. Eine relativ junge Entwicklung ist die Anlage in nachhaltige Immobilien. So besteht in den USA und Großbritannien derzeit eine Bewegung hin zum Angebot von „Socially Responsible Real Estate Investment Trusts" (sogenannten „Green REITS"). In Deutschland ist diese Anlageform bislang noch nicht vorhanden. Zum einen ist das Anlageinstrument des REIT erst seit 2007 zulässig und zum anderen haben Fondsgesellschaften und Kreditinstitute bislang nachhaltig gebaute und bewirtschaftete Immobilien noch so gut wie nicht als Anlagemöglichkeiten entdeckt.

3 Corporate Social Responsibility und SRI – konzeptionelle Verbindungslinien zwischen Unternehmen und Finanzmärkten

Schon seit den 1960er Jahren setzen sich Wissenschaftler und Praktiker in Unternehmen mit der Frage auseinander, welchen Einfluss das Leitbild der Corporate Social Responsibility (im Folgenden CSR genannt) auf den wirtschaftlichen, das heißt finanziellen Erfolg eines Unternehmens hat. Die ablehnenden Haltungen der Gegner von CSR lassen sich in der Befürchtung zusammenfassen, tendenziell keine Nettogewinne, sondern eher *Nettoverluste* zu realisieren und dadurch das *(Aktien-)Vermögen* der Eigenkapitalgeber zu *schmälern*. Diese Befürchtung fällt umso mehr ins Gewicht, je ausgeprägter eine *Kurzfristorientierung* der Eigenkapitalgeber ist. Unter solchen Umständen dürften viele CSR-Maßnahmen mit ihrem hohen Grad an mittel- bis langfristiger „Reifedauer" und den ihnen innewohnenden Unsicherheiten kaum als wirtschaftlich betrachtet werden. Der amerikanische Nobelpreisträger für Wirtschaftswissenschaften und Neoliberale Milton Friedman hat hierzu einmal in den 1970er-Jahren ausgeführt: „The only responsibility of a corporation is to deliver a profit to its shareholders" (Friedman 1970).

3.1 CSR in der Unternehmensführung und -politik

CSR-Maßnahmen sind in dieser Konzeption eingebettet in den Kontext von *Managementtheorien und -praktiken*. Es werden Begründungen dafür geliefert, dass *CSR*-Maßnahmen *in* den *Wertschöpfungsprozessen* von Unternehmen *integriert* zu verstehen sind. Die geschäftspolitischen CSR-Maßnahmen müssten in diesem Sinn die *Kernkompetenzen* eines Unternehmens stärken und dadurch den Unternehmenswert tendenziell steigern lassen. CSR-Maßnahmen in Unternehmen stellen in weiten Teilen vor allem *Wertbeiträge zum immateriellen Vermögen* dar (z.B. Ruf eines Unternehmens). Zentral ist dabei die Erkenntnis, dass es nicht staatliche Auflagen im Umwelt- oder Sozialbereich sind, die den Wettbewerbsvorteil eines Einzelunternehmens begünstigen, da solche Auflagen für alle Unternehmen gleichermaßen gültig sind und ein zwischen Unternehmen sehr ähnliches reaktives Verhalten folgen lassen. Erst die Erkenntnis und Akzeptanz in der Unternehmensleitung, dass Umwelt- und Sozialpolitik unternehmensindividuell, unternehmensstrategisch und proaktiv zu verstehen sind, kann Veränderungen in den Kernkompetenzen zwischen einzelnen Unternehmen begründen und dadurch Wettbewerbsvorteile generieren. So weisen mittlerweile zahlreiche wissenschaftliche Forschungsarbeiten nach, dass erst durch eine Integration von CSR in die Unternehmensstrategie und durch unternehmenspolitische Umsetzungen von CSR vor allem durch Anpassungen, Neuausrichtungen und Veränderungen im Wertschöpfungsprozess einen herausgehobenen Beitrag zum Unternehmenserfolg erbringen können.

Im Einzelnen werden in diesem Verständnis bestimmte *Antriebskräfte von CSR auf* den *Unternehmenswert* gesehen, die im Folgenden erläutert werden.

3.1.1 Reputationseffekte

CSR-Maßnahmen können dem Aufbau von Reputation gegenüber Stakeholdern dienen, indem sie *Zuverlässigkeit, Glaubwürdigkeit, Fairness, Empathie* und andere vertrauensbildende Eigenschaften signalisieren. Sie sind tendenziell geeignet, dass *Stakeholder* ihre *Informationsdefizite und Skepsis* hinsichtlich der gesellschaftlichen Verantwortung eines Unternehmens *abbauen* und eine mittel- bis längerfristige Beziehung eingehen können.

Besonders deutlich wurden solche Effekte im Personalbereich, den Human Ressources, erkannt. So konnte für Unternehmen, die besondere Investitionen in ihr Human Ressource-Management tätigen, nachgewiesen werden, dass sie in besonderem Maße hoch qualifizierte Arbeitskräfte auf sich lenken konnten. Neben der Stakeholdergruppe „Beschäftigte" sind Steigerungen des Unternehmenswerts durch reputationsbildende Maßnahmen mittels CSR auch für Kunden von Unternehmen nachgewiesen und zwar vor allem für solche, die besonderen Wert auf derartige Maßnahmen legen (etwa sog. „Öko-Kunden"). Ähnliches gilt im übertragenen Sinne zum Beispiel auch für Lieferanten. Von besonderer Bedeutung als Zielgruppe können ebenso Kapitalgeber sein, etwa wenn sie als ethische oder nachhaltige Geldanleger bevorzugt in Aktien beziehungsweise Anleihen solcher Unternehmen anlegen, denen – etwa durch Ratingagenturen – eine herausragende CSR attestiert wurde (vgl. Schäfer 2001 und Schäfer 2003).

Reputationseffekte lassen sich aber auch durch Unternehmensmaßnahmen im Bereich des Mäzenatentums und auf philanthropischen Gebieten schaffen. Reputationsbildung erhält oder erhöht damit die „*License to Operate*" und „*License to Cooperate*" eines Unternehmens innerhalb seines gesellschaftlichen Umfelds und stabilisiert so das Stakeholderumfeld für Unternehmensentscheidungen.

3.1.2 Corporate Governance

Ein nach Grundsätzen oder mit Elementen der CSR geführtes Unternehmen kann als Signal für eine besonders hohe *Qualität und Kompetenz* der *Unternehmensleitung* verstanden werden. In theoretischen und empirischen Studien konnten derartige Beziehungen nachgewiesen werden. So impliziert etwa eine Ausrichtung der Unternehmenspolitik auf CSR eine Zukunfts- und Langfristorientierung des Managements. Der offensive und proaktive Umgang mit sozialen und ökologischen Themen befähigt Unternehmensleitungen in besonderer Weise, *frühzeitig systemische Risiken* und *Megarisiken* sowie solche

Mikro- und Makrotrends zu erkennen, die zu Wettbewerbsvorteilen führen. Die Installation etwa von kritischen Dialogen mit Stakeholdergruppen kann als eine Form der Schwachstellenanalyse verstanden werden. Nachhaltigkeitsberichte wiederum erfordern spezielle Organisationsstrukturen, um die erforderliche Datenmenge und -güte zur Verfügung zu stellen. Sie bringen dadurch auch eine neue Dimension von Unternehmenstransparenz hervor.

3.1.3 Innovation

Vor allem für den Umweltbereich konnte in empirischen Studien nachgewiesen werden, dass Unternehmen mit hohen Umweltbelastungen oft auch Unternehmen mit ineffizienter Beschaffungs- und Produktionsweise sind (vgl. Schäfer/Langer 2007: 10-12). Dadurch büßten sie unter anderem auch ihre relative Wettbewerbsstärke ein und reduzierten somit den eigenen Unternehmenswert. So ist es eine der Erkenntnisse des *Öko-Effizienz-Konzepts* in der Unternehmensführung, dass eine proaktive Umstellung von Beschaffungs- und Produktionsprozessen auf modernere, umweltfreundlichere Produktionsweisen mithilfe neuester Technologien und effizientester Organisationsformen zu Entwicklungsvorsprüngen führt.

3.2 CSR und Finanzmarktakteure

Heutzutage funktionieren Märkte und Wirtschaftsbeziehungen fast nur noch durch die Verwendung von Geld und Kapital. Für die Ingangsetzung und Steuerung von CSR kann in einem geldwirtschaftlich organisierten marktwirtschaftlichen Wirtschaftssystem den Stakeholdergruppen der Finanzmärkte eine herausgehobene Rolle zukommen (vgl. Schäfer/Lindenmayer 2005):

- Innerhalb der *Stakeholdergruppe Kapitalgeber* versetzt die Verfügbarkeit von Informationen zur CSR Eigenkapitalgeber in die Lage, die Bereitstellung von Finanzmitteln an Unternehmen vom Ausmaß der erreichten CSR abhängig zu machen. In der Praxis der nachhaltigen Kapitalanlage sind zu diesem Zweck die in Kapitel 2 vorgestellten Anlagestrategien im Einsatz. Einem Missverständnis sei hier jedoch vorgebeugt: Anleger, die CSR-Aspekte mit in ihrer Anlagepolitik berücksichtigen, müssen deshalb nicht zwangsläufig ethisch ausgerichtet sein. Es können auch *konventionelle Anleger* darunter sein, die nur dann in Aktien von Unternehmen mit ausgeprägter CSR-Politik investieren, wenn diese eine Aussicht auf überdurchschnittliche Rendite (bei gleichem Risiko) oder geringerem Risiko (bei gleich bleibender Rendite) bieten. In diesem Bereich sind und werden in Zukunft noch stärker internationale Pensionsfonds von Bedeutung sein. Aufgrund von gesetzlichen Bestimmungen oder auch freiwillig setzen sie mit ihrer Kapitalanlage, die sich an Richtlinien des SRI orientiert, bei Unternehmen die Einhaltung von Umwelt- und Sozialzielen durch.

- CSR-Ratings und -Reports (vgl. Abb. 4) ermöglichen aber auch Banken und vergleichbaren kreditgebenden Finanzinstitutionen eine Disposition ihrer Finanzmittel nach Umwelt- und Sozialkriterien. So haben 1992 die ersten Bankenvertreter die „*UNEP*-Erklärung der Finanzinstitute zur Umwelt und zur nachhaltigen Entwicklung" unterzeichnet (vgl. UNEP 1997). Darin wird anerkannt, „(...) dass ökologische und soziale Risiken gleichzeitig Kreditausfall-, Haftungs- und Reputationsrisiken sind" (Kubusch 2004: 10). Mit der derzeit in Gang befindlichen Umsetzung der internationalen bankenaufsichtsrechtlichen Auflagen zur Kreditbeurteilung und -entscheidung durch bankinterne (und teilweise auch bankexterne) Kreditbeurteilung mit Hilfe von Rating-Systemen (sog. Basel II-Konkordat), werden vor allem weiche und kontrastarme Informationen Verwendung finden. Hier wird eine direkte *Befruchtung von solchen Kreditratings* der Kreditinstitute *durch CSR-Ratings* möglich (vgl. Schäfer 2004). Damit wird der Analysehorizont von Kreditinstituten hinsichtlich der Kreditwürdigkeit eines Unternehmens (und seines Managements) nicht nur um Risikoverständnisse erweitert (etwa der Bedeutung systemischer Risiken), sondern vor allem auch die Zukunftsfähigkeit des Managements und der Unternehmensstrategie höhere Bedeutung erlangen.
- Eine weitere wichtige Rolle zur Steuerung von Unternehmensverhalten und -risiko vor dem Hintergrund einer Geldwirtschaft übernehmen heute bereits *Versicherungsgesellschaften.* Zum einen sind sie im Rahmen des treuhänderischen Managements von Versicherungsgeldern *institutionellen Investoren* gleichzustellen und damit Kapitalgeber von Unternehmen. Insofern treffen in dieser Rolle für Versicherungsgesellschaften die Aussagen aus dem oben ausgeführten Punkt 1) mit zu. Eine herausgehobene Bedeutung vermögen Versicherungsgesellschaften aber in ihrem eigentlichen Geschäftszweck, dem Absichern von Risiken und der Vorsorge zur Vermeidung von Risiken zu spielen. Entsprechend ihrer ökonomischen Funktion sind Versicherungsgesellschaften bestrebt, den zugesagten *Risikoschutz* für sich wirtschaftlich tragfähig zu halten. Hieraus entsteht ein wirtschaftlicher Anreiz für Versicherer, nach Informationen zur frühzeitigen und möglichst umfassenden Erkennung spezifischer Risiken der Versicherungsnehmer zu suchen. Die hohe globale Vernetzung von Unter-

nehmen, das zunehmende Auftreten von Klimakatastrophen, hohe Schadenszahlungen aufgrund von Produkthaftungen oder aufgrund von moralischem Fehlverhalten von Unternehmensleitungen (wie das Siemens-Debakel) machen deutlich, dass es zunehmend gerade Risiken mit großen wirtschaftlichen Folgen für Versicherer sind, die CSR-Aspekte betreffen.

Abbildung 4: Grundprozesse des CSR-Ratings

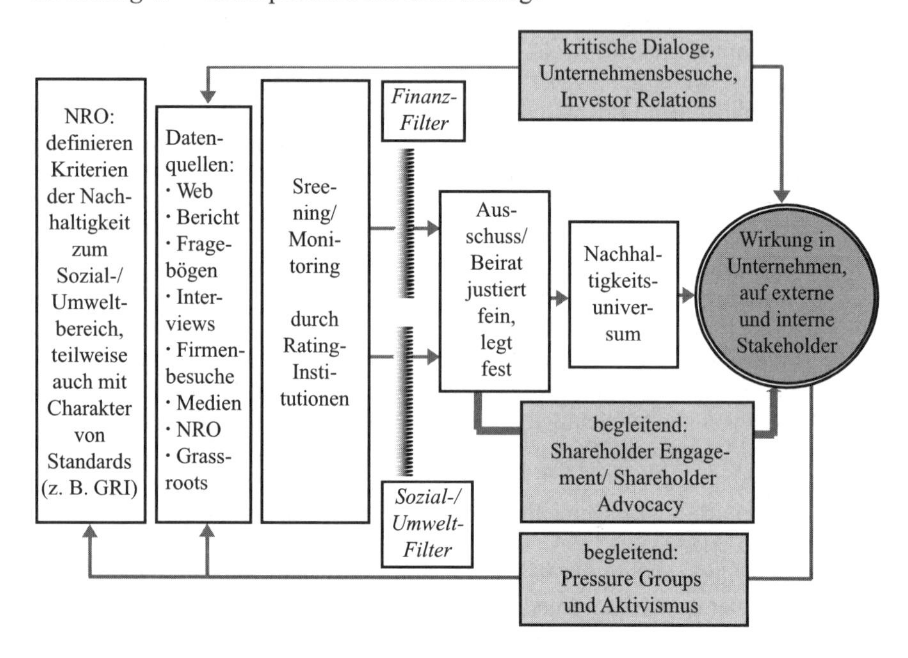

4 Fazit und Ausblick

Während nachhaltige Kapitalanlagen in einigen Ländern bereits 8 bis 10 Prozent der sogenannten Assets under Management ausmachen, führen sie in Deutschland noch eher ein Schattendasein. Ein zentraler Grund für diese im internationalen Vergleich bestehende Asymmetrie liegt im geringen Anteil von Aktien und Investmentfonds an der gesamtwirtschaftlichen Geldvermögensbildung, der immer noch recht deutlichen Zurückhaltung deutscher Privathaushalte gegenüber der Anlage in Beteiligungstitel sowie der noch hohen Bedeutung der umlagebasierten staatlichen Rente. So konnten in den ausländischen Kapitalmärkten SRI-Anlagen vor allem deshalb soviel Boden gutmachen, weil in

Ländern wie Großbritannien, den USA oder den Niederlanden die Altersversorgung in viel höherem Umfang auf privaten Schultern ruht und durch Finanzmarktanlagen bei Altersvorsorgeeinrichtungen gebildet wird.

Pensionsfonds sind denn auch die eigentlichen Träger der professionellen, das heißt institutionellen SRI-Anlagen. Teilweise üben sie auch ganz massiv eine aktive SRI-Strategie aus. Von ihnen und den staatlichen Verpflichtungen zum Transparenzausweis bezüglich ethischer, ökologischer und sozialer Anlageprinzipien dürften in nächster Zeit anhaltende Impulse auf das Wachstum von SRI-Anlagen ausgehen. Damit wird der Druck der Finanzmarktteilnehmer auf Unternehmensleitungen zur Umsetzung sozialer und ökologischer Strategien und Politiken zunehmen. Werden auf diese Weise auf betriebswirtschaftlicher Ebene das SRI- und das CSR-Konzept im Rahmen einer ökonomisch wertorientierten Unternehmensführung miteinander verwoben, so lassen sich *CSR-Strategien als Geschäftsstrategien* verstehen, die darauf abzielen, sowohl den sozialen und/oder ökologischen Nutzen interner und externer Stakeholder, als auch den Kurswert und die Dividenden für die Gruppe der Aktionäre und der Unternehmenseigner im Allgemeinen zu erhöhen. Es wird also eine Win-Win-Situation angestrebt.

Damit sind *CSR-Strategien rein ökonomisch begründbar*: Die ökologischen und die sozialen Ziele können als Metaziele aufgefasst werden, die dem ökonomischen Ziel der Maximierung des Shareholder-Value dienen. Sie sind zudem integraler Bestandteil der Wertschöpfungsprozesse und zählen zur „DNA“ von Unternehmen. Im Umkehrschluss gilt dann: *CSR-Maßnahmen ohne positiven Beitrag zum* (finanziellen) *Unternehmenswert* im Sinn des Shareholder-Value stellen aus Sicht der Anteilseigner und des Managements *„überflüssigen Luxus“* dar, der aufgrund der ökonomischen Maßgabe nicht umgesetzt werden sollte.

Literatur

Armbruster, Christian (2000): Entwicklung ökologieorientierter Fonds. Eine Untersuchung im deutschsprachigen Raum und Großbritannien. Köln.

Avanzi (2007): Green, Social and ethical funds in Europe. 2007 Review (Avanzi SRI-Research). Mailand.

Cowton, Chris (1994): The development of ethical investment products. In: Prindl, Andreas R./Prodhan, Bimal (Hrsg.): ACT guide to ethical conflicts in finance. Cambridge: 213-232.

Friedman, Milton (1970): The Social Responsibility of Business Is To Increase Its Profits. In: New York Times Magazine vom 13.9.1970: 33.

Kahlenborn, Walter/Dereje, Cornelia (2007): Statusbericht Nachhaltige Geldanlagen 2007. Deutschland, Österreich und die Schweiz (Hrsg. Forum Nachhaltige Geldanlagen). http://www.forum-ng.de/upload/Statusbericht_07-12-11_web.pdf (Zugriff am 3.8.2008).

Kubusch, Jens (2004): Aktuelle Entwicklungen bei der Erfassung von ökologischen und sozialen Risiken im Kreditvergabegeschäft. In: Forum Wirtschaftsethik Jg. 12, Heft 2: 10-11.

Loew, Thomas (2002): Internationale Entwicklung der Regulierungen zur Förderung ökologisch-ethischer Finanzdienstleistungen (Diskussionspapier des IÖW 56/02). http://www.ioew.de/home/downloaddateien/DP5602.pdf (Zugriff am 3.7.2008).

SAM Indexes GmbH (2008): Indexes Update June 2008. http://www.sustainability-index.com/djsi_pdf/news/MonthlyUpdates/SAM_IndexesMonthly_CompleteReport.pdf (Zugriff am 7.8.2008).

Schäfer, Henry (2001): Triple Bottom Line Investing. Ethik, Rendite und Risiko in der Kapitalanlage. In: Zeitschrift für das gesamte Kreditwesen Jg. 54, Heft 13: 740-744.

Schäfer, Henry (unter Mitarbeit von Preller, Elisabeth) (2003): Nachhaltigkeit von Unternehmen aus Finanzmarktsicht. Konzepte der Nachhaltigkeitsmessung auf Finanzmärkten des deutschsprachigen Raums (Edition der Hans Böckler Stiftung Nr. 84). Düsseldorf.

Schäfer, Henry (2004): Unternehmensnachhaltigkeit und Ausfallrisiko im Kontext von Basel II. In: Forum Wirtschaftsethik Jg. 12, Heft 2: 4-9.

Schäfer, Henry (2005): Wie nachhaltig ist die nachhaltige Geldanlage in Deutschland? In: Zeitschrift für das gesamte Kreditwesen, Jg. 58, Heft 11: 558-562.

Schäfer, Henry/Langer, Gunner (2007): Unternehmensbewertung im Kontext des Nachhaltigkeits-Ansatzes – Methodenüberblick und Forschungsperspektiven, Universität Stuttgart, BWI/Abt. III, Working Paper Nr. 02/2007.

Schäfer, Henry/Lindenmayer, Philipp (2005): Unternehmenserfolge erzielen und verantworten. Ein finanzmarktgesteuertes Beurteilungs- und Steuerungsmodell von Corporate Responsibility (Forschungsbericht der Bertelsmann-Stiftung). http://www.bertelsmann-stiftung.de/cps/rde/xbcr/SID-0A000F0AEF245CE8/bst/xcms_bst_dms_16297_16298_2.pdf (Zugriff am 3.7.2008).

Schäfer, Henry/Lindenmayer, Philipp (2007): Implikationen von CSR-Rating-Systemen auf SRI-basiertes Asset-Management. Forschungsbericht Nr. 01/2007, Betriebswirtschaftliches Institut der Universität Stuttgart, Lehrstuhl für allgemeine Betriebswirtschaftslehre und Finanzwirtschaft. Stuttgart.

Schäfer, Henry/Stederoth, Ralf (2002): Performance von Screened Portfolios. Stand der empirischen Ergebnisse in der Kapitalmarktforschung. In: Kredit und Kapital Jg. 35, Heft 1: 101-148.

Sparkes, Russel/Cowton, Christopher (2004): The maturing of socially responsible investment. A review of the developing link with corporate social responsibility. In: Journal of Business Ethics Jg. 52: 45-57.

UNEP (United Nations Environment Programme) (1997): UNEP. Erklärung der Finanzinstitute zur Umwelt und zur nachhaltigen Entwicklung. Revidierte Fassung vom Mai 1997. http://www.unepfi.org/signatories/statements/fi/german/ (Zugriff am 3.7.2008).

USSIF (US Social Investment Forum) (2008): What is SRI? http://www.socialinvest.org/resources/sriguide/srifacts.cfm (Zugriff: 8.7.2008).

III. Nachhaltigkeit als Finanzmarktprinzip: Anfragen an Markt, Politik, Unternehmen und Zivilgesellschaft

Nachhaltige Geldanlagen als Innovationstreiber

Rüdiger von Rosen

Warum ist die Geldanlage nach ethischen, ökologischen und Kriterien so attraktiv und hat in den letzten Jahren so an Attraktivität gewonnen? Für wen ist die nachhaltige Geldanlage attraktiv und für wen nicht? Die Antwort auf diese Fragen ist vielschichtig.

1 Ein weiter Nachhaltigkeitsbegriff ist sinnvoll

Im Folgenden verwende ich – wie viele andere – einen weiten Begriff von Nachhaltigkeit. Ich verstehe unter „Nachhaltigem Investment" ganz allgemein ein finanzielles Engagement außerhalb des klassischen Anlagespektrums – aus christlicher Verantwortung, aus ökologischen Motiven oder aufgrund einer sozialen Orientierung. Eigentlich wäre es zutreffender, vom „prinzipiengeleiteten Investment" zu sprechen, aber der Begriff „Nachhaltigkeit" oder neudeutsch „Sustainability" hat sich nun einmal durchgesetzt.

Gemeinsam ist den verschiedenen Ansätzen des nachhaltigen Investments, dass nicht mehr allein anhand der klassischen drei Anlagekriterien Sicherheit, Rentabilität und Liquidität entschieden wird. Diese bilden bekanntlich das so genannte „Magische Dreieck" der konventionellen Geldanlage. Durch die Anwendung von Nachhaltigkeitskriterien kommt noch eine vierte Dimension ins Spiel, es entsteht also quasi ein „Magisches Viereck".

Ob das nachhaltige Investment tatsächlich eine bessere Form der Geldanlage ist, möchte ich dabei dahingestellt lassen. Diese Frage kann jeder Anleger nur für sich selbst beantworten. Denn die Motive für ein nachhaltiges Investment sind vielschichtig, und das ist auch gut so: Manche möchten ihr Geld aus einem christlichen Weltbild heraus nicht solchen Firmen zur Verfügung stellen, die beispielsweise Rüstungsgüter oder Verhütungsmittel produzieren – die Kirchen waren nicht durch Zufall die Wegbereiter der ethisch orientierten Geldanlage. Andere nutzen die Möglichkeit, in ihrer Geldanlage Unternehmen auszuwählen und zu „belohnen", die Vorreiter auf ökologischem oder sozialem Gebiet sind, um so in einer von ihnen gewünschten Richtung Einfluss auf die wirtschaftliche Entwicklung zu nehmen. Dass ein Investor, der bei seiner Anlageentscheidung zusätzlich Nachhaltigkeitskriterien berücksichtigt, dem konventionellen renditeorientierten Investor moralisch überlegen ist, möchte ich damit nicht zum Ausdruck bringen – genauso wenig wie den Umkehrschluss, dass Aktie, Börse und andere Formen der konventionellen Geldanlage moralisch verwerflich sind.

Der Begriff Nachhaltigkeit ist für viele schon zum Reizwort geworden: Je mehr Verbreitung er auch im konventionellen Finanzbereich findet, desto eher wird er auch zur Kennzeichnung von Produkten und Dienstleistungen verwendet, die auf den ersten Blick gar keinen nachhaltigen Eindruck erwecken. Die Schwierigkeit, Nachhaltigkeit zu definieren, liegt jedoch schon in der Natur des Begriffs. Nach der klassischen Definition der Brundtland-Kommission ist eine nachhaltige Entwicklung dadurch gekennzeichnet, dass sie „die Bedürfnisse der Gegenwart befriedigt, ohne zu riskieren, dass künftige Generationen ihre eigenen Bedürfnisse nicht befriedigen können" (Hauff 1987: 46). Dieser Begriff ist sowohl interpretationsfähig als auch interpretationsbedürftig. Dabei können unterschiedliche Wertvorstellungen zu gegensätzlichen Investitionsentscheidungen führen, die beide mit gutem Recht das Etikett „nachhaltig" bzw. „ethisch" beanspruchen können.

Dies zeigt etwa das Beispiel der Stammzellforschung: Mit Hilfe von Stammzellen sollen neue Therapien für bislang unheilbare Krankheiten wie Diabetes oder Parkinson entwickelt werden. Langfristig versprechen die Wissenschaftler sich und uns von Stammzellentherapien nicht weniger als den größten Durchbruch in der Medizinforschung seit der Erfindung der Antibiotika. Gleichzeitig gibt es – gerade im Zusammenhang mit den embryonalen im Gegensatz zu den adulten Stammzellen – auch immer wieder intensive Diskussionen um mögliche ethische Grenzen dieses jungen Forschungszweiges. Entsprechend lässt sich je nach persönlichem Standpunkt sowohl die Investition als auch die ausdrückliche Nicht-Investition in die entsprechenden Biotech-Unternehmen mit moralischen Erwägungen rechtfertigen.

Ich möchte deshalb ausdrücklich davor warnen, es mit der Festlegung und Standardisierung des Begriffs „Nachhaltigkeit" zu übertreiben. Die positiven Auswirkungen des Marktes für nachhaltige Anlagen auf den konventionellen Markt beruhen zu einem großen Teil darauf, dass sich die Diskussion geöffnet und aus der „fundamentalistischen Ecke" herausbewegt hat. Was sich mit Sicherheit sagen lässt, ist, dass die nachhaltige Geldanlage die komplexere Form der Geldanlage ist.

2 Beeindruckende Marktentwicklung nachhaltiger Geldanlagen

Wieso sprechen wir überhaupt von der hohen Attraktivität der nachhaltigen Geldanlage? Dies liegt in erster Linie an der rasanten Entwicklung des Marktes für nachhaltige Geldanlagen in den letzten Jahren.

Der am einfachsten zu messende, wenn auch nicht der aussagekräftigste Indikator ist die Entwicklung derjenigen Investmentfonds, die Nachhaltigkeit – in welcher Definition auch immer – zu ihrem Anlageschwerpunkt erhoben haben. Am 31. Dezember 2007 waren nach Angaben des Sustainable Business Institute an der European Business School in Oestrich-Winkel in Deutschland, der Schweiz und in Österreich insgesamt 181 Nachhaltigkeitsfonds mit einem Fondsvolumen von insgesamt 33,5 Milliarden Euro zugelassen.[1] Ende September 2003 waren es erst 86 Publikumsfonds mit einem Fondsvolumen von drei Milliarden Euro. Innerhalb von gut vier Jahren hat sich also die Zahl nachhaltiger Publikumsfonds im deutschsprachigen Raum mehr als verdoppelt und das Volumen sogar um den Faktor 11 erhöht, was einer jährlichen Wachstumsrate von 81 Prozent entspricht. Einschränkend muss man natürlich bemerken, dass es sich hier nicht nur um neu angelegte Gelder handelt. Auch die positive Börsenentwicklung hat für einen erklecklichen Wertzuwachs gesorgt, und steile Anstiege haben meistens auch mit einem niedrigen Ausgangsniveau zu tun.

Wenn man ausschließlich das Volumen der zugelassenen Investmentfonds in einem Land betrachtet, um die Marktentwicklung bei den nachhaltigen Investments zu beurteilen, verleitet dies jedoch zu vorschnellen Schlüssen. Einerseits wird das Volumen nachhaltiger Investments dann *unterzeichnet*, weil andere Anlageformen, etwa Spareinlagen, Mandate in der Vermögensverwaltung oder auch die Direktanlage in Aktien nach Nachhaltigkeitskriterien, nicht erfasst werden. Zum anderen wird die nachhaltige Geldanlage *überzeichnet*, da viele der im deutschsprachigen Raum zugelassenen und in der Statistik mitgezählten ausländischen Nachhaltigkeitsfonds ihr Fondsvermögen nur zu einem Bruchteil tatsächlich aus dem deutschsprachigen Raum beziehen.

Nach einer Umfrage des Forums Nachhaltige Geldanlagen unter den Finanzdienstleistern im deutschsprachigen Raum machte die Anlage in Nachhaltigkeitsfonds im Jahr 2006 mit 8,6 Milliarden Euro nur rund 44 Prozent der nachhaltigen Geldanlage in dieser Region aus. Insgesamt wurden von Anlegern aus deutschsprachigen Raum im Jahr 2006 in Nachhaltigkeitsfonds, Vermögensverwaltungsmandaten und Spareinlagen knapp 20 Milliarden Euro bei den befragten Finanzdienstleistern investiert, ein gutes Drittel mehr als im Vorjahr. 47

[1] Das Sustainable Business Institute veröffentlicht solche und andere Untersuchungsergebnisse sowie allgemeine Informationen zum nachhaltigen Investment auf der Website http://www.nachhaltiges-investment.org (Zugriff am 10.8.2008).

Prozent der nach Nachhaltigkeitskriterien investierten Gelder wurden im Rahmen von Vermögensverwaltungsmandaten angelegt, weitere 9 Prozent in Form von Spareinlagen (Kahlenborn/Dereje 2007: 6-8).

Die sicherlich ebenfalls zunehmende Verbreitung findende Direktanlage in Aktien nach ethischen, sozialen oder ökologischen Kriterien kommt noch hinzu. Sie ließe sich allerdings statistisch nur durch aufwendige Umfragen bei den Anlegern selbst ermitteln, die bislang noch niemand durchgeführt hat.

Wie man es dreht und wendet: Trotz einer blühenden Entwicklung und eines ungebrochen positiven Trends sind die nachhaltigen Geldanlagen vom zahlenmäßigen Gewicht her immer noch eine untergeordnete Anlageform. Zum Vergleich: Das gesamte Geldvermögen der privaten Haushalte betrug Ende 2006 allein in Deutschland rund 4,5 Billionen Euro, das sind 4.500 Milliarden Euro (Deutsche Bundesbank 2007: 25).

Die Entwicklung in den USA macht allerdings Hoffnung, wohin die Reise gehen kann: Dort wurden im Jahr 2007 insgesamt 2,71 Billionen US-Dollar gemäß ethischen Vorgaben investiert. Bei einem professionell verwalteten Gesamtvermögen von 25,1 Billionen US-Dollar entspricht dies fast 11 Prozent der in den Vereinigten Staaten angelegten Gelder (Social Investment Forum 2007: ii).

3 Nachhaltige Geldanlagen sind für Anleger auch materiell attraktiv

Die Attraktivität des nachhaltigen Investments für Anleger liegt zum einen darin, persönliche Wertvorstellungen verwirklichen zu können, die über die klassischen Kriterien Rentabilität, Liquidität und Sicherheit hinausgehen.

Das imug-Institut in Hannover hat zuletzt im Jahr 2004 Anleger danach befragt, wie attraktiv sie nachhaltige Investmentfonds bzw. nachhaltige Geldanlageprodukte finden. Für 28 Prozent der Befragten waren demnach nachhaltige Anlageprodukte attraktiv oder sehr attraktiv, für 26 Prozent unattraktiv oder sehr unattraktiv. Weitere 26 Prozent fanden nachhaltige Geldanlagen weder besonders attraktiv noch besonders unattraktiv, die restlichen 20 Prozent hatten keine Meinung. Das Thema ist allerdings in Anlegerkreisen immer noch zu wenig bekannt. Nur 29 Prozent der von imug Befragten hatten schon einmal etwas von nachhaltigen Investmentfonds gehört – gerade einmal fünf Prozent mehr als bei der ersten Umfrage dieser Art im Jahr 1999. Diejenigen, für die nachhaltiges Investment eine hohe Attraktivität besitzt, gaben sich in der Umfrage etwas weniger renditeorientiert als die konventionell ausgerichteten Anleger der Befragung. Die Rendite spielt allerdings auch für 14 Prozent der nachhaltig orientierten Anleger eine große Rolle (gegenüber 18 Prozent bei den konventionellen Anlegern) (imug 2004).

Diese Umfrageergebnisse verweisen auf einen wichtigen Einflussfaktor auf die mögliche Attraktivität nachhaltiger Geldanlagen für den Anleger, nämlich die Performance: Der Ökonom vermutet in Bezug auf die mögliche Rentabilität eines nachhaltigen Investments zunächst nichts Gutes, denn nach dem alten Lehrsatz von Adam Smith ist es gerade das eigennützige Verhalten der Individuen, welches von einer „unsichtbaren Hand“ geleitet zum Wohle aller führt. Dass ihr Tun wohltätige Effekte hat, muss den Akteuren dabei weder bewusst sein noch müssen sie es gar ausdrücklich zum Ziel ihres Handelns machen. Die Orientierung am eigenen Nutzen ist völlig ausreichend und muss kein schlechtes Gewissen verursachen.

Bei einer Investitionsentscheidung ausdrücklich auch ethische, ökologische oder soziale Kriterien zu berücksichtigen, kann demnach den Wohlstand einer Volkswirtschaft nicht steigern, eher im Gegenteil: Der freiwillige Ausschluss von Anlagemöglichkeiten innerhalb eines Anlageportfolios führt tendenziell sowohl zu einer niedrigeren Rendite als auch zu einer geringeren Streuung und damit zu einem höheren Risiko bei der Geldanlage.

Die Befürworter des ethischen Investments führen dagegen an, dass sozial und ökologisch verantwortungsvoll handelnde Unternehmen auch ökonomisch die besseren Zukunftsaussichten haben, weil ihre Unternehmensstrategie langfristig angelegt ist. Dies werde vom Kapitalmarkt honoriert, sodass sich mit einem nachhaltigen Portfolio bei geringerer Schwankungsbreite in der Kursentwicklung eine ebenso hohe Rendite wie bei konventionellen Werten erzielen lasse. Gerne werden in diesem Zusammenhang Indexentwicklungen gegeneinandergestellt, bei denen Nachhaltigkeitsindizes ihre konventionelle Benchmark sogar schlagen. Dies ist jedoch in vielen Fällen methodisch fragwürdig.

Inzwischen gibt es zur Frage der Performance nachhaltiger Geldanlagen zahlreiche Untersuchungen mit unterschiedlichen Ergebnissen, die sich jedoch auf den folgenden kleinsten gemeinsamen Nenner bringen lassen: Auch wenn nachhaltiges Investment nicht unbedingt Zusatzrendite bringt, schadet es der Rendite einer Anlage aber auch nicht. Die Vergangenheit hat gezeigt, dass die Wertentwicklung von ethisch-ökologischen Produkten ziemlich parallel mit der Entwicklung konventioneller Anlagen verläuft. Es gibt Nachhaltigkeitsfonds, die besser, und Nachhaltigkeitsfonds, die schlechter abgeschnitten haben als ihre konventionelle Benchmark.

Entscheidend für die Wettbewerbsfähigkeit nachhaltiger Geldanlagen in Bezug auf ihre Rentabilität ist die Tatsache, dass sich der Fundamentalismus der Anfangsjahre weitgehend verabschiedet hat. Sicherheit und Wertentwicklung nachhaltiger Anlagen werden nämlich stark vom Anlagekonzept beeinflusst.

Hier gibt es drei verschiedene Grundansätze (vgl. dazu auch Schäfer in diesem Band):

- *Ethik-Ansatz*: Der Ethik-Ansatz operiert sehr stark mit Ausschlusskriterien. Dies bedeutet, dass nicht in Unternehmen investiert wird, die in solchen Bereichen tätig sind, die gegen ethische oder ökologische Kriterien verstoßen. Das können Rüstung, Gentechnik, Alkohol, Tabak, Glücksspiel, Pornografie oder Verhütungsmittel sein. Letztere sind insbesondere für Investoren aus dem kirchlichen Bereich wichtig. Das Problem dieses Ansatzes ist, dass das Anlagespektrum bei der Anwendung vieler Ausschlusskriterien schnell sehr klein wird, sodass das Anlagerisiko höher ist als bei der konventionellen Anlage und damit auch die erzielbare Rendite beeinträchtigt wird.
- *Best-in-Class-Ansatz*: Auf der anderen Seite gibt es den Best-in-Class- oder Sustainability-Ansatz: Bei diesem wird keine Branche von vornherein ausgeschlossen. Investiert wird allerdings nur in solche Unternehmen, die gegenüber dem Branchendurchschnitt ethische, ökologische oder soziale Kriterien besonders gut erfüllen, sozusagen die „Branchenleader". Dadurch wird außerdem ein Anreiz auch für ursprünglich konventionell ausgerichtete Unternehmen gegeben, sich auf ökologischem und sozialem Gebiet zu verbessern. Ohne diesen Ansatz hätte es den Boom bei den nachhaltigen Geldanlagen höchstwahrscheinlich nicht gegeben: Die breite Streuung der Anlageobjekte ermöglicht ein Anlageportfolio, das in Bezug auf Rendite und Risiko den Vergleich mit konventionellen Anlagen nicht zu scheuen braucht. Auf diese Weise kann man auch Anleger ansprechen, die ihre Rendite mit Hilfe von Anlagen erzielen wollen, die ihnen gleichzeitig ein „gutes Gewissen" ermöglichen.
- *Technologie-Ansatz*: Beim Technologie-Ansatz wird in Pionierunternehmen im Bereich erneuerbare Energien und Umweltschutz investiert, also etwa in Solarenergie, Wasseraufbereitung oder Windkraft. Hierbei handelt es sich um meist junge Hochtechnologieunternehmen und damit um echtes Risikokapital, das bestenfalls als Beimischung im eigenen Portfolio geeignet ist.

Die meisten Nachhaltigkeitsfonds arbeiten mittlerweile mit einer Mischung aller drei Ansätze: Praktisch alle schließen z. B. Kinderarbeit aus. Aus den verbleibenden Unternehmen werden die nach ethischen und ökologischen Kriterien Besten ausgewählt. Gegebenenfalls werden noch einzelne „Öko-Pionierunternehmen" hinzugemischt, um von deren Chancen zu profitieren, aber die Risiken zu begrenzen. Nach allem, was wir derzeit wissen, brauchen auf diese Weise zusammengestellte Portfolios in Bezug auf Rendite und Sicherheit keinen Vergleich mit konventionellen Investitionen zu scheuen.

4 Das nachhaltige Investment ist ein Innovationstreiber für den Finanzmarkt

Nachhaltiges Investment ist ein Nischenmarkt mit großen Wachstumschancen, und Wachstumsmärkte sind für den Finanzmarkt schon per se attraktiv, da sie neue Geschäftsfelder bieten. Neben den harten Fakten lassen sich jedoch auch subtilere Entwicklungen beobachten, die sich langfristig als noch bedeutsamer erweisen könnten: Nachhaltige Kapitalanlagen wirken zunehmend als Innovationstreiber für die gesamte Finanzbranche und ihre Akteure. Auch im konventionellen Sektor werden inzwischen auf verschiedensten Gebieten Investitionen auf dem Feld der Nachhaltigkeit getätigt.

Dies gilt zunächst für die Investmentfondsgesellschaften. Fast jede deutsche Fondsgesellschaft hat mittlerweile einen oder mehrere Nachhaltigkeitsfonds im Angebot. Viele dieser Fonds basieren auf speziellen Indizes, die anfangs nur von auf das Thema Nachhaltigkeit spezialisierten, inzwischen aber auch von den traditionellen Indexanbietern zur Verfügung gestellt werden.

Fondsgesellschaften, Indexanbieter wie auch Privatanleger benötigen für ethisch orientierte Anlageentscheidungen noch mehr und vor allem spezieller aufbereitete Informationen als der klassische Investor. Entsprechend entstehen spezialisierte Ratingverfahren und -Agenturen, die für Transparenz sorgen und die Orientierung erleichtern. Um Nachhaltigkeitsaspekte in der Investitionsentscheidung berücksichtigen zu können, ist auch eine Erweiterung der klassischen, an rein finanziellen Leistungsindikatoren ausgerichteten Aktienanalyse auf nichtfinanzielle Aspekte notwendig.

Neben vielen anderen Initiativen beschäftigt sich die DVFA-Expert Group Non-Financials der Deutschen Vereinigung für Finanzanalyse und Asset Management (DVFA) – ein 2006 gegründeten Arbeitskreis von Finanzanalysten, Investoren, Unternehmensvertretern, Wirtschaftsprüfern sowie Vertretern des Deutschen Aktieninstituts und des Deutschen Investor Relations Verbands DIRK – mit der Fragestellung, welche grundsätzlichen Bedürfnisse an nichtfinanziellen Nachhaltigkeitsinformationen Kapitalmarktteilnehmer wirklich haben. Hierzu wurden KPIs (Key Performance Indicators) für Non-Financials entwickelt, die von Unternehmen berichtet werden sollten (vgl. DVFA 2008). Dabei wurde besonderer Wert auf branchenadäquate KPIs gelegt, die von Wirtschaftsprüfern plausibel und gründlich auditiert werden können. Das Hauptaugenmerk lag dabei auf für die Bewertung von unternehmerischem Risiko primär relevanten Aspekten und Unternehmensberichten (siehe auch Riedel in diesem Band).

Nachfrageseitig wird der Trend zum nachhaltigen Investment am Finanzmarkt beispielsweise durch die Enhanced Analytics Initiative unterstützt. In dieser haben sich Ende 2004 führende institutionelle Investoren und Fondsmanager zusammengeschlossen. Sie wollen durch gezielte Auftragsvergabe Analysten fördern, die neben den klassischen Finanzkennzahlen ausdrücklich auch nichtfinanzielle Kriterien in ihrer Analyse berücksichtigen. An der Enhanced Analytics Initiative sind derzeit 27 institutionelle Investoren mit einem verwalteten Anlagekapital von 1,8 Billionen Euro beteiligt (Stand: Januar 2008).[2] Für die gezielten Aufträge haben sie fünf Prozent ihrer für Maklergebühren zur Verfügung stehenden Finanzmittel reserviert.

Ein noch bedeutsameres Beispiel dafür, wie der Markt für nachhaltiges Investment zu Veränderungen im konventionellen Finanzbereich führt, ist das Carbon Disclosure Project (siehe auch Riedel in diesem Band). Dabei handelt es sich um einen Zusammenschluss von mittlerweile 385 institutionellen Investoren, d. h. Banken, Versicherungen und Pensionsfonds, die zusammen ein Anlagekapital von 57 Billionen US-Dollar verwalten.[3] Sie befragen die größten Unternehmen der Welt nach ihren CO2-Emissionen und den Auswirkungen des Klimawandels auf ihre Geschäftstätigkeit. Für die teilnehmenden institutionellen Investoren bietet das CDP die Möglichkeit, ihr Research nachhaltig zu verbessern. Die Daten können in die Unternehmensanalyse einfließen und ermöglichen damit eine bessere Performanceeinschätzung der jeweiligen Gesellschaften.

2008 wird die mittlerweile sechste Befragung des CDP durchgeführt. Anfangs waren es noch 500 weltweit befragte Unternehmen, diesmal wurde die Befragung auf 3.000 Unternehmen erweitert. Der deutsche Partner der Befragung ist der BVI (Bundesverband Investment und Asset Management). Von den 200 aus Deutschland stammenden Unternehmen der fünften Befragung 2007 haben erfreulicherweise 104, das sind 52 Prozent, geantwortet (Vorjahr: 31 Prozent), das entspricht beachtlichen 87 Prozent der Marktkapitalisierung. 80 Prozent der teilnehmenden Unternehmen sahen den Klimawandel als Chance, 77 Prozent als Risiko. Allerdings gaben nur 67 Prozent Auskunft über eigene Emissionen, und nur 35 Prozent konnten Programme und Ziele zur Emissionsreduzierung vorweisen (BVI 2007: 36-42).

---

[2] Mehr Informationen: http://www.enhancedanalytics.com (Zugriff am 10.8.2008).

[3] Mehr Informationen: http://www.cdproject.net (Zugriff am 10.8.2008).

5 Der Klimawandel als Katalysator

Der Klimawandel, der in der jüngsten Zeit auf der politischen Agenda ganz weit nach oben gerückt ist, hat dem nachhaltigen Investment einen regelrechten Attraktivitätsschub verpasst. Es kristallisiert sich immer stärker heraus, dass mit der Veränderung des weltweiten Klimas Risiken, aber auch Chancen verbunden sind, die alle Unternehmen betreffen. Dies macht es auch für „klassische" Investoren ohne besondere ethische oder ökologische Motive interessant, bei ihren Investitionsentscheidungen auf Klimarisiken (und in begrenztem Maße auch -chancen) zu achten (vgl. auch Fritzsche/Kahlenborn in diesem Band).

Wenn eine Fabrik durch eine Naturkatastrophe auch nur zeitweilig „stillgelegt" wird, hat das direkte und indirekte Auswirkungen auf die finanzielle Situation eines Unternehmens. Man denke nur an die Folgen der Jahrhundertflut in Mitteleuropa im Jahr 2002 für Energieversorger, die Deutsche Bahn und die Versicherer oder an den Hurrikan Katrina 2005 in den Südstaaten der USA. Zudem können klimatische Veränderungen bestimmten Industriezweigen in bestimmten Regionen sukzessive die Existenzgrundlage entziehen bzw. bisherige Geschäftsmodelle unrentabel machen. Beispiele für solche klimaempfindlichen Sektoren sind der Skitourismus im Alpenraum oder aber auch die Agrarindustrie in Regionen, die bereits heute zu den wärmeren zählen.

Mit dem fortschreitenden Klimawandel steigt zudem die Wahrscheinlichkeit, dass sich die Politik der CO2-Minderung verstärkt annimmt und sie mit – mehr oder minder tauglichen – Mitteln zu begrenzen versucht. Damit Anleger in ihren Anlageentscheidungen berücksichtigen können, wie sich Unternehmen auf den Klimawandel einstellen, müssen Informationen darüber zur Verfügung stehen.

6 Börsennotierte Unternehmen setzen zunehmend auf das Thema Nachhaltigkeit

Attraktivität und Bedeutung des Themas Nachhaltigkeit steigen für börsennotierte Unternehmen, die Anlageobjekte auch von nachhaltigen Investitionsstrategien sind, mit wachsender Marktgröße. Aktuell sind 28 der 30 DAX-Unternehmen in einem Nachhaltigkeitsindex und 20 DAX-Unternehmen als Top-10-Investment in einem Nachhaltigkeitsfonds vertreten. Nachhaltigkeitskriterien werden damit zu einem festen Bestandteil sowohl der Öffentlichkeitsarbeit als auch der Finanzmarktkommunikation der Unternehmen.[4]

---

[4] Vgl. http://www.nachhaltiges-investment.org (Zugriff am 14.5.2008).

Viele Unternehmen haben auch die enge Verbindung des Nachhaltigkeitsthemas mit Corporate-Governance-Aspekten, also den Grundsätzen guter Unternehmensführung und -kontrolle, erkannt. Am Grundsatz der Nachhaltigkeit ausgerichtete Unternehmen haben in aller Regel eine Unternehmensstrategie, die auf eine langfristige Wertsteigerung setzt. Unternehmen, die sich systematisch mit den Herausforderungen einer nachhaltigen Entwicklung auseinandersetzen, leisten zudem einen aktiven Beitrag zu einem umfassenden Risikomanagement. Der verantwortliche Umgang mit Unternehmensrisiken macht nachhaltig orientierte Unternehmen damit auch für solche Investoren attraktiv, die ausschließlich am klassischen Shareholder-Value interessiert sind.

Das Deutsche Aktieninstitut hat im Jahr 2002 durch eine Umfrage in Zusammenarbeit mit dem Sustainable Business Institute an der European Business School in Oestrich-Winkel herausgefunden, dass das Bewusstsein für die Bedeutung der Nachhaltigkeit bei den börsennotierten Unternehmen bereits damals recht breit verankert war (von Rosen 2003: 9-11). Die Umfrage soll in Kürze wiederholt werden. Man kann gespannt darauf sein, wie sich die Unternehmen in den letzten fünf Jahren weiterentwickelt haben.

Mehr als drei Viertel der befragten Unternehmen sahen bereits im Jahr 2002 grundsätzlich einen positiven Zusammenhang zwischen ihren Aktivitäten im Umwelt- und Sozialbereich und ihrem langfristigen Unternehmenswert. Ein Großteil der Unternehmen stellte sich auf eine noch zunehmende Verantwortung im sozialen und ökologischen Bereich ein.

Insbesondere die großen Unternehmen, die im Mittelpunkt des Investoreninteresses stehen, müssen gleichzeitig eine wachsende Flut von Anfragen und Fragebögen von auf das Thema Nachhaltigkeit spezialisierten Fondsgesellschaften, Indexanbietern oder Ratingagenturen bewältigen. Im Jahr 2002 waren es bereits zwei Drittel der Unternehmen, die solche Anfragen erhielten. Zu deren Beantwortung setzen die Unternehmen teilweise nicht unerhebliche personelle Ressourcen ein. Knapp die Hälfte der Unternehmen war an der Aufnahme in einen Nachhaltigkeitsfonds oder -index interessiert.

Bei aller Aufgeschlossenheit der Unternehmen ist ihr Verhältnis zu den Akteuren des Markts für nachhaltige Kapitalanlagen nicht ungetrübt. Die Bewertungsprozesse von am Markt für nachhaltige Kapitalanlagen tätigen Fondsgesellschaften, Indexanbietern und Ratingagenturen werden von der Mehrzahl der Unternehmen als „Blackbox" empfunden. Nur fünf Prozent der Unternehmen reichte im Jahr 2002 die bestehende Transparenz der Bewertungsverfahren aus, knapp zwei Drittel der Unternehmen hatten gewisse Vorstellungen davon, fast ein Drittel konnte die Prozesse überhaupt nicht nachvollziehen.

Das Interesse an Fragen der Nachhaltigkeit dokumentiert sich jedoch auch in der steigenden Zahl von Nachhaltigkeitsberichten. Nach dem „Ranking Nachhaltigkeitsberichte 2007" erstellten 2007 erstmals alle DAX-30-Unternehmen einen Nachhaltigkeits- oder Umweltbericht (IÖW/future 2007: 30). Bereits 35 deutsche Unternehmen berichten in Übereinstimmung mit den Leitlinien der Global Reporting Initiative (GRI), weitere acht orientieren sich zumindest an der GRI (IÖW/future 2007: 19). Ziel dieser 1997 in Zusammenarbeit mit dem Umweltprogramm der Vereinten Nationen (UNEP) gegründeten Initiative ist es, international anerkannte und vergleichbare Richtlinien für die freiwillige Berichterstattung über wirtschaftliche, soziale und ökologische Leistungsindikatoren zu schaffen. Der Leitfaden hat sich mittlerweile als Standard durchgesetzt.

7 Nachhaltigkeitsberichterstattung: Zusätzliche Berichtspflichten nicht sinnvoll

In der jüngeren Vergangenheit wird verstärkt die Forderung laut, dass auch die Unternehmen selbst noch transparenter in Bezug auf die Nachhaltigkeitsaspekte ihrer Tätigkeit werden sollten. Mehr Berichtspflichten der Unternehmen in Bezug auf Nachhaltigkeitsaspekte ihrer Tätigkeit sollte man sich jedoch nicht wünschen. Angesichts der Vertrauenskrise am Kapitalmarkt sind den Unternehmen in der letzten Zeit vielfältige zusätzliche Berichterstattungs- und Prüfungspflichten für Unternehmen auferlegt worden, z. B. im Rahmen des Anlegerschutzverbesserungsgesetzes. Vernachlässigt wird dabei gerne, welche Kostenbelastung dies für die Unternehmen mit sich bringt, die sich wiederum auf die Wertentwicklung des Unternehmens negativ auswirkt. Die freiwilligen Entwicklungen hin zu mehr Standardisierung reichen aus und sind sogar viel besser als die immer ungesündere Regulierung. Hier empfiehlt sich mehr Vertrauen in die Sanktionsmechanismen des Kapitalmarktes.

Gerade am Markt für nachhaltige Kapitalanlagen zeigt sich, wie Unternehmen von ihren Stakeholdern auf freiwilliger Basis bewegt werden können, ohne dass mit Gesetzen eingegriffen werden muss. Auch hier kann sich der konventionelle Markt am Vorbild des Marktes für nachhaltige Kapitalanlagen orientieren.

8 Nachhaltigkeit und Shareholder-Value: Kein Widerspruch

Abschließend möchte ich auf die eingangs erwähnte Frage nach der Moral der Geldanlage an sich zurückkommen, verbunden mit der Frage, ob es Formen der

Geldanlage gibt, die anderen moralisch überlegen sind. Schließlich gibt es Menschen, die Aktie und Börse vorwerfen, per se unmoralisch zu sein.

Ich möchte dagegen halten, dass Aktienbesitz eine der verantwortungsvollsten Formen der Geldanlage und daher für ethisch orientiertes Investment besonders gut geeignet ist. Den Grund dafür sehe ich darin, dass die Aktie eine der Geldanlageformen ist, die am meisten Verantwortung ermöglichen. Denn jeder Aktionär kann die Verwendung der von ihm angelegten Gelder steuern. Der Aktionär wird Miteigentümer des Unternehmens mit einem anteiligen Stimmrecht. Er kann seine Präferenzen deutlich machen, indem er sein Geld bei bestimmten Unternehmen anlegt und bei anderen eben nicht. Im Extremfall kann er sein Geld aus einem Unternehmen abziehen, wenn ihm die Ausrichtung des Unternehmens nicht mehr passt. Er kann auch Einfluss nehmen, indem er in bestimmte Fonds investiert, die entsprechend ihrer Anlagestrategie das Kapital vieler Anleger bündeln. Naturgemäß ist der Aktionär an einer überdurchschnittlichen Wertsteigerung seines Eigentums, des Unternehmens, an dem er Aktien hält, interessiert. Daran ist auch nichts Verwerfliches zu erkennen, weil er doch gleichzeitig das Risiko eingeht, entstehende Verluste tragen zu müssen.

Das Konzept des Shareholder-Value, das heißt des Werts eines Unternehmens für seine Anleger bzw. Aktionäre, gilt in der öffentlichen Debatte oftmals als Sinnbild rücksichtsloser Profitgier bar jeder ethischer Verantwortung und Werteorientierung. Ein Beispiel hierfür ist die These, dass die Ankündigung von Massenentlassungen zu Kurssteigerungen führe, weshalb viele Manager bevorzugt zu diesem Mittel greifen würden, um den Shareholder-Value zu erhöhen.

Würde diese These generell zutreffen, so müsste man den Shareholder-Value-Gedanken berechtigterweise als moralisch verwerflich rundweg ablehnen. Richtig ist, dass Entlassungen tatsächlich zu Kurssteigerungen führen können. Aber nur – und dieses „aber“ ist sehr wichtig –, wenn sie in ein sinnvolles unternehmerisches Konzept eingebettet sind, das die Zukunftsaussichten des Unternehmens und damit auch der Beschäftigten verbessert. Genauso ist nämlich auch der umgekehrte Fall denkbar: dass die Ankündigung von Entlassungen als Zeichen der unternehmerischen Krise aufgefasst wird und der Kurs der Aktien deshalb fällt. Ein genereller Zusammenhang zwischen Beschäftigung und Höhe der Aktienkurse besteht jedenfalls nicht, und dann auch eher in die andere Richtung: Positive Arbeitsmarkt- und Unternehmensdaten werden von den Börsen der Welt im Allgemeinen ebenfalls positiv aufgenommen.

Auch werden Unternehmensleitungen, die im Namen des Shareholder-Value Arbeitsplätze ins Ausland verlegen, für die Arbeitslosigkeit in Deutschland verantwortlich gemacht. Dem möchte ich entgegnen: Kaum eine andere Nation profitiert so von der internationalen Arbeitsteilung wie Deutschland.

Dementsprechend scheinheilig ist es, einerseits das damit verbundene Wachstum gut zu heißen, aber andererseits die damit einhergehenden Konsequenzen zu geißeln. Von einer Rückkehr zum Protektionismus wäre gerade der Wohlstand in Deutschland stark betroffen.

So negativ dies für die Betroffenen sein mag: Es ist zu simpel, die Verantwortung für die immer noch existierenden Beschäftigungsprobleme dieses Landes direkt oder indirekt dem Interesse der Aktionäre an einer langfristig angemessenen Rendite zuzuschreiben. Beschäftigung entsteht durch das Setzen beschäftigungsfreundlicher Rahmenbedingungen, die dafür sorgen, dass an der einen Stelle der Volkswirtschaft freigesetzte Arbeitskräfte relativ leicht an anderer Stelle eine neue Beschäftigung finden. Diese Rahmenbedingungen haben aber fast nichts mit dem Kapitalmarkt zu tun, sondern liegen auf anderen Feldern der Politik.

Deswegen halte ich die Unterstellung für fatal, Aktie und Kapitalmarkt gingen einseitig zulasten der Arbeitnehmer. Dieses klassenkämpferische Schwarz-Weiß-Denken sollte mittlerweile der Vergangenheit angehören. Vielmehr muss man sich immer wieder vor Augen führen, dass insbesondere die Aktie in Zeiten nachlassender Leistungsfähigkeit der sozialen Sicherungssysteme zur finanziellen Unabhängigkeit jedes Einzelnen beitragen kann. Dieses Potenzial liegt allzu häufig noch brach.

Ein viel besserer Ansatz wäre es, Arbeitnehmer verstärkt zu Anteilseignern zu machen und den Shareholder-Value-Gedanken umfassender im Bewusstsein der Gesellschaft zu verankern. Hätten beispielsweise die Beschäftigten der BASF AG alle jemals aufgelegten Belegschaftsaktienprogramme vollumfänglich mitgemacht, so würden sich heute 40 Prozent des Aktienkapitals in Arbeitnehmerhand befinden. Insgesamt kann ich daher nur dringend davor abraten, das Konzept des Shareholder-Value als per se unmoralisch zu diskreditieren.

9 Bedeutung guter Corporate Governance und des Faktors Vertrauen

Aktie und Börse bewegen sich nicht im rechts- und moralfreien Raum: So haben sich die Börsenregeln und andere Vorschriften für börsennotierte Unternehmen im Laufe der Zeit im Zusammenleben der Beteiligten entwickelt. Es sind ethische Normen, die sich am Markt herausgebildet und durchgesetzt haben. Darüber hinaus sind Teile dieser Normen mittlerweile in staatliches Recht überführt worden. Allgemeines, ethisch akzeptiertes Grundprinzip vieler Regeln ist es, zumindest die spektakulären Fälle von Finanzschwindel aufzudecken und künftig zu verhindern. Aufgedeckte Unternehmensskandale, betrügerische Machenschaften und falsche Rechnungslegungspraktiken waren eine der

Ursachen für den lang anhaltenden Kursverfall, den wir in Jahren 2000 bis 2002 erlebt haben.

Um das Vertrauen der Kapitalmärkte in die Rechtschaffenheit der Unternehmensleitung börsennotierter Unternehmen sicherzustellen, wurde im Jahr 2002 der Deutsche Corporate Governance Kodex verabschiedet. Unter Corporate Governance wird die Gesamtheit aller internationalen und nationalen Werte sowie Grundsätze für eine gute, verantwortungsvolle Unternehmensführung verstanden. Diese Regelungen werden einmal jährlich von der „Regierungskommission Deutscher Corporate Governance Kodex" überprüft und gegebenenfalls aktualisiert. Der Deutsche Corporate Governance Kodex entspricht einem so genannten „Soft Law". Die Unternehmen wollen – zumindest sollten sie – sich einer Selbstregulierung unterwerfen. Nach dem sogenannten Comply-or-Explain-Prinzip müssen die Emittenten einmal jährlich erklären, ob sie den Empfehlungen des Kodex entsprochen haben. Sind sie davon abgewichen, müssen sie die Gründe dafür offen legen. Letztendlich bleibt es dann dem Aktionär überlassen, anhand dieser Informationen die Güte der Corporate Governance zu beurteilen. Er hat dann die Wahl, die Aktien eines Unternehmens zu kaufen oder zu verkaufen. Dem Aktionär kommt so gewissermaßen die Funktion einer moralischen Instanz zu, der die Unternehmensleitung bewertet und gegebenenfalls „mit den Füßen" abstimmt.

Neben dieser Form der Selbstregulierung hat der Gesetzgeber um die Jahrtausendwende auf nationaler wie europäischer Ebene eine Vielzahl neuer gesetzlicher Bestimmungen initiiert, um Transparenz und Anlegerschutz weiter zu erhöhen und ein Fehlverhalten der Marktteilnehmer zu verhindern.

Die gesetzliche Regulierungsdichte hat in Deutschland mittlerweile allerdings solche Ausmaße angenommen, dass die Gefahr einer Überregulierung besteht. Nach einer Unternehmensbefragung des Deutschen Aktieninstituts verursacht der überwiegende Teil der in den letzten Jahren erlassenen Gesetze und Maßnahmen im Kapitalmarkt-, Aktien- und Gesellschaftsrecht sowie im Bereich der Rechnungslegung nach Meinung der befragten börsennotierten Unternehmen deutliche Belastungen, denen kein entsprechender Nutzen gegenübersteht (von Rosen 2007: 11f).

Der Gesetzgeber sollte sich stärker als bisher bewusst werden, dass durch die Regulierungswelle der vergangenen Jahre wertvolle finanzielle Ressourcen und Managementkapazitäten gebunden wurden und noch werden. Diese stehen für die eigentliche unternehmerische Aufgabe, die Suche nach arbeitsplatzschaffenden Investitionsprojekten, nicht mehr zur Verfügung, was letztlich volkswirtschaftlich negative Folgen auf Wachstum und Beschäftigung haben und Unternehmen abschrecken kann, den erforderlichen Kapitalbedarf über die Börse zu befriedigen. Anlegerschutz ist für die Funktionsfähigkeit der Märkte ebenso wichtig wie für deren moralische Legitimation. Wenn er jedoch zu einer Strangulierung der Wirtschaft führt, wird er kontraproduktiv.

Insgesamt sind gemeinsame Wertvorstellungen unabdingbar, denn ohne sie ist in einem so existenziell bedeutsamen Feld wie der Wirtschaft das Zusammenwirken einer Vielzahl von Menschen unmöglich. Jeder Versuch einzelner Marktteilnehmer, auf Kosten anderer von dieser gemeinsamen Wertebasis abzuweichen und sich ungerechtfertigte Vorteile zu verschaffen, mag kurzfristig Erfolg versprechend sein. Bereits mittelfristig schadet der Betreffende aber nicht nur der gesamten Gemeinschaft der Wirtschaftenden – also uns allen – sondern auch sich selbst. In diesem Sinne können die Werte einer Wirtschaft nur im Einzelfall, aber niemals langfristig gefährdet sein.

10 Nachhaltige Geldanlage und Deutsches Aktieninstitut

Was macht die Auseinandersetzung mit der nachhaltigen Geldanlage für das Deutsche Aktieninstitut attraktiv? Der Grund liegt darin, dass private wie institutionelle Anleger am Markt für nachhaltige Kapitalanlagen eine gewisse Vorbildfunktion für den konventionellen Markt einnehmen. Schon aufgrund der höheren Komplexität der Anlageformen befassen sich nachhaltig ausgerichtete Anleger intensiver mit ihrer Geldanlage und sind in der Regel auch langfristiger orientiert. Die sorgfältige Auswahl der Anlage sowie die Langfristorientierung sind Verhaltensweisen, die das Deutsche Aktieninstitut für die klassische Aktienanlage immer wieder propagiert. Denn was wir dringender brauchen denn je, ist der mündige Anleger.

Deshalb fordern wir auch seit Langem die Einführung eines eigenständigen Schulfachs Ökonomie an allen allgemeinbildenden Schulen, und nach unserer Vorstellung gehören auch wirtschaftsethische Themen in diesen Unterricht. Wirtschaftsthemen sind für jeden Einzelnen von existenzieller Bedeutung. Angesichts der demografischen Entwicklung verschärft sich die Notwendigkeit der Altersvorsorge. Ich hoffe sehr, dass die Einsicht wächst, hier neue Wege zu gehen.

Literatur

BVI (Bundesverband Investment und Asset Management e. V.) (Hrsg.) (2007): Carbon Disclosure Project Bericht 2007 Deutschland. http://cdproject.net/download.asp?file=CDP5_German_Report.pdf (Zugriff am 28.5.2008).

Deutsche Bundesbank (Hrsg.) (2007): Ergebnisse der gesamtwirtschaftlichen Finanzierungsrechnung für Deutschland 1991-2006. Statistische Sonderveröffentlichung 4. http://www.bundesbank.de/download/statistik/stat_sonder/statso4.pdf (Zugriff am 28.5.2008).

DVFA (Deutsche Vereinigung für Finanzanalyse und Asset Management) (Hrsg.) (2008): KPIs for ESG. Key Performance Indicators for Environmental, Social and Governance Issues. DVFA Financial_Papers No. 08/08_e. http://www.dvfa.de/files/die_dvfa/kommissionen/non_financials/application/pdf/KPIs_ESG_FINAL.pdf (Zugriff am 1.6.2008).

Hauff, Volker (Hrsg.) (1987): Unsere gemeinsame Zukunft. Der Brundtland-Bericht Der Weltkommission für Umwelt und Entwicklung. Greven 1987.

imug Beratungsgesellschaft (Hrsg.) (2004): Branchenstudie Investment 2004. Private Finanzplanung und Nachhaltiges Investment. http://www.imug.de/pdfs/investment/hp_imug_Presse_chartband_imug_branchenstudie_investment_2004.pdf (Zugriff am 1.6.2008).

IÖW (Institut für ökologische Wirtschaftsforschung) und future e. V. (Hrsg.) (2007): Nachhaltigkeitsberichterstattung in Deutschland. Ergebnisse und Trends im Ranking 2007. http://www.ranking-nachhaltigkeitsberichte.de/pdf/2007/Ergebnisbericht_Ranking_2007_final.pdf (Zugriff am 1.6.2008).

Kahlenborn, Walter/Dereje, Cornelia (2007): Statusbericht Nachhaltige Geldanlagen 2007. Deutschland, Österreich und die Schweiz (Hrsg. Forum Nachhaltige Geldanlagen). http://www.forum-ng.de/upload/Statusbericht_07-12-11_web.pdf (Zugriff am 3.8.2008).

Rosen, Rüdiger von (Hrsg.) (2003): Nachhaltigkeit und Shareholder Value aus Sicht börsennotierter Unternehmen. Studien des Deutschen Aktieninstituts, Heft 22. http://www.dai.de/internet/dai/dai-2-0.nsf/dai_publikationen.htm (Zugriff am 1.6.2008).

Rosen, Rüdiger von (Hrsg.) (2007): Kosten und Nutzen der Regulierung börsennotierter Unternehmen. Ergebnisse einer Umfrage. Studien des Deutschen Aktieninstituts, Heft 35. http://www.dai.de/internet/dai/dai-2-0.nsf/LookupDL/58D64C79474E7D31C12572A6003A1E72/$File/Studie+35.pdf (Zugriff am 1.6.2008).

Social Investment Forum (Hrsg.) (2007): 2007 Report on Socially Responsible Investing Trends in the United States. Executive Summary, Washington. http://www.socialinvest.org/pdf/SRI_Trends_ExecSummary_2007.pdf (Zugriff am 5.6.2008).

Wie sozial ist der Finanzmarkt? Shareholder-Value-Kapitalismus aus Arbeitnehmersicht

Alexandra Krieger

Der einfache Zusammenhang, „Was gut ist für das Unternehmen, ist auch gut für die Beschäftigten", gilt nicht mehr. Lohnzurückhaltung und wiederholte Arbeitsmarktreformen seit Beginn der 1990er Jahre haben unter dem Strich keine neuen Arbeitsplätze geschaffen, sondern begünstigen Niedriglöhne (vgl. Carlin/Soskice 2007; Böckler Impuls 2007; Horn et al. 2007). Darüber hinaus reicht ein Blick in den Wirtschaftsteil der Tageszeitung, um festzustellen, dass sich die Arbeitsbedingungen insgesamt verschlechtert haben: Wachsende Flexibilitätsanforderungen, eine zunehmende Zahl prekärer Beschäftigungsverhältnisse wie Leiharbeit, Minijobs und befristete Beschäftigung, sind zum Alltag geworden.

Trotz ihrer Vorleistungen konnten die Beschäftigten ihre Lage also nicht verbessern. Ganz im Gegenteil scheint sich das Tempo der Restrukturierungen von Unternehmen und Konzernen in dem Maße zu erhöhen, in dem Arbeitnehmer Zugeständnisse machen. Der Fall Nokia in Bochum war nur ein Beispiel in einer Reihe weniger medienwirksamer Fälle, in denen Arbeitnehmern Tribut abverlangt wurde bis hin zum Arbeitsplatzverlust, obwohl das Unternehmen satte Gewinne erwirtschaftet hatte.

1 Die Erfüllung von Sozialkriterien ist kein selbstständiges Unternehmensziel im Shareholder-Value-Kapitalismus

Solche Beispiele werfen die grundsätzliche Frage nach den Zielen unternehmerischen Handelns auf: Wem ist das Unternehmen verpflichtet? Wessen Interessen soll es dienen? Gehört es zu seinen Aufgaben, soziale Verantwortung für die Beschäftigten zu übernehmen? Und was bedeutet „soziale Verantwortung" unter den Bedingungen von Globalisierung und wachsendem Einfluss der Kapitalmärkte auf unternehmerische Entscheidungen?

Die Internationalisierung der Wirtschaft führt neben der Konkurrenz auf den Güter- und Absatzmärkten auch zu einem Wettbewerb zwischen den

Systemen der Unternehmensführung. Hier stehen sich im Wesentlichen zwei Auffassungen gegenüber:

Der angloamerikanische *Shareholder-Value-Kapitalismus* vertritt das Prinzip, dass sich die Unternehmenssteuerung ausschließlich nach dem Interesse der Unternehmenseigentümer zu richten hat, den Wert der Anteile zu steigern.[1] Darüber hinausgehende Unternehmensziele sind nur insofern Gegenstand der Strategie, als sie dem Oberziel – der Steigerung des Unternehmenswertes – dienen. Sie sind also lediglich Mittel zum Zweck, aber nicht Selbstzweck. Insbesondere bezogen auf die Ausgangsfrage nach den Interessen, denen das Unternehmen dienen soll, gilt also: Die Erfüllung von Sozialkriterien ist kein selbstständiges Unternehmensziel im Shareholder-Value-Kapitalismus.

Eine grundsätzlich andere Auffassung über die Ziele und Aufgaben eines Unternehmens herrscht (noch) in Kontinentaleuropa. Danach sind unternehmerische Entscheidungen unter Berücksichtigung der Interessen *aller* mit dem Unternehmen verbundenen Gruppen – Arbeitnehmer, Lieferanten, Staat und Gläubiger – zu treffen, um das gemeinsame Ziel, langfristiges Unternehmenswachstum, zu verwirklichen.

In Deutschland ist dieser *Stakeholder-Ansatz* im Aktienrecht verankert und drückt sich in dem Grundsatz aus, dass der Vorstand (die Unternehmensführung) und der Aufsichtsrat (die Unternehmenskontrolle) gemeinsam dem „Wohl des Unternehmens" verpflichtet sind.

Je nach Anzahl der im Unternehmen bzw. Konzern Beschäftigten und in Abhängigkeit von der Rechtsform des Unternehmens werden ein Drittel bzw. die Hälfte der Mandate im Aufsichtsrat von Vertretern der Beschäftigten ausgeübt. Auch sie sind dem Unternehmenswohl verpflichtet, allerdings unter besonderer Berücksichtigung der sozialen Belange der Beschäftigten des Unternehmens.

2 Unterwerfung von Unternehmen und Beschäftigten unter das Diktat der Finanzmärkte

Bisher ist nicht entschieden, ob sich das Shareholder- oder das Stakeholder-Value-Prinzip durchsetzen wird. Erkennbar ist aber, dass Elemente des Shareholder-Value-Denkens in Wirtschaftssysteme einsickern, die sich bisher eher dem Stakeholder-Value-Prinzip verpflichtet gefühlt haben. Dazu gehört auch Deutschland.

Ein solches Element des Shareholder-Value-Denkens ist die wachsende Kapitalmarktorientierung von Unternehmen. Unter Kapitalmarktorientierung

[1] Der Wert eines Anteils am Unternehmen (z.B. einer Aktie) setzt sich zusammen aus den laufenden Gewinnen (z.B. Dividenden) und dem Marktwert des Anteils (z.B. der Aktie).

oder auch Finanzmarktkapitalismus wird die Ausrichtung sämtlicher Unternehmensaktivitäten an den Interessen des Kapitalmarktes und seiner Akteure verstanden. Das bedeutet in der Praxis, dass Unternehmen ihre Politik an den Forderungen ihrer Kapitalgeber ausrichten.

Im Folgenden werde ich zeigen, dass unter diesem einseitigen Primat der Kapitalmärkte und seiner Akteure die sozialen Interessen der Beschäftigten verletzt bzw. nicht ausreichend berücksichtigt werden. Ich vertrete die These, dass Beschäftigte den vom Kapitalmarkt getriebenen Eingriffen in „ihr“ Unternehmen gegenwärtig weitgehend schutzlos ausgeliefert sind, sieht man einmal von Schadensbegrenzungsmaßnahmen wie Interessenausgleich und Sozialplan ab.

Insbesondere werde ich darlegen, dass mit den bis jetzt vorgeschlagenen gesetzlichen Maßnahmen zwar erste Schritte auf dem Weg zu sinnvoller Regulierung der Kapitalmärkte unternommen worden sind, dass aber der Durchbruch, der den Beschäftigten einen echten Einfluss auf die Prozesse ermöglichen könnte, noch nicht gelungen ist. Vor diesem Hintergrund werde ich abschließend Vorschläge machen, wie den Interessen von Beschäftigten auch unter den Bedingungen globalisierter Kapitalmärkte besser Rechnung getragen werden kann.

3 Wann handelt ein Unternehmen sozial gegenüber seinen Beschäftigten?

Unternehmerische Entscheidungen berühren die sozialen Belange von Beschäftigten im Wesentlichen an zwei Stellen, die sich in den beiden Fragen fassen lassen:

- Unter welchen (Arbeits-)Bedingungen werden Güter und Dienstleistungen produziert (*Entstehung* der Betriebsleistung)?
- Welchen Anteil an der Wertschöpfung[2] erhalten die Beschäftigten (*Verteilung* des im Unternehmen bei der Produktion/Erstellung der Dienstleistung entstandenen Mehrwertes)?

Konkret richten sich die sozialen Interessen von Beschäftigten auf:

- Arbeitsplatzsicherheit,
- angemessene Entlohnung,
- Sozialleistungen,
- alters- und alternsgerechte Beschäftigung,

[2] Wertschöpfung: Umsatz abzüglich von anderen unternehmensbezogenen Vorleistungen (wie Material, Dienstleistungen oder Arbeitseinsatz).

- Arbeits- und Gesundheitsschutz,
- Vereinbarkeit von Beruf und Familie,
- Aus- und Weiterbildung und nicht zuletzt
- ein gutes Betriebsklima.

Verantwortliches Handeln des Unternehmens gegenüber seinen Beschäftigten verwirklicht sich darin, deren soziale Interessen gleichberechtigt neben den Interessen der Anteilseigner in der Unternehmensstrategie zu berücksichtigen, das heißt, für angemessene Arbeitsbedingungen und eine faire Verteilung der Wertschöpfung zu sorgen.

4 Finanzinvestoren als idealtypische Shareholder-Value-Vertreter

Ein geradezu idealtypisches Beispiel für Vertreter der Shareholder-Value-Maxime im Finanzmarktkapitalismus sind Finanzinvestoren. Finanzinvestoren sind Kapitalsammelstellen, die Geld bei institutionellen Anlegern, wie Versicherungen und Pensionsfonds, sowie vermögenden Privatleuten einwerben und es stellvertretend für diese Investoren anlegen. Innerhalb dieser Gruppe werden Private Equity und Hedgefonds unterschieden.

Während sich Hedgefonds eher auf die kurzfristige Kursspekulation mit Wertpapieren, Devisen und Rohstoffen konzentrieren, investieren Private-Equity-Fonds ihr Kapital zumindest mittelfristig in Unternehmensbeteiligungen und versuchen Gewinne durch die anschließende Restrukturierung dieser Firmen zu erwirtschaften. Allerdings haben sich die Geschäftsmodelle von Private Equity und Hedgefonds in den letzten Jahren stark vereinheitlicht. Außerdem haben sich beide Investorentypen dem Shareholder-Value-Prinzip verpflichtet. Daher werde ich im Folgenden allgemein von Finanzinvestoren sprechen.

Finanzinvestoren haben in Deutschland seit ungefähr 2002 eine heftige Debatte darüber ausgelöst, welchen Zielen und wessen Interessen die Entscheidungsträger im Unternehmen verpflichtet sind. Ursächlich dafür ist, dass Finanzinvestoren, obwohl sie häufig nur Minderheitsanteile erwerben, aktiv in die Unternehmensstrategie eingreifen und „ihre" Unternehmen organisatorisch und finanziell verändern, um deren Wert zu erhöhen und diese Wertsteigerung für sich und ihre Investoren zu vereinnahmen.

Zu solchen, in vielen Übernahmeprozessen vollzogenen Restrukturierungsmaßnahmen gehören etwa:

- der Verkauf von Vermögen (Tochterunternehmen, Maschinen, Gebäuden, Firmennamen, Lizenzen, Patente);

- Personal- und Sachkostenreduzierung (z. B. durch den Einsatz von Leiharbeitern, durch Arbeitszeitausweitung und Outsourcing);
- Verlagerung von Produktionsstätten ins Ausland;
- Kapital- und Erfolgsbeteiligung des Managements;
- Steuergestaltung zur Minimierung der Unternehmenssteuern sowie der Einkommensteuer der Fondsgründer, Fondsmanager und Fondsinvestoren.

Als idealtypische Vertreter des Shareholder-Value sollen Finanzinvestoren im Folgenden beispielhaft zur Darstellung der besonderen Probleme herangezogen werden, die eine solche Unternehmenspolitik verursachen kann. Vor allem versuche ich zu zeigen, wie dadurch die Interessen der Nichteigentümer, insbesondere der Arbeitnehmer, an einer nachhaltigen Unternehmensentwicklung verletzt werden können. Dabei ist vorweg jedoch festzuhalten:

- Finanzinvestoren sind nicht Verursacher des Diktates von Finanzmärkten bzw. Kapitaleigentümern über Unternehmen. Sie haben es nur besonders gut verstanden, ihr Geschäftsmodell an die Interessen der Kapitalgeber anzupassen, sodass sie sich von Profiteuren des Finanzmarktkapitalismus zu einem seiner wesentlichen Treiber entwickelt haben.
- Vor allem Konzerne und deren Tochterunternehmen verhalten sich mittlerweile bei vielen Entscheidungen wie Finanzinvestoren, insbesondere hinsichtlich der grundsätzlichen einseitigen Ausrichtung ihrer Geschäftspolitik an den Interessen von Kapitalgebern.

Mit Blick auf die Ausgangsfrage nach der Verwirklichung einer sozial verantworteten Personalpolitik von Unternehmen sind vor allem zwei Merkmale von Finanzinvestoren kritisch zu hinterfragen:

- die mit der gezielten Veränderung der Unternehmen einhergehenden finanziellen Umverteilungseffekte und
- die fragwürdige Einstellung der Fonds zu ihrer Rolle als Arbeitgeber.

5 Das Geschäftsmodell von Finanzinvestoren kennt keine sozialen Ziele

Finanzinvestoren beteiligen sich vor allem dann an Unternehmen, wenn sie die Chance sehen, sie zu einem niedrigen Preis zu kaufen und nach einiger Zeit der operativen und finanziellen Restrukturierung gewinnbringend wieder zu verkaufen.

Die Fonds finanzieren den Unternehmenskauf zum großen Teil mit Krediten und überwälzen diese Schulden anschließend (legal) auf das erworbene Unternehmen. Das Unternehmen hat aus dem operativen Geschäft Zinsen und Tilgung für die Kredite zu erwirtschaften. Eine weitere Verschuldung erfolgt dann oft während des Beteiligungszeitraums: Sind sie erst einmal Eigentümer, setzen einige Fonds – ggf. zusammen mit anderen Anteilseignern – ihre Unternehmen unter Druck, Sonderausschüttungen zu zahlen. Oft müssen dafür eigens Kredite aufgenommen werden.

Einen öffentlichen Schlagabtausch wegen solcher Sonderzahlungen hat sich 2007 der Fotohersteller CeWe Color aus Oldenburg mit seinen Minderheitseigentümern MarCap und K Capital Partners geliefert. Sie wollten eine Sonderdividende durchsetzen, die CeWe Color jedoch nur mit Hilfe von Krediten hätte finanzieren können. Der Vorstand widersetzte sich der Forderung mit der Begründung, die Mittel seien für Investitionen in den dringend erforderlichen Strukturwandel hin zur Digitalfotografie erforderlich. Nur mit Mühe und hohem finanziellen wie zeitlichen Aufwand konnte er die Sonderausschüttung schließlich verhindern (vgl. Wefers 2008; Financial Times Deutschland 2008).

Für die Beurteilung des Geschäftsmodells muss man zudem wissen, dass sich die Fonds von vornherein nur über einen begrenzten Zeitraum von drei bis sieben Jahren im Unternehmen engagieren, das Unternehmen also möglicherweise schon wieder verlassen haben, wenn die Kredite längst noch nicht abbezahlt sind. Mancher Finanzinvestor steigt auch noch früher wieder aus, wie im Falle des Chemieunternehmens Celanese AG. Schon elf Monate nach dem Erwerb verkaufte der amerikanische Finanzinvestor Blackstone die durch Restrukturierung der Geschäftsfelder neu geschaffene Holding Celanese Corporation in den USA an der Börse (vgl. Handelsblatt 2007).[3]

Aus Sicht der Eigentümer lohnt es sich, das Unternehmen solange weiter zu verschulden, wie die Gesamtrendite (hier: der Gewinn aus der Unternehmensbeteiligung) noch positiv und höher als die Zinsbelastung ist. Denn solange steigt die Rendite auf das eingesetzte Kapital. Ein einfaches Zahlenbeispiel in Tabelle 1 verdeutlicht diesen als Leverage-Effekt[4] bezeichneten Zusammenhang.

---

[3] Besonders aggressive Finanzierungsmodelle enthalten sogenannte PIK-Notes. Diese Anleihen werden während der Laufzeit nicht getilgt und nicht verzinst, sondern Zinsen und Tilgung sind bei Fälligkeit der Anleihe in einer Summe zurückzuzahlen. Für den Investor hat das den Vorteil, dass er die dadurch frei werdenden Finanzierungsmittel anderweitig einsetzen kann, z.B. für Investitionen, aber auch für Sonderausschüttungen. Das Unternehmen wird durch hohe Zinszahlungen belastet, da die Zinsen auf das Ursprungskapital vor Tilgung gerechnet werden, und Zinsen und Kapital schlagen bei Fälligkeit der PIK-Note in einer Summe zu Buche, was eine entsprechende Finanzkraft des Unternehmens zu diesem Zeitpunkt voraussetzt.

[4] Leverage (engl.): Grad der Fremdfinanzierung, Verschuldungsgrad; Leverage-Effekt: Abhängigkeit der Rentabilität des Eigenkapitals vom Anteil der Fremdfinanzierung.

Tabelle 1: Finanzierungsvarianten mit hoher und niedriger Verschuldung

	vor Umfinanzierung	nach Umfinanzierung
Eigenkapital	100	30
Fremdkapital	10	80
Gesamtkapital	110	110
Fremdkapitalzins	10 %	10 %
Gewinn vor Zinsen (Gesamtrendite)	21	21
Fremdkapitalzinsen	1 (= 10 % von 10)	8 (= 10 % von 80)
Gewinn nach Abzug von Fremdkapitalzinsen	21 ./. 1 = 20	21 ./. 8 = 13
Eigenkapitalrendite	(20/100) x 100 = 20 %	(13/30) x 100 = 43 %

Tab. 1: Erhöhung der Eigenkapitalverzinsung durch Nutzung des Leverage-Effektes (vereinfachtes Beispiel).

Zwar geht die moderne Finanzwissenschaft davon aus, dass Fremdkapital für ein Unternehmen nicht prinzipiell schlechter (oder besser) ist als Eigenkapital und dass es den optimalen Verschuldungsgrad nicht gibt. Doch trotzdem gibt es hohe Renditen nicht kostenlos, denn es gilt: Keine Leverage-Chance ohne Leverage-Risiko – eine höhere Rendite auf das eingesetzte Kapital lässt sich nur um den Preis eines höheren Risikos erreichen. Eine höhere Verschuldung von Unternehmen wird mit einem höheren (Insolvenz-)Risiko erkauft.

Während also der Eigenkapitalgeber zumindest die Chance hat, von einer riskanten Verschuldungsstrategie zu profitieren (vorausgesetzt, das Unternehmen wird dadurch nicht insolvent), bringt das zusätzliche Risiko den „einfachen" Beschäftigten direkt keine finanziellen Vorteile: Ihre Löhne und Gehälter sind im Wesentlichen auf feste Ansprüche begrenzt. Doch durch das mit steigender Verschuldung wachsende Insolvenzrisiko wird ihr sozialer Status gefährdet. Denn eine Insolvenz bedroht immer Arbeitsplätze und gefährdet soziale Errungenschaften, selbst wenn das Unternehmen aus der Insolvenz heraus weitergeführt werden kann.

Ein aktuelles Beispiel für die Folgen einer riskanten Verschuldungsstrategie liefert die Autofachmarktkette A.T.U. Das 1985 gegründete Unternehmen wurde 2002 wegen nicht geklärter Unternehmensnachfolge von dem Finanzinvestor Doughty Hanson gekauft. Nachdem der für 2004 geplante Börsengang abgesagt werden musste, wurde die Firma an den Finanzinvestor Kohlberg Kravis Roberts (KKR) weiterverkauft.1,45 Milliarden Euro zahlte KKR für das Unternehmen; davon rund eine Milliarde aus Krediten, die A.T.U. abbezahlen muss und die

Autokette nun unter Druck setzen. Denn A.T.U. konnte die ehrgeizigen Kreditbedingungen mehrfach nicht einhalten, sodass die Arbeitsplätze von 300 bis 500 Mitarbeitern in den Filialen zur Disposition stehen (Dentz 2008).

Verschuldungsstrategien können auch Nachteile für die langfristige Entwicklung von Unternehmen haben. So fand ein Forschungsteam des amerikanischen Massachusetts Institute of Technology (MIT) heraus, dass sich eine hohe Verschuldung negativ auf das Unternehmenswachstum auswirken kann (Peyer/Shivdasani 2001). Nachgewiesen wurde ein enger Zusammenhang zwischen der Höhe der Verschuldung und der Veränderung der Investitionspolitik: Vor einer Rekapitalisierung – das heißt der Ersetzung des Eigenkapitals durch Schulden – investierten die betrachteten Unternehmen überwiegend in Bereiche mit den besten langfristigen Wachstumschancen, danach verstärkt dort, wo sie sich eine schnelle Kapitalrückzahlung und hohe Mittelzuflüsse (Cashflow) versprachen. Je höher der Verschuldungsgrad, desto stärker konzentrierten sich die Unternehmen auf Bereiche mit hohen Cashflows. Der Druck von Rückzahlungsplänen zwang sie, ihre Schulden möglichst kurzfristig zurückzuzahlen, was nach Ansicht der Forscher zu Fehlentscheidungen in der Investitionspolitik führen kann.

Ein weiteres Beispiel für den Druck der Finanzmärkte auf Unternehmen und Beschäftigte liefert der Touristik- und Schifffahrtskonzern TUI AG in Hannover. Seit mehr als vier Jahren kämpft die TUI gegen immer neue Forderungen von (Minderheits-)Gesellschaftern, den Konzern in seine Sparten Touristik und Schifffahrt zu zerlegen. Mal spekulierten anonyme Hedgefonds den Kurs der TUI-Aktie nach unten, sodass eine feindliche Übernahme mit anschließender Zerschlagung den Konzern gefährdete. Mal drohten aktive Finanzinvestoren offen mit der Abberufung des Vorstands- und des Aufsichtsratsvorsitzenden, die sich einer Zerschlagung des Konzerns lange in den Weg gestellt hatten. Im Frühjahr 2008 haben die „aktiven Investoren“ ihr Ziel offenbar erreicht: Die TUI AG hat angekündigt, sich endgültig von ihrer Schifffahrtstochter Hapag Llloyd AG zu trennen.

Während des gesamten Prozesses waren die Arbeitnehmervertreter im Aufsichts- und Betriebsrat die einzigen, die bis zum Schluss an einem Erhalt des Konzernverbundes festgehalten haben. Die Anteilseignergruppen stellten jeweils ihre Partikularinteressen – pro Schifffahrt oder pro Touristik – in den Vordergrund, und der Vorstand hat ihren Forderungen schließlich nachgegeben. Welche Konsequenzen eine Aufspaltung des Konzerns für die Beschäftigten und ihre Arbeitsbedingungen haben wird, ist noch unklar. Je nachdem, wer die Hapag Lloyd erwirbt, werden aber höchstwahrscheinlich Arbeitsplätze verlagert, ggf. auch wegfallen. In jedem Fall hat der Druck der Finanzmärkte über Jahre zu erheblicher Verunsicherung der Beschäftigten geführt.

Belegschaften restrukturierter Unternehmen leiden darüber hinaus oft auch unter der Zerstörung ihrer Interessenvertretungsstrukturen. So wandeln Finanzinvestoren häufig ihre Beteiligungsunternehmen in eine andere Rechtsform um, gerne in eine GmbH & Co. KG. In dieser Rechtsform können sie über das ganze Jahr hinweg Sonderausschüttungen vornehmen, während bei einer Aktiengesellschaft nur einmal jährlich der Bilanzgewinn verteilt werden darf.

Eine solche Umwandlung hat Auswirkungen auf die Mitbestimmungsrechte der Arbeitnehmer. So besteht für die GmbH & Co. KG keine Pflicht zur Errichtung eines (mitbestimmten) Aufsichtsrates, das heißt, Arbeitnehmer können ihre Interessen nicht auf Unternehmensebene vertreten. Doch selbst wenn eine Gesellschaft innerhalb der bisherigen Rechtsform umstrukturiert wird, indem etwa Töchter erworben und fusioniert werden, vergeht immer einige Zeit, bis auch die Mitbestimmung auf der betrieblichen Ebene (Betriebsräte) neu organisiert ist. Und hier besteht noch die Gefahr, dass nach erfolgter Restrukturierung die erforderlichen Schwellenwerte – wie etwa die Grenze von 100 regelmäßig Beschäftigten für die Bildung eines Wirtschaftsausschusses – nicht mehr erreicht werden.

Zusammengefasst lässt sich sagen, dass es unter diesen Voraussetzungen nur logisch ist, wenn Arbeitnehmer ein moderates, organisches Unternehmenswachstum riskanteren Strategien vorziehen. Denn nicht nur eine exzessive Verschuldung gefährdet die Existenz eines Unternehmens und die sozialen Interessen der Beschäftigten; ebenso bedrohlich sind aus Arbeitnehmersicht die in Konzernen heute auf der Tagesordnung stehenden Fusionen, Outsourcings, Käufe und Verkäufe von Tochterunternehmen, Sparten und Firmenvermögen.

6 Finanzinvestoren profitieren von Werttransfer zulasten verschiedener Stakeholder

Heftig diskutiert wird auch, aus welchen Quellen die Gewinne stammen, die Finanzinvestoren beim Verkauf ihrer Unternehmensbeteiligung für sich vereinnahmen. Einige Wissenschaftler behaupten, dass die Gewinne nicht Ergebnis echter Wertschöpfung seien, sondern im Wesentlichen auf Umverteilungseffekten beruhten (Spindler/Schmidt 2008): auf einer Umverteilung zulasten von Alteigentümern, wenn diese Unternehmensbeteiligungen oder ganze Unternehmen „zu billig" verkaufen, aber auch dadurch, dass Vermögen und Einkommen bzw. Einkommenschancen anderer Stakeholder auf die Eigentümer übertragen werden. Das ist etwa dann der Fall, wenn Unternehmen unter dem Druck aktiver Investoren Gehälter kürzen, Arbeitszeiten ausweiten, Pensionszusagen und Steuern reduzieren.

Eine ähnliche Debatte gab es schon in den 1980er Jahren in den USA, wo die Investmentfirma Kohlberg Kravis Roberts (KKR) das Geschäftsmodell erfunden hatte. Auch hier wurden die Folgen kreditfinanzierter Unternehmensübernahmen für die Beschäftigten heftig diskutiert (Kaufmann/Englander 1993: 84 ff.).

Auch wenn sich Umverteilungseffekte voraussichtlich nie eindeutig messen lassen werden, ist doch die Vermutung begründet, dass eine rein an den Interessen der Kapitaleigentümer ausgerichtete Unternehmenspolitik – sprich: Gewinnmaximierung – zu einer wachsenden Verteilungsungerechtigkeit führt. Dass es eine solche Verschiebung gibt, hat auch der Jahreswirtschaftsbericht des Bundesministeriums für Wirtschaft und Technologie 2006 festgestellt. Danach ist die Lohnquote[5] in den letzten Jahren stetig gesunken und dementsprechend der Anteil der Kapitaleinkommen am Volkseinkommen gestiegen (BMWi 2006: 101f; Böckler Impuls 2006).

7 Finanzinvestoren lehnen ihre Rolle als Arbeitgeber ab

Ein weiteres Problem in Übernahmeprozessen besteht darin, dass Finanzinvestoren die Rolle als Arbeitgeber bisher ausdrücklich abgelehnt und sich auf ihre Funktion als Anteilseigner zurückgezogen haben. Rechtlich gesehen ist der Investor tatsächlich „nur" Eigentümer. Auch das Europarecht sieht für Übernahmen keine Arbeitgeberverantwortung vor. Die Betriebsübergangsrichtlinie, die die Kontinuität der Beschäftigungsbedingungen in Übernahmeprozessen gewährleisten soll, findet auf den Verkauf von Anteilen keine Anwendung.

In der Praxis tritt dadurch das Problem auf, dass der Unternehmenserwerber seine Verantwortung als Arbeitgeber in Kollektivverhandlungen ablehnen kann. So stellte der amerikanische Finanzinvestor Texas Pacific Group (TPG) während laufender Verhandlungen mit den Gewerkschaften Hunderte von Leiharbeitern ein. Das Unternehmen forderte unter anderem Zugeständnisse bei der Arbeitszeit und der Schichtzulage. Die Gewerkschaft Nahrung-Genuss-Gaststätten (NGG) begann deshalb am 7. Oktober 2005 mit Streiks. Als nach acht Wochen Arbeitskampf ein Kompromiss zwischen der Gewerkschaft und der lokalen Unternehmensleitung erzielt worden war, intervenierte TPG, woraufhin die Konzernleitung die Lösung einseitig wieder kündigte. Als NGG die Finanzinvestoren zu direkten Verhandlungen aufforderte, lehnte TPG die Verantwortung für die Arbeitsbeziehungen bei Gate Gourmet ab. Erst nach sechsmonatigem erbittertem Streik wurde der Konflikt schließlich beigelegt (IUF/UITA/IUL 2007: 18-20).

[5] Die Lohnquote ist der Anteil der Arbeitnehmerentgelte am Volkseinkommen.

Das fragwürdige Rollenverständnis von Finanzinvestoren bestätigte kürzlich auch Johannes Huth, Deutschland-Chef von KKR, einem der größten Fonds weltweit: „Auf die Debatte, ob unsere Branche Jobs kreiert oder nicht, hätten wir uns nie einlassen dürfen. (…) Grundsätzlich ist es ja auch bei Dax-Unternehmen nicht das oberste Ziel, Arbeitsplätze zu schaffen. Genauso wenig wie bei uns. Unser oberstes Ziel ist es, die Firmen so gut wie möglich aufzustellen, sie so gesund wie möglich zu machen. Als Resultat davon werden dann oft auch Arbeitsplätze geschaffen. Aber noch einmal: Es kann nicht oberstes Ziel der Private-Equity-Branche sein, Jobs zu kreieren“ (Haacke 2007: 78).

Man kann sich über diese Aussage empören. Aber Herr Huth hat damit als bisher Einziger in der Branche und unter den shareholder-value-gesteuerten Konzernlenkern ehrlich und öffentlich ausgesprochen, worin der Konflikt besteht. Die Frage ist allerdings, wer dann für die Schaffung von Arbeitsplätzen verantwortlich ist, wenn nicht (auch) die Unternehmen. Und: Ist es ein Automatismus, dass gut aufgestellte und gesunde Unternehmen den sozialen Interessen ihrer Beschäftigten Rechnung tragen?

8 Vorschläge zur Regulierung des Shareholder-Value-Kapitalismus

Erste Schritte zur Regulierung eines schrankenlosen Finanzmarktkapitalismus hat die Bundesregierung unternommen. Vor allem die Zinsschranke geht in die richtige Richtung: Sie lässt nur noch einen begrenzten steuerlichen Abzug von Zinsaufwendungen zu, sodass sich eine Verschuldungsstrategie als Steuersparmodell für die Unternehmen künftig weniger lohnt.

Weitere sinnvolle Vorschläge enthält das Risikobegrenzungsgesetz, das am 27. Juni 2008 vom Bundestag verabschiedet wurde. Mit ihm wird unter anderem der Katalog der „wirtschaftlichen Angelegenheiten“ erweitert, bei denen der Unternehmer den Wirtschaftsausschuss des Betriebsrates informieren muss (§§ 106 Abs. 3 Nr. 9a Betriebsverfassungsgesetz, BetrVG). Außerdem müssen Angaben zu den potenziellen Erwerbern gemacht werden und zu deren Absichten im Hinblick auf die künftige Geschäftstätigkeit des Unternehmens und die sich daraus ergebenden Folgen für die Arbeitnehmer.

Leider gibt das Risikobegrenzungsgesetz den Beschäftigten keine Initiativrechte. Dabei wäre insbesondere eine Stärkung der Betriebsverfassungsorgane im Vorfeld von Unternehmensübernahmen wünschenswert, um soziale Interessen zu schützen. Zu nennen sind hier etwa:

- die Verankerung gesetzlicher Beratungsrechte zwischen Unternehmen und Betriebsrat, z. B. über die Auswahl des Erwerbers im Bieterverfahren;

- die Aufnahme von Unternehmensverkäufen in das Betriebsverfassungsgesetz (§ 111 BetrVG) mit der Folge, dass Betriebsräte das Recht erhalten, einen Interessenausgleich zu verhandeln;
- die Verankerung eines Initiativrechts für den Betriebsrat im Betriebsverfassungsgesetz (§ 92a BetrVG) im Falle einer Unternehmensübernahme, sodass der Betriebsrat Vorschläge zur Beschäftigungssicherung machen kann und der Arbeitgeber verpflichtet ist, die Vorschläge mit dem Betriebsrat zu beraten bzw. seine Ablehnung (ggf. schriftlich) zu begründen;
- die Schaffung eines verbindlichen Verhaltenskodexes für Unternehmensverkäufe.

Darüber hinaus wären folgende Maßnahmen anzuregen:

- Abbau von Steuervergünstigungen (für Investoren und Manager von PE-Fonds);
- Entschädigungszahlungen an einen „Sozialfonds" im Falle von betriebsbedingten Kündigungen trotz positiver Vermögens-, Finanz- und Ertragslage des Unternehmens, mit denen Beschäftigungsförderung und Arbeitsplatzaufbau an anderer Stelle finanziert werden könnten.

Dass es praktisch möglich und für Unternehmen, Eigentümer und Arbeitnehmer gleichermaßen sinnvoll sein kann, Beschäftigten Einfluss auf den Übernahmeprozess zu geben, zeigt der Erwerb der Deutz Power Systems durch den britischen Finanzinvestor 3i im August 2007. Der Vorstand des Unternehmens wollte die Tochter verkaufen, um den Deutz-Konzern auf sein Kerngeschäft mit Kompaktmotoren zu konzentrieren. Nachdem in den Jahren vor dem Verkauf auch durch finanzielle Beiträge der Belegschaft am Standort Mannheim im Mittel- und Großmotorenbereich der Turnaround geschafft werden konnte, widersetzten sich die Arbeitnehmervertreter im Aufsichtsrat dem Verkauf zuerst und drohten mit der Mobilisierung der Belegschaft. Ohne ihre grundsätzlich ablehnende Position aufzugeben, forderten sie unter anderem eine Standortsicherungsgarantie vor Aufnahme der Kaufverhandlungen, den Ausschluss betriebsbedingter Kündigungen, den Erhalt der Tarifbindung und verbindliche Produktions- und Investitionszusagen des neuen Eigentümers. Insbesondere setzten sie ein Mitentscheidungsrecht bei der Auswahl des Käufers und eine über die gesetzlichen Vorschriften hinausgehende Erweiterung der Mitbestimmungsrechte der Arbeitnehmervertreter im Aufsichtsrat durch (IG Metall Mannheim 2007: 40 ff). Sie hatten Erfolg.

9 Fazit und Ausblick: Mehr Mut zur Regulierung!

Angesichts dieser Beispiele dürfte klar geworden sein, dass Regulierung des Finanzmarktkapitalismus erforderlich ist. Die eigentliche Hürde besteht darin, dass Regulierung den Mut zum Eingriff in das Eigentum der Anteilseigner erfordert. Es geht um den Konflikt zwischen dem Interesse von Beschäftigten an stabilen Arbeitsplätzen und fairen Arbeitsbedingungen und dem Streben der Kapitalgeber nach maximaler Verzinsung ihres Kapitals. Dieser Interessengegensatz ist nicht neu. Er hat sich aber im einseitig auf finanzielle Ziele fokussierten Shareholder-Value-Kapitalismus deutlich verschärft.

Das Risikobegrenzungsgesetzes gibt den Beschäftigten und ihren Interessenvertretern mehr Steine als Brot: Sie erhalten jetzt zwar mehr Informationsrechte in Bezug auf einen bevorstehenden Unternehmensverkauf, könnten gegen die operative und finanzielle Restrukturierung, vor allem die hohe Verschuldung, ihres Unternehmens aber weiterhin nichts tun.

Wer sich zum Erfordernis von Regulierung bekennt, sprich zur Beschneidung der Rechte der Anteilseigner, mit dem Unternehmen uneingeschränkt zu verfahren, kann dabei auch kaum ökonomische Gründe für sich ins Feld führen: Die Einhaltung von Sozialstandards kostet den Eigentümer Rendite. Wer trotzdem so handelt, trifft eine Werteentscheidung: Regulierung ist erwünscht, auch wenn sie zulasten der wirtschaftlichen Interessen der Unternehmenseigentümer geht, weil sie die gleichberechtigten Interessen der Beschäftigten an einer nachhaltigen Unternehmensentwicklung schützt.

Der Nationalstaat sollte trotzdem den Mut zur Regulierung von Kapitalmärkten fassen. Das muss auch nicht notwendigerweise zu der von einigen Politikern befürchteten Kapitalflucht aus Deutschland führen. Dagegen spricht das aktuelle Überangebot an Kapital weltweit im Verhältnis zu einer abnehmenden Zahl von Investitionschancen, sprich attraktiven Unternehmen. Das sorgt für begründete Hoffnung, dass viele Investoren trotz einer erweiterten Sozialbindung ihres künftigen Eigentums Unternehmen kaufen würden.

Was die Einflussmöglichkeiten von Arbeitnehmern angeht, ihren sozialen Bedürfnissen Gehör zu verschaffen, bleibt wohl nur die Chance, dass sie ihr Gewicht als „Produktionsfaktor" in die Waagschale werfen. Dabei wird ihre Verhandlungsmacht wachsen, je besser sie sich organisieren und ihre Interessen auch institutionell – durch Betriebsräte und Gewerkschaften – vertreten lassen. Fälle wie Deutz Power Systems und Gate Gourmet sind Belege dafür, wie entscheidend Mitbestimmungsrechte und aktive Gewerkschaften für die Wahrung von Arbeitnehmerinteressen sind. Die Entschlossenheit der NGG verhinderte die Durchsetzung der vom Unternehmen geforderten Lohnkürzung um zehn Prozent.

Ihre Mitbestimmungsrechte wahrzunehmen – diese Verantwortung tragen die Beschäftigten für sich selbst. Darauf zu hoffen, dass überzeugte Finanzmarktkapitalisten in sozial verantwortlichem unternehmerischem Handeln einen Wert an sich entdecken, ist und bleibt wohl zu allen Zeiten Sozialromantik.

Literatur

Böckler Impuls (2006): Qualifizierung: Zeit zum Lernen. In: Böckler Impuls 04/2006: 6. http://www.boeckler.de/pdf/impuls_2006_04_ges.pdf (Zugriff am 7.7.2008).

Böckler Impuls (2007): Arbeitsmarkt: Weniger Sicherheit, weniger Wachstum. In: Böckler Impuls 15/2007, 5. http://www.boeckler.de/pdf/impuls_2007_15_gesamt.pdf (Zugriff am 7.7.2008).

Bundesministerium für Wirtschaft und Technologie (BMWi) (2006): Jahreswirtschaftsbericht 2006. http://www.bmwi.de/BMWi/Redaktion/PDF/B/br-jahreswirtschafts bericht-2006,property=pdf,bereich=bmwi,sprache=de,rwb=true.pdf (Zugriff am 11.6.2008).

Carlin, Wendy/Soskice, David (2007): Reformen, makroökonomische Politik und Wirtschaftsentwicklung Deutschland. In: Schettkat, Ronald/Langkau, Jochem (Hrsg.): Aufschwung für Deutschland – Plädoyer international renommierter Ökonomen für eine bessere Wirtschaftspolitik, Bonn.

Dentz, Markus (2008): KKR hat überdreht. In: Finance 03/2008: 28-31.

Financial Times Deutschland (2008): Cewe Color schließt vier Standorte. In: Financial Times Deutschland vom 8.1.2008. http://www.ftd.de/unternehmen/handel_dienstleister/:Cewe%20Color%20Standorte/300946.html (Zugriff am 7.7.2008).

Haake, Birgit (2007): Falsche Debatte. In: Wirtschaftswoche vom 2.7.2007, Nr. 27: 78f.

Handelsblatt (2007): Blackstone verkauft Celanese. In: Handelsblatt vom 19.5.2007. http://www.handelsblatt.com/unternehmen/industrie/blackstone-verkauft-celanese;1270398 (Zugriff am 7.7.2008).

Horn, Gustav/Logeay, Camille/Stapff, Diego (2007): Viel Lärm um nichts? Arbeitsmarktreformen zeigen im Aufschwung bisher kaum Wirkung. In: IMK Report Nr. 20, Juni 2007.

IG Metall Mannheim (Hrsg.) (2007): Finanzinvestoren und Arbeitnehmervertretung – Partnerschaft oder Konflikt? Mannheim.

IUF/UITA/IUL (International Union of Food, Agricultural, Hotel, Restaurant, Catering, Tobacco and Allied Workers' Associations) (2007): Ein Leitfaden für Arbeitnehmer zu Firmenübernahmen durch privates Beteiligungskapital. Genf.

Kaufman, Allan/Englander, Ernest J (1993): Kohlberg, Kravis, Roberts & Co. and the Restructuring of American Capitalism. In: Business History Review 67 (Spring 1993): 52-97.

Peyer, Urs C./Shivdasani, Anil (2001): Leverage and Internal Capital Markets: evidence from leveraged recapitalizations. In: Journal of Financial Economics 59. 2001: 477-515.

Spindler, Gerald/Schmidt, Reinhard (2008): Finanzinvestoren aus ökonomischer und juristischer Perspektive. Eine Betrachtung der Risiken, der Notwendigkeiten und Möglichkeiten einer Regulierung von Private Equity und aktivistischen Hedgefonds aus ökonomischer und gesellschafts-, kapitalmarkt- und arbeitsrechtlicher Sicht (Schriften der Hans-Böckler-Stiftung, Bd. 72). Erscheint voraussichtlich 2008. Baden-Baden.

Wefers, Michael (2008): Weichenstellung für eine turbulente Hauptversammlung. Referat gehalten bei der 15. Jahresfachtagung des Forums Institut für Management: „Kritische Investoren – Aktienrechtliche Strategien und organisatorische Weichenstellung für eine turbulente HV" am 7.3.2008 (unveröffentlichtes Manuskript).

Wer zähmt die Monster? Die Rolle der Politik bei der Strukturierung der nationalen und internationalen Finanzmärkte

Christine Scheel

Seit dem Ausbruch der Finanzmarktkrise im August 2007 haben immer wieder prominente Vertreter aus der Finanzwelt sehr starke Worte gefunden, um vor den Risiken der deregulierten Geld- und Kapitalströme zu warnen. So soll der Chef der deutschen Finanzaufsicht, Jochen Sanio, schon im August 2007 vor der „größten Krise seit 1931" (Hesse/Hulverscheidt 2008) gewarnt haben. Das war kurz nach Bekanntwerden der Probleme bei der IKB Deutsche Industriebank, die nur durch eine von Bundesregierung und Finanzaufsicht initiierte gemeinsame Aktion gerettet werden konnte, bei der sowohl die staatliche KfW Bankengruppe als auch – in deutlich geringerem Umfang – die privaten Banken, die Sparkassen und die Genossenschaftsbanken beteiligt waren. Und im März 2008 erstaunte der Vorstandsvorsitzende der Deutschen Bank, Josef Ackermann, die Öffentlichkeit mit seiner Äußerung: „Ich glaube nicht mehr an die Selbstheilungskraft der Märkte" (Handelsblatt.com 2008). Diese wurde allgemein als ein Ruf nach dem Staat, nach mehr Regulierung, verstanden. Spätestens aber seit Bundespräsident Horst Köhler im Stern-Interview feststellte, dass „sich die Finanzmärkte zu einem Monster entwickelt haben, das in die Schranken gewiesen werden muss" (Goergen et al. 2008), ist die Frage ihrer praktischen Regulierung anstatt weiterer Deregulierung wieder ganz oben auf der politischen Agenda.

1 Wie es zur Finanzmarktkrise kam

Die Krise nahm auf dem US-Markt für zweitklassige Hypothekenkredite (Subprime) ihren Anfang. Hypothekenkredite wurden dort unter anderem wegen der recht laxen US-Geldpolitik zu sehr niedrigen, aber veränderbaren Zinsen auch an Hauskäufer mit nur sehr geringer Finanzkraft vergeben. Die Kreditgeber behielten diese an sich recht riskanten Kredite aber nicht in ihrem eigenen Haus. Vielmehr wurden sie in Paketen (sogenannten Asset Backed Securities, ABS) gebündelt, in verschiedene Risikoklassen strukturiert und auf dem Verbriefungsmarkt weiter veräußert. Die Bewertung der Rückzahlbarkeit, also das sogenannte Rating für diese Wertpapiere durch international anerkannte Agenturen wie Standard & Poors, Moody's oder Fitch, war häufig so gut, dass viele Banken und andere Finanzmarktakteure bedenkenlos und begierig zugriffen. So gelangten diese Kreditpakete auch in die Bilanzen von Banken und institutionellen Anlegern oder in extra dafür gegründete Zweckgesellschaften deutscher Finanzinstitute. Sie wogen sich in einer durch die Ratingagenturen vermeintlich attestierten Sicherheit, die – wie wir heute wissen – keine war. Mit der Zinswende in den USA kam für viele kleine Hausbesitzer dort das Aus. Sie konnten ihre Kredite nicht mehr bedienen. Die darauf einsetzenden Zwangsversteigerungen trieben den Preisverfall für Häuser und Grundstücke auf dem amerikanischen Immobilienmarkt weiter voran. Jetzt – und damit viel zu spät – reagierten auch die Ratingagenturen und stuften die Bewertung für die verbrieften Kreditpakete nach unten. Die globalen Finanzmärkte waren geschockt.

Zusätzlich wetteten Finanzspekulanten erfolgreich auf den Kursverfall dieser Papiere. Ihr Wert verfiel rapide, niemand wollte sie mehr kaufen, die Liquidität versiegte und damit offenbarte sich plötzlich ein riesiger Abschreibungsbedarf insbesondere in den Bankbilanzen. Die Deutsche Bank wie auch andere Großbanken in der Schweiz (UBS) oder den USA (City Bank, Morgan Stanley, Merrill Lynch) mussten gravierende Wertberichtigungen in ihren Bilanzen vornehmen. Besonders stark traf es in Deutschland einige Landesbanken wie die Sachsen LB, die WestLB, die Bayerische Landesbank und auch die private und börsennotierte Mittelstandbank IKB. Sie wurden von der Kreditkrise heftig erfasst und mussten teilweise mit Beteiligung des Steuerzahlers gerettet werden, um ihre Insolvenz und damit Schlimmeres für den gesamten Finanzmarkt zu verhindern. Darüber hinaus werden die Wertberichtigungen in den Bankbilanzen zu Steuermindereinnahmen für die staatlichen Haushalte von Bund, Ländern und Gemeinden führen, das Ausmaß ist aber ungewiss.

2 Notenbanken und Kapitalzuflüsse aus Schwellenländern sichern Finanzmarktstabilität

Das Wissen um die hohen Wertverluste gepaart mit der Unsicherheit, welche Banken diese zu tragen haben, führte zu einem rapiden Vertrauensverlust in die Finanzmärkte. Keine Bank wollte noch Geld an eine andere verleihen. Die Verteilung der liquiden Mittel zwischen den Banken funktionierte nicht mehr richtig. Die globale Vertrauenskrise drohte auf immer neue Märkte überzugreifen. Die amerikanische Notenbank (FED) und die Europäische Zentralbank (EZB) stellten deshalb dem Finanzmarkt in konzertierten Aktionen milliardenschwere Kredite, sogenannte Zinstender, zur Verfügung, um die Liquiditätsengpässe bei den Banken zu überbrücken. Aber auch durch den niedrigen Dollarkurs angelocktes Kapital aus Schwellenländern half den Finanzmärkten. Staatsfonds und andere Investoren der Schwellenländer halfen insbesondere den Banken in den USA und auch der Schweiz, die Finanzmarktkrise zu meistern. Finanzmarktakteure aus Nah- und Fernost traten auf den Markt und brachten einen Teil ihrer Devisenkapitalreserven als Beteiligung gegen eine recht hohe Verzinsung zur Stabilisierung der Großbanken ein (z. B.: GIC aus Singapur an der Schweizer UBS Bank mit 9,8 Milliarden US-Dollar oder Adia aus Abu Dhabi an Citigroup USA mit 7,5 Milliarden US-Dollar). Die Großbanken werden auch im weiteren Jahresverlauf noch Kapitalbedarf haben. Nach Schätzungen des Internationalen Währungsfonds (IWF) hatten Banken im März 2008 erst 40 Prozent ihrer möglichen Gesamtverluste abgeschrieben.

3 Die tieferen Wirkungen der Finanzmarktkrise: Weltweiter Konjunktur-Boom kommt zu einem Ende

Auch im Juni 2008, 10 Monate nach Ausbruch der Krise, gibt die EZB keine Entwarnung. Die Krise ist tiefer und dauert länger als erwartet. Ob die massiven Interventionen der Notenbanken ausreichen werden, um die Finanzmärkte auch weiterhin stabil zu halten, ist hochgradig unsicher. Denn der Herd, von dem sich die Krise ausbreitete, der amerikanische Hypothekenmarkt, ist noch nicht wieder zur Ruhe gekommen. Amerikanische Hausbesitzer haben durch die sinkenden Immobilienpreise schon 2,5 Billionen Dollar (1,6 Milliarden Euro) Vermögen eingebüßt. Die geschätzten Verluste in der Finanzbranche aus Immobilienkrediten betragen schätzungsweise 500 Milliarden Dollar (320 Milliarden Euro) (Lachmann 2008). Ein Ende der Abwärtsspirale ist nicht in Sicht.

Nachdem die bundesrepublikanische Volkswirtschaft die Finanzmarktkrise bis Mitte 2008 erstaunlich gut bewältigt hatte, zeichnen sich nun erste Bremsspuren im Konjunkturverlauf ab. EZB-Präsident Jean-Claude Trichet hat im Juli 2008 eine Erhöhung des Leitzinses um 0,25 Prozentpunkte auf 4,25 Prozent verkündet (sueddeutsche.de 2008). Angesichts einer Inflationsrate von 4,0 Prozent, der höchsten seit Einführung des Euro, kann das nicht verwundern, denn die Realzinsen tendieren damit gegen null. Unternehmen werden für ihre Kredite also künftig tiefer in die Tasche greifen müssen. Auch der Höhenflug des Euro, der mit den Zinssenkungsschritten der amerikanischen Notenbank an Fahrt gewann, könnte wieder neuen Auftrieb bekommen. Die preisliche Wettbewerbsposition europäischer Anbieter auf den internationalen Märkten wird damit immer schwieriger.

Hinzu kommt der hohe Ölpreis, der immer neue Rekorde nimmt und derzeit die 150 Dollar pro Barrel (159 Liter) Öl anpeilt. Zusammen mit der Preisexplosion bei anderen Rohstoffpreisen droht auch von dieser Seite eine deutliche Abkühlung der Weltkonjunktur, die mit Sicherheit auf den Exportweltmeister Deutschland durchschlagen wird. Alle Zeichen stehen für eine Abschwächung der Konjunktur in der Bundesrepublik: Das Kieler Weltwirtschaftsinstitut hat seine Wachstumsprognose für 2009 auf nur noch 1 Prozent abgesenkt (Boss et al. 2008: 20.33). Der Aufschwung am Arbeitsmarkt kommt damit wahrscheinlich zu einem Ende. Angesichts gravierender Rückwirkungen der Finanzmarktkrise auf die Realwirtschaft ist eine bessere Regulierung der Finanzmarktakteure auf nationaler und internationaler Ebene unverzichtbar.

4 Die Lehren der Finanzmarktkrise: Transparenz darf kein leeres Wort bleiben

Krisen gehören zur Marktwirtschaft genauso dazu wie konjunkturelle Boomphasen. In den vergangenen Jahren wurden von vielen Marktakteuren bessere Regeln für die Finanzmärkte als überflüssige staatliche Eingriffe in funktionierende Märkte abgelehnt. Nun wenden sich dieselben Akteure in der Krise an den Staat. Josef Ackermanns Ruf nach der heilenden Hand des Staates ist der Offenbarungseid der Finanzspieler, weil die Finanzmärkte nicht mehr funktionieren und viele nicht mehr wissen, wie sie ihre Rechnungen bezahlen können. Aufgabe der Politik ist es, die Rahmenbedingungen so zu setzen, dass diejenigen, die Investitionsentscheidungen treffen und von den Gewinnen profitieren, auch diejenigen sind, die die Investitionsrisiken zu tragen haben. Es darf nicht passieren, dass Gewinne von den Finanzmarktakteuren privatisiert werden, für die Verluste aber die Bürgerinnen und Bürger zur Kasse gebeten werden.

Kaum ein anderer Markt ist so globalisiert wie der Finanzmarkt. Trotzdem verfügt die Politik über Möglichkeiten, die Rahmenbedingungen zu gestalten, und zwar auf nationaler, auf EU- oder auf internationaler Ebene. Im Kern muss jede neue Regulierung darauf abzielen, die Vorgänge auf den Finanzmärkten bekannt und verständlich zu machen. Investitionsrisiken müssen durch eine seriöse Bewertung kalkulierbar bleiben. Transparenz darf nicht länger eine Worthülse in Sonntagsreden sein, denn sie ist absolut unverzichtbar für die gute Funktionsfähigkeit der Finanzmärkte und für die Wiederherstellung des Vertrauens in sie.

4.1 Risiken besser erkennbar machen und richtig bewerten

Die in den Strudel der Krise geratenen Landesbanken, aber auch die private Mittelstandsbank (IKB) hatten ihre riskanten Finanzmarktgeschäfte bilanz- und eigenkapitalschonend in sogenannte Zweckgesellschaften ausgelagert. Diese Zweckgesellschaften gerieten in Refinanzierungsschwierigkeiten als Zweifel am Wert ihrer Sicherheiten den Verbriefungsmarkt in eine Vertrauenskrise stürzten. Die Risiken schlugen nun auf die Bilanzen der Banken durch, die zum Teil nicht mehr aus eigener Kraft in der Lage waren, diese aufzufangen. Die Geschäftspolitik einiger Bankvorstände ging offensichtlich soweit, dass diese Zweckgesellschaften einer praktischen Kontrolle der Aufsichtsräte entzogen waren. Bei der IKB wurde noch im Sommer 2007 ein Wirtschaftsprüfungsbericht mit entlastendem Prüfungstestat dem Aufsichtsrat vorgelegt. Heute stellt sich die Frage, ob die Vorstände der Banken die riskanten Geschäfte verschleiert haben, oder ob es auch an der betriebsblinden Arbeit von Wirtschaftsprüfungsgesellschaften lag, dass von der Bankbilanz ausgeklammerte Geschäfte nicht geprüft oder nicht für relevant gehalten wurden.

Zukünftig müssen alle Geschäfte einer Bank in der Bilanz adäquat aufgenommen und abgebildet werden. Die seit Januar 2008 in Kraft befindlichen Regelungen zur Eigenkapitalunterlegung von Verbindlichkeiten (Regelwerk Basel II) bringen eine gewisse Verbesserung für die Bilanzkontrolle mit sich. Wirtschaftsprüfungsgesellschaften haben Risikopositionen zu benennen und zu bewerten. Aufsichtsräte erhalten hoffentlich jetzt transparentere Entscheidungsgrundlagen für die ihnen zukommende Kontrollfunktion gegenüber den jeweiligen Bankvorständen.

Die EU-Kommission will angesichts der Finanzmarktkrise die Eigenkapitalregeln durch eine erneute Änderung der Basel-II-Richtlinie weiter verschärfen. Die Banken sollen zu mehr Transparenz gezwungen werden. Die Vorschriften für Geschäfte außerhalb der Bilanz sollen verschärft werden (Scheerer 2008). Die Liquiditätsanforderungen bei Außenständen und die Regeln für die Vergabe von Großkrediten sollen angezogen werden. Darüber hinaus sollten aber auch Kredite an unregulierte Finanzinstitutionen wie Hedgefonds generell stärker mit Eigenkapital unterlegt werden müssen als Kredite an regulierte Institutionen wie Banken oder Versicherungen.

4.2 Manager und Aufsichtsräte mehr in die Pflicht nehmen

An erster Stelle in der Reihe der Verantwortlichen stehen die Vorstände der Unternehmen selbst. Sie haben falsche Entscheidungen getroffen, diese zu spät oder gar nicht revidiert und die Kapitalmärkte nur mit unzureichenden Informationen versorgt. Effiziente Kapitalmärkte brauchen aber verlässliche Informationen. Nur so können private und institutionelle Anlegerinnen und Anleger ihre Entscheidungen auf einer sinnvollen Grundlage treffen.

Vor Schadensersatzklagen mussten sich die widerrechtlich handelnden Vorstände bisher nicht fürchten. Erstens ist das Haftungsrecht so ausgestaltet, dass lediglich das Unternehmen intern Klage erheben kann. Dabei muss es jedoch meist durch den Aufsichtsrat zur Klageerhebung kommen, der häufig eine zu geringe kritische Distanz zum Vorstand hat und eher von einer Klage absieht. Zweitens zeigen sich Manager von der Gefahr der Innenhaftung relativ unbeeindruckt, da sie häufig durch Versicherungen freigestellt sind. Sie haften letztlich nur im Falle vorsätzlicher Pflichtverletzungen persönlich.

Weil den Informationen am Kapitalmarkt eine sehr bedeutende Stellung zukommt, wäre eine zivilrechtliche Haftung derjenigen Manager sinnvoll, die für Inhalt und Verbreitung der Informationen verantwortlich sind. Eine solche persönliche Haftung ist in anderen Ländern längst Realität: Beispielsweise werden in den USA die Vorstände straf- und zivilrechtlich für Falschinformationen belangt. Sichern sich die Manager gegen solche Klagen mit einer Versicherung ab, sollte eine Selbstbeteiligung festgeschrieben werden. So sieht es der Deutsche Corporate Governance Kodex bereits vor. Andernfalls geht die Haftungsandrohung ins Leere.

Auch die Kontrollmechanismen innerhalb verschiedener Banken haben versagt: Die Aufsichtsräte bzw. Verwaltungsräte haben die Bankenvorstände nicht ausreichend kontrolliert. Für eine effektive Kontrolle bedarf es vor allem angemessener Fachkenntnisse der Aufsichtsräte, einer ausreichenden Informationsgrundlage sowie auch hier funktionierender Haftungsregeln. Die Grünen fordern deshalb die Zahl der Aufsichtsmandate auf fünf pro Person zu beschränken und den direkten Wechsel vom Vorstand in den Aufsichtsrat unmöglich zu machen (Bündnis 90/Die Grünen 2007: 3). Wenn Aufsichtsräte ihren Aufgaben nicht ordnungsgemäß nachkommen, müssen auch sie zur Rechenschaft gezogen werden. Haftungsnormen existieren zwar, deren Durchsetzbarkeit ist jedoch insbesondere seitens der Aktionäre stark eingeschränkt. Wenn Aufsichtsräten de facto keine Inanspruchnahme droht, bleibt die nachlässige Kontrollausübung an der Tagesordnung. Bei den Versicherungen gegen Haftungsschäden müssen deshalb auch die Aufsichtsräte zu einer Selbstbeteiligung verpflichtet werden.

4.3 Die Bewerter der Risiken: Bei Ratingagenturen reicht eine Selbstverpflichtung nicht aus

An der Krise haben die Ratingagenturen maßgeblichen Anteil. Die Risiken der auf den Finanzmärkten gehandelten Wertpapiere, im Falle der aktuellen Subprime-Krise von Kreditderivaten, sind selbst für Profis schwer einzuschätzen. Hier kommen die Ratingagenturen ins Spiel. Sie geben einem Wertpapier quasi eine Note, und diese Note dient potenziellen Investoren weltweit zur Orientierung. Hat also ein Wertpapier die Note AAA erhalten, so war bei diesen Wertpapieren ein Zahlungsausfall praktisch ausgeschlossen und ihre Handelbarkeit scheinbar garantiert. Dass die Papiere dann plötzlich doch niemand mehr kaufen wollte, hat zu Zahlungsengpässen bei den Banken und der Intervention der Zentralbanken weltweit geführt.

Es ist offensichtlich, dass ein zutreffendes und aktuelles Rating der gehandelten Papiere von entscheidender Bedeutung dafür ist, dass die Finanzmärkte ihre Funktion erfüllen können, nämlich Risiken zu übernehmen, Liquidität bereitzustellen und Investitionen zu finanzieren. Eine bessere Regulierung muss deshalb bei der Transparenz der von den Agenturen genutzten Ratingverfahren ansetzen und sicher stellen, dass es bei relevanten Veränderungen im Marktumfeld zu zügigen Anpassungen der Ratings kommt.

Die von den Ratingagenturen vergebenen Bewertungen spielen auch für die öffentliche Hand eine Rolle. Beispielsweise richtet sich der Zins auf Staatsanleihen auch nach den Ratings. Für die Höhe des Schuldendienstes eines Staates ist es also essenziell, wie seine Bewertung ausfällt. Auch bei der Kreditvergabe der Europäischen Zentralbank an die Geschäftsbanken spielen Ratings eine zentrale Rolle. Sind die von den Banken zur Kreditabsicherung hinterlegten Papiere von hoher Bonität, müssen sie weniger dieser Papiere bei der Zuteilung der EZB-Kredite bereitstellen. Nicht zuletzt sind auch die Refinanzierungsmöglichkeiten der Landesbanken von ihrem Rating abhängig, und das hat natürlich auch Auswirkungen auf die Sparkassen und deren Kundinnen und Kunden.

Die Ratingagenturen besetzen eine Schlüsselposition auf den Finanzmärkten. Sie sorgen – wenn ihre Bewertungen korrekt sind – für Transparenz und senken dadurch die Kosten der Marktteilnehmer. Nachdem es weltweit mit Moody's, Standard & Poor's und Fitch aber nur drei nennenswerte Anbieter gibt, kann bereits die Herabstufung eines Wertpapiers durch zwei Anbieter zu hektischen Verkäufen führen und die Finanzmärkte ins Schlingern bringen. Der Marktzugang für neue Anbieter muss deshalb leichter werden. Eine größere Anzahl von Anbietern ist wichtig, um durch eine breitere Bewertung die heftigen Reaktionen der Finanzmärkte zu mildern.

Die Agenturen unterliegen Interessenkonflikten. Sie werden von denjenigen bezahlt, deren Produkte sie mit Noten bewerten. Sind diese Bewertungen falsch oder nicht ordnungsgemäß erstellt, nehmen aber regelmäßig diejenigen Schaden, die auf die Bewertungen zurückgreifen und sich darauf verlassen. Diese Banken und Finanzinstitute haben nach derzeitiger Rechtslage aber keinen Anspruch gegen die Agenturen. Ohne Haftungsgrundlagen zieht ein Fehlverhalten der Agenturen nur die Gefahr einer Rufschädigung nach sich. Dass eine solche Rufschädigung aber rasch verhallt, hat der überschaubare Prestigeverlust aus vergangenen mitverursachten Krisen gezeigt.

Um Interessenkonflikte bestmöglich zu vermeiden, muss das Geschäftsmodell der Ratingagenturen eine Änderung erfahren. Beratungsgeschäft und Bewertung müssen strikt getrennt sein. Die Bezahlung sollte vornehmlich durch die Nutzer der Ratings erfolgen – nicht wie bisher ausschließlich seitens der Bewerteten. Dies ist auch möglich, weil das Rating sich nicht in einer einzelnen Bewertung erschöpft, sondern ständig geprüft werden muss. Damit würden zugleich Fragen der Haftung geklärt, zumal dann vertragliche Beziehungen zwischen der Ratingagentur und den geschädigten Nutzern der Ratings bestünden. Bei groben Verstößen müssen Grundlagen für eine Haftung der Agenturen geschaffen werden. Die Argumentation, dass eine Haftung überflüssig sei, weil sich die Agenturen eine fahrlässige Bewertung und den resultierenden Vertrauensverlust nicht leisten könnten, verfängt nicht.

Der Verhaltenskodex, der 2004 von der Internationalen Organisation der Wertpapieraufsichtsbehörden (IOSCO) erlassen wurde und jetzt überarbeitet wurde, muss deshalb auf eine rechtlich verbindliche Grundlage gestellt werden. Solche Regelungen sind notwendig, damit die Unabhängigkeit der Ratingagenturen gesichert ist und ihre Arbeitsweise transparent und nachvollziehbar wird.

4.4 Hedgefonds und Private Equity müssen auf dem Radarschirm der Finanzaufsicht besser sichtbar werden

Hedgefonds sind Kapitalsammelstellen, die das Kapital ihrer Investoren ganz frei und flexibel in die unterschiedlichsten Finanzprodukte investieren können. Sie können deshalb je nach ihrer gewählten Anlagestrategie, etwa bei fallenden Aktienkursen oder steigenden Rohstoffpreisen, Geld verdienen. Das Phänomen Hedgefonds ist hoch umstritten. Die einen kritisieren Hedgefonds, weil sie vorhandene Trends verstärken können und dadurch Instabilität in die Märkte bringen. Die anderen halten Hedgefonds für unverzichtbar, weil sie vorhandene Trends auch abschwächen können und dadurch Marktübertreibungen verhindern.

Beides ist – abhängig von der jeweiligen Situation und vom konkreten Hedgefonds – richtig, beides konnte man in der Vergangenheit auch deutlich beobachten.[1] Hedgefonds unterliegen nicht der Finanzmarktaufsicht. Die Hauptakteure gefährlicher Übertreibungen tauchen auf dem Radarschirm der Kontrolleure also nicht einmal auf. Dabei verwalten Hedgefonds weltweit fast 2.000 Milliarden US-Dollar und haben erhebliche Bedeutung für die Finanzstabilität. Es sind die exorbitant hohen Kreditfinanzierungen, die Hedgefonds zu einem Risiko für das gesamte Finanzsystem machen können. Mehr Transparenz über Hedgefonds-Aktivitäten ist also absolut notwendig. Um aber das Phänomen Hedgefonds tatsächlich umfassend beherrschbar und kontrollierbar zu machen, braucht es letztlich weltweit abgestimmte Regeln und die grenzüberschreitende Kooperation der nationalen Aufsichtsbehörden. Denn die meisten der 2006 weltweit rund 9.000 Hedgefonds (Utzig 2007: 9) haben ihren Sitz in Off-Shore-Zentren, wo sie für nationale Kontrollbehörden faktisch unerreichbar sind.

Auch für die Hedgefonds müssen verbindliche Regeln gelten. Der von amerikanischer und britischer Seite signalisierte freiwillige Verhaltenskodex ist ein Schritt in die richtige Richtung, reicht aber nicht aus. Darüber hinaus ist es notwendig, dass Hedgefonds einer Registrierungspflicht unterliegen und dass sie künftig ihre spekulativen Leerverkäufe melden. Denn diese sind eine der Ursachen für die immer wieder auftretende Instabilität der Finanzmärkte. Bei einem Leerverkauf leihen sich Hedgefonds von anderen Investoren gegen eine vereinbarte Gebühr Wertpapiere, um sie dann zu verkaufen. Die Hedgefonds spekulieren dann auf fallende Kurse der verkauften Wertpapiere, sodass sie diese zu einem späteren Zeitpunkt günstiger zurückkaufen können. Geht die Rechnung allerdings nicht auf, weil der Kurs des Wertpapiers wider Erwarten steigt, realisieren die Hedgefonds einen entsprechenden Verlust, denn spätestens zum Rückgabetermin müssen sie die Wertpapiere zu den höheren Preisen zurückkaufen. Informationen zu Leerverkäufen könnten für die anderen Anleger ein erhellendes Licht auf plötzliche Kursbewegungen werfen. Ebenso könnten Informationen zum Verschuldungsgrad der Hedgefonds die Risikoabschätzung der anderen Marktteilnehmer erleichtern und auf eine realistischere Grundlage stellen.

Der nächste Schritt ist dann die direkte Regulierung, zum Beispiel durch Vorschriften zur Risikostreuung der Anlagen und eine Einschränkung der Kreditfinanzierung durch die Erhöhung des als Sicherheit zu hinterlegenden Eigenkapitals der Banken. Als zentraler Risikokontrolleur könnte der Internationale Währungsfonds auftreten. Dort könnten sich die Hedgefonds registrieren lassen und Leerverkäufe anmelden. Der IWF hätte damit die Über-

[1] So realisierte der US-Hedgefonds Amaranth Milliardenverluste wegen unerwartet stark fallender Gaspreise in den USA.

sicht über die Aktivitäten der Hedgefonds-Branche. Die G8-Staaten müssen Druck auf die Regulierungsoasen ausüben, also auf Staaten, die sich Hedgefonds-Regulierungen verweigern.

Die Tätigkeit von privaten Beteiligungskapitalfonds, den sogenannten Private-Equity-Gesellschaften, ist besonders seit der „Heuschreckendebatte" in den Fokus der öffentlichen Aufmerksamkeit geraten. Diese Debatte war im Jahr 2005 vom damaligen SPD-Vorsitzenden, Franz Müntefering, angestoßen worden.

Obwohl vom Charakter her weniger spekulativ als Hedgefonds, haben auch einige wenige Private-Equity-Gesellschaften zu den Überschwängen am Markt für Kreditderivate beigetragen. Das Problem hier: Die Gesellschaften bürden den übernommenen Unternehmen häufig diejenigen Kredite auf, mit denen sie die Übernahme finanziert haben. Die Bank, welche die Kredite zur Verfügung stellt, verbrieft diese wiederum ähnlich den Subprime-Krediten und bietet sie am Kapitalmarkt an. Damit ziehen sich Investor wie auch Bank aus der Affäre und bürden das Risiko dem Unternehmen auf. Die Kreditrisiken in Form der kreditbesicherten Wertpapiere ihrerseits schlummern in den Portfolios von unbeaufsichtigten Finanzinvestoren. Voraussetzungen für stabile Finanzmärkte sehen anders aus. Es ist deshalb notwendig, eine Übertragung von bis zu 100 Prozent der Kredite auf die Unternehmen zu verhindern. Dafür soll – wie bei den Hedgefonds – die Hinterlegungsanforderung der Banken bei ihren Krediten an Private-Equity-Unternehmen erhöht werden.

Es geht nicht darum, die für die Finanzierung von wichtigen Innovationen unverzichtbaren Private-Equity-Gesellschaften zu dämonisieren. Die allermeisten Private-Equity-Gesellschaften gehen verantwortungsvoll bei der Finanzierung von Unternehmen vor (Schäfer 2008). Bei den heutigen Investitionssummen ist es inzwischen normal, dass auch mittelständische Unternehmen auf das Kapital internationaler Finanzmärkte und damit auf Finanzinvestoren angewiesen sind. Die positiven Wirkungen von Beteiligungskapital sollen erhalten bleiben. Ziel der Regulierung ist es lediglich die Hebelwirkung aus den Geschäften von Private-Equity-Gesellschaften zu begrenzen, damit sie die übernommenen Unternehmen nachhaltig und verantwortungsvoll betreiben. Eine gesunde Übernahmefinanzierung, die Eigenkapital und Verbriefungen von Krediten in angemessenem Umfang verbindet, sorgt für Finanzplatzstabilität und mindert das Risiko für die Unternehmen.

4.5 Die Finanzmarktaufsicht muss auf allen Ebenen gestärkt werden

Die Finanzmarktaufsicht muss schlagkräftiger, demokratischer und europäischer werden. Die Bundesregierung hat die nationale Finanzmarktaufsicht mit dem Aufsichtsstrukturmodernisierungsgesetz längst nicht adäquat geregelt, sondern das Pferd von hinten aufgezäumt. Zuerst hätte eine effektive und verbraucherorientierte Finanzaufsicht neu geregelt werden müssen, bevor die formale Struktur der Leitung überarbeitet wird. Außerdem ist durch die Reform der Präsident der Bundesanstalt für Finanzdienstleistungsaufsicht (BaFin) eher geschwächt als gestärkt, denn die Leitung der BaFin wurde von einem Präsidialmodell in ein fünfköpfiges Kollegialorgan umgewandelt.

Das eigentlich dringende Problem, nämlich eine eindeutigere und überschneidungsfreie Zuordnung von Aufsichtskompetenzen im Bereich der Bankenaufsicht, die sich derzeit Bundesbank und BaFin teilen, hat die Bundesregierung selbst nicht angepackt, sondern den Streitenden von BaFin und Bundesbank zur Selbstregulierung überlassen. Die Bundesregierung hat bisher keine praktischen Konsequenzen aus dem Finanzmarktdebakel für mehrere deutsche Banken gezogen. Dabei wissen alle, dass sich die Parallelkontrolle von Bundesbank und BaFin bereits als unvorteilhaft herausgestellt hat. Die Bundesbank sollte in die Arbeit der BaFin eingebunden werden und sie so mit geldpolitischen Informationen versorgen. Einer Stärkung der BaFin und einer starken Stellung ihrer Leitung muss eine bessere und öffentlichere Kontrolle ihrer Tätigkeit gegenüberstehen. Dafür ist mehr Öffentlichkeit bei der Bestellung der BaFin-Leitung notwendig. Nur wenn der Präsident oder die Präsidentin der Aufsichtsbehörde öffentlich Auskunft über sein oder ihr Amtsverständnis und Arbeitsweise geben muss, gelingt die Ausrichtung an den Interessen aller Marktakteure, auch der Verbraucherinnen und Verbraucher. Nur so kann die Öffentlichkeit mehr Druck ausüben, um dem Verbraucherschutz eine angemessene Bedeutung zu verschaffen.

Die BaFin ist gegenwärtig nicht gut genug für ihre Aufgaben ausgestattet. Sie prüft zu wenig mit eigenem Personal und muss – auch aus besoldungsrechtlichen Gründen – Prüfungen an externe Gutachter abgeben. Dadurch entstehen Informationsverluste, die es zu beseitigen gilt. Die BaFin braucht deswegen qualifizierte und besser als bisher bezahlte Mitarbeiterinnen und Mitarbeiter. Um an dieser Stelle eine Verbesserung zu erreichen, ist ein haushaltsrelevanter Stellenaufbau nicht notwendig. Denn die BaFin wird zu 100 Prozent durch eine Umlage der Banken, Versicherungen und Kapitalmarktunternehmen und nicht durch Steuern finanziert.

Es fehlt an einer schlagkräftigen europäischen Finanzmarktaufsicht, die in der Lage ist, das „Monster“ Finanzmärkte zu zähmen. Die EU-Mitgliedsländer müssen der Integration der Finanzmärkte eine passende Aufsichtsstruktur folgen lassen. Sie muss eine Allfinanzaufsicht sein, die auch dem Anlegerschutz verpflichtet ist. Eine EU-Superbehörde ist aber nicht notwendig. Die Bundesregierung muss die Initiative ergreifen, um endlich eine politische Einigung über die Etablierung eines europäischen Systems der Finanzaufsichtsbehörden herbeizuführen. Notwendig ist, wie auf nationaler Ebene, eine klare Verantwortlichkeit aller Akteure gegenüber den jeweiligen Parlamenten.

Literatur

Boss, Alfred/Dovern, Jonas/Meier, Carsten-Patrick/Scheid, Joachim (2008): Konjunktur in Deutschland schwächt sich deutlich ab. In: Institut für Weltwirtschaft Kiel (Hrsg.): Weltkonjunktur und deutsche Konjunktur im Sommer 2008 (Kieler Diskussionsbeiträge 454/455). http://www.ifw-kiel.de/pub/kd/2008/kd454-455.pdf (Zugriff am 27.6.2008): 20-37.

Bündnis 90/Die Grünen (2007): Antrag der Bundestagsfraktion „Finanzmärkte stabilisieren“. Bundestags-Drucksache 16/7531, 12.12.2007. http://dip.bundestag.de /btd/16/075/1607531.pdf (Zugriff am 27.6.2008).

Handelsblatt.com (2008): OECD: Finanzkrise trifft vor allem USA. In: Handelsblatt.com vom 20.3.2008. http://www.handelsblatt.com/politik/konjunktur-nachrichten/oecd-finanzkrise-trifft-vor-allem-usa;1407025 (Zugriff am 27.6.2008).

Hesse, Martin/Hulverscheidt, Claus (2008): Kreditklemme am US-Immobilienmarkt: Finanzaufsicht warnt vor „größter Krise seit 1931“. In: sueddeutsche.de vom 2.8.2008. http://www.sueddeutsche.de/finanzen/artikel/467/126273/ (27.6.2008).

Marc Goergen, Marc/Jörges, Hans-Ulrich/Vornbäumen, Axel (2008): Horst Köhler: „Die Finanzmärkte sind zu einem Monster geworden“ (Interview mit dem Bundespräsidenten). In: Stern 21/2008: 44. http://www.stern.de/politik/deutschland/621111.html?p=2&nv=ct_cb (Zugriff am 27.6.2008).

Lachmann, Desmond (2008): Eine Abwärtsspirale droht (Der ökonomische Gastkommentar). Handelsblatt vom 10.6.2008: 8.

Schäfer, Dorothea (2008): Angst vor Finanzinvestoren unbegründet. In: Wochenbericht des DIW Berlin Nr. 11/2008: 125-131.

Scheerer, Michael (2008): EU macht Druck: Die Kommission will die Eigenkapitalregeln verschärfen und Banken zu mehr Transparenz zwingen. In: Handelsblatt vom 25.2.2008: 22.

sueddeutsche.de (2008): Zentralbank dreht an der Zinsschraube. In: sueddeutsche.de 3.7.2008. http://www.sueddeutsche.de/finanzen/artikel/529/183955/ (Zugriff am 8.7.2008).

Utzig, Siegfried (2007): Hedge-Fonds und ihre Risiken. Gefahren für die Finanzstabilität? In: die bank. Zeitschrift für Bankpolitik und Praxis, 8/2007: 8-14.

Welche Strategien können zivilgesellschaftliche Akteure ergreifen, damit Geldanlagen eine nachhaltige Entwicklung befördern?

Antje Schneeweiß

1 Nichtregierungsorganisationen und nachhaltige Geldanlagen – eine Erfolgsgeschichte

Ohne Nichtregierungsorganisationen (NRO) gäbe es nachhaltige Geldanlagen in der heutigen Form nicht. Erst indem NRO die Verbindung von Banken mit dem südafrikanischen Apartheidsregime aufdeckten oder die Unverantwortlichkeit von Pharma- und Chemieunternehmen wie Roche (Dioxin-Katastrophe in Seveso 1976) und Sandoz (Verseuchung des Rheins nach einem Großbrand 1986 in Basel) anprangerten, wurden Anleger des europäischen Festlands darauf aufmerksam, dass mit ihrer Geldanlage ethische Dimensionen verbunden sind. Vor allem vermögende Familien und Kirchen reagierten schnell auf diese Erkenntnis. Die seit Jahren hohen Wachstumsraten nachhaltiger Geldanlagen können NRO durchaus auch als ihren Erfolg verbuchen. So stieg das Volumen der Publikumsfonds im deutschsprachigen Raum von 1,46 Milliarden im Jahr 2000 auf über 34 Milliarden 2008 an.

Trotz dieser Erfolgsgeschichte haben Nichtregierungsorganisationen ein zwiespältiges Verhältnis zu nachhaltigen Geldanlagen. Für lediglich bei zwei von insgesamt 170 Nachhaltigkeitsfonds auf dem deutschen Finanzmarkt übernehmen NRO die Auswahl der zu berücksichtigenden Unternehmen. Erstaunlicherweise haben gerade diese beiden Fonds (Green Effects und Ökovision) über Jahre hinweg eine überdurchschnittliche Performance aufgewiesen.

Ansonsten ist das Verhältnis eher distanziert und misstrauisch. Angesichts der Portfoliolisten vieler Nachhaltigkeitsfonds, in denen inzwischen so gut wie alle Großunternehmen von Coca-Cola über Bayer bis hin zur Deutschen Bank und RWE vertreten sind, hält sich der Applaus in Grenzen – haben doch die NRO gegen dieselben Unternehmen in der Vergangenheit und teilweise bis heute Kampagnen organisiert. Genauso wenig gibt es allerdings bis heute Kampagnen, die sich gegen diese Fonds und ihr Management richten. Das mag auch daran liegen, dass gerade die größeren Nichtregierungsorganisationen zunehmend erkennen, wie mühsam es ist, ihre eigenen Rücklagen auf eine nachhaltige Verwaltung umzustellen.

2 Welche Rolle spielen Nichtregierungsorganisationen heute für das Unternehmensrating?

Nachdem NRO wichtige Impulse für das Entstehen von nachhaltigen Geldanlagen gegeben haben, übernehmen sie heute vor allem die Rolle von Informationsgebern. Für die Glaubwürdigkeit ihrer Unternehmensberichte benötigen Nachhaltigkeitsratingagenturen und Finanzdienstleister mit entsprechenden Abteilungen Hintergrundinformationen von unabhängigen Organisationen. Ist Nachteiliges über den Zulieferer des Markenartikelherstellers X bekannt? Wie schätzt eine NRO die Glaubwürdigkeit des Umweltprogramms der Bank Y ein? NRO stehen für die Beantwortung solcher Fragen in der Regel gerne und kostenlos zur Verfügung. Die Glaubwürdigkeit und damit die Qualität von Nachhaltigkeitsratings steigt, wenn Nichtregierungsorganisationen regelmäßig und formell als Quellen für Unternehmensberichte und Unternehmensratings angegeben werden können.

Auf der anderen Seite haben die NRO kaum Einblick in das, was die von ihnen vermittelten Informationen bewirken. Diese fließen in einen standardisierten Bericht oder in eine Bewertung ein, auf die die NRO in der Regel nur einen geringen Einfluss haben. Je zahlreicher die Kriterien eines Systems, desto geringer ist das Gewicht der einzelnen Information. Ratingsysteme, die die ökologische und soziale Dimension um die ökonomische Dimension der Nachhaltigkeit erweitern, reduzieren das Gewicht von NRO-Informationen nochmals deutlich. Selbst dort, wo Nichtregierungsorganisationen im Zuge ihrer Mithilfe den abschließenden Unternehmensbericht erhalten und ihren (möglicherweise ernüchternden) Einfluss auf das Endergebnis verfolgen können, haben sie nicht notwendig die Chance, die Auswirkungen ihrer Informationen auf das Unternehmen oder auf die Entscheidung des Investors zu verfolgen. Die Unternehmen geben in der Regel nicht zu, dass sie aufgrund eines schlechten Ratings reagiert haben, und auf dem Finanzmarkt bieten die meisten Systeme den Investoren die Wahl, selbst zu entscheiden, wie „sauber“ ihr Portfolio sein soll. Sie können also durchaus auch unter dem Label Nachhaltigkeit in ein Unternehmen investieren, dem eine NRO nachgewiesen hat, von einem thailändischen Zulieferer Waren einzukaufen, der manchen Arbeiterinnen Löhne unterhalb des Existenzminimums zahlt.

Der Einfluss von Nichtregierungsorganisationen auf Unternehmen über den Weg der Beratung und Informationsvermittlung bei Nachhaltigkeitsratings ist also aus verschiedenen Gründen begrenzt. Außerdem können diesen Einfluss bislang überhaupt nur größere Nichtregierungsorganisationen aus dem Norden ausüben. Kleine, aber ebenfalls kompetente NRO und Experten in Entwicklungs- und Schwellenländern werden bisher in der Regel nicht in den Research-Prozess einbezogen. Dabei sind es gerade sie, die häufig am besten wissen, wie sich die Unternehmenstätigkeit in ihrem Land auf die Natur und die Menschen auswirkt, und es sind gerade ihre Länder, in denen die gravierendsten sozialen und ökologischen Missstände aufgedeckt werden könnten.

3 Das Zusammenspiel zwischen Investoren, Ratingagenturen und Unternehmen – ein geschlossener Zirkel?

Die Situation stellt sich zurzeit folgendermaßen da: Investoren suchen nachhaltige Investitionsmöglichkeiten. Der überwältigenden Mehrheit von ihnen soll und darf dabei die Renditewirkung nicht egal sein. Besonders institutionelle Investoren wie Kirchen, Stiftungen und Pensionskassen, die auf diesem Markt durchaus eine wichtige Rolle spielen, können nicht darauf verzichten, in Großunternehmen zu investieren, die aus der Perspektive der Nachhaltigkeit oft problematisch sind. Nachhaltigkeitsanalysten haben deshalb in den neunziger Jahren über die Suche nach möglichst umweltfreundlichen kleinen und mittleren Unternehmen hinaus die Analyse von Großunternehmen aufgenommen und Systeme entwickelt, die es ermöglichen, nachhaltige von weniger nachhaltigen Großunternehmen zu unterscheiden. Dies macht Sinn, wenn man bedenkt, dass absolut gesehen ein halbwegs umweltfreundliches Großunternehmen erheblich mehr zum Umweltschutz beitragen kann als ein kleines Unternehmen.

Solche Unternehmen, die bei diesen Ratings gut beurteilt werden, setzen diese Bewertung in der Regel in ihrer Werbung ein. Die australische Bank Westpack ist sogar dazu übergegangen, das Gehalt ihres CEO an der Bewertung eines Analyseinstituts auszurichten. Das Abschneiden in Nachhaltigkeitsratings ist zu einem Wettbewerbsinstrument geworden.

All das sind wertvolle Schritte hin zu einem nachhaltigeren Wirtschaften. Das Problem für Nichtregierungsorganisationen liegt nun darin, dass sich die Welt trotz der vielen auf Großunternehmen gerichteten Nachhaltigkeitsanalysen, Nachhaltigkeitsfonds und -ratings tatsächlich so wenig verbessert hat und dass die wenigen Studien, die die Wirkung von Nachhaltigkeitsfonds auf das Verhalten von Unternehmen analysieren, zu ernüchternden Ergebnissen kommen.

Danach lässt sich auch eine weniger optimistische Bilanz der Wirkungsweise von nachhaltigen Geldanlagen ziehen. Diese können als ein geschlossenes System dargestellt werden: Investoren möchten bei minimaler Einschränkung ihres Universums ein gutes Gewissen bei ihrer Geldanlage haben. Ratingagenturen analysieren Unternehmen auf der Grundlage von zum Großteil unternehmenseigenen Informationen so, dass sie auch eine mehr oder weniger große Auswahl von Großunternehmen mit guten Noten versehen. Jene Unternehmen, die in den Bewertungsverfahren überdurchschnittlich abschneiden, werben damit. Der Einfluss von Nichtregierungsorganisationen ist zwar als Nachweis für eine zusätzliche unabhängige Informationsquelle vorhanden, ist aber tatsächlich verschwindend gering und kann den Zirkel, der durch die Interessenüberschneidung von Investoren, Ratingagenturen und Unternehmen entstanden ist, nicht durchbrechen.

Wie meistens stimmt weder die optimistische noch die kritische Sichtweise ganz und die Wahrheit liegt in der Mitte. Der mangelnde Einfluss unternehmensunabhängiger Informationen weist aber eine Schwachstelle hin, auf die Nichtregierungsorganisationen reagieren sollten.

4 Wie können Nichtregierungsorganisationen die Wirksamkeit von nachhaltigen Geldanlagen erhöhen?

- Bevor NROG sich für eine höhere Wirksamkeit von nachhaltigen Geldanlagen einsetzen, sollten sie unbedingt selbst eine transparente und glaubwürdige Rücklagenpolitik betreiben. Auf dem Weg dahin lernen sie die Probleme und Grenzen nachhaltiger Anlagestrategie kennen. Eine kurz vor der Veröffentlichung stehende Studie des Zentrums für Europäische Wirtschaftsforschung (ZEW) wird sie dabei ermutigen, strenge Nachhaltigkeitskriterien anzulegen. Diese Studie kommt nämlich zu dem Schluss, dass der Natur-Aktien-Index (NAI), der sich solche strengen Anlagekriterien auferlegt hat und von einem Gremium aus Vertretern von Nichtregierungsorganisationen zusammengestellt wird, eine signifikante und recht hohe Outperformance aufweist (Schäfer/Schröder 2008). Damit schneidet dieser in seiner Unternehmensauswahl sehr konsequente Index zum zweiten Mal in vergleichbaren Studien deutlich besser ab als Indizes, die ohne eine enge Zusammenarbeit mit Nichtregierungsorganisationen und wesentlich großzügigeren Kriterien zusammengestellt werden.
- Nichtregierungsorganisationen sollten bewusster mit der Weitergabe von Informationen an Ratingagenturen umgehen. Diese werben teilweise damit, dass sie für ihre Einschätzungen von Unternehmen auf ein Netzwerk von Nichtregierungsorganisationen zurückgreifen. Die teilweise namentlich genannten Organisationen sollten überprüfen, ob diese Werbung mit ihrem Namen tatsächlich gerechtfertigt ist. Wo Informationen in Ratings ein-

fließen, sollten die NRO sich erklären lassen, welchen Einfluss diese Informationen auf die Bewertung des Unternehmens haben, wie das Unternehmen auf diese Informationen reagiert hat und wie Investoren mit diesen Informationen umgehen.

- Über viele Jahre galt ein unausgesprochenes Stillhalteabkommen zwischen NRO und Nachhaltigkeitsfonds. Der Markt war so schlecht und die Fonds so klein, dass man sich scheute, dieses zarte Pflänzchen mit vernichtender Kritik zu zertreten. Die Situation hat sich inzwischen völlig verändert. Mitte 2008 gibt es 181 Nachhaltigkeitsfonds mit einem Volumen von 34 Milliarden Euro im deutschsprachigen Bereich. Das Segment der Nachhaltigkeitsfonds wächst seit Jahren schneller als konventionelle Fonds. Kritik ist daher heute ein wichtiger Beitrag zur Qualitätssicherung. Diese Kritik sollte zunächst dort einsetzen, wo Werbeaussagen zu nachhaltigen Geldanlagen in krassem Gegensatz zu den tatsächlichen Inhalten der Fonds stehen. Themen, die sich dazu eignen, sind Kinderarbeit und private Wasserversorger, besonders in Entwicklungsländern. Großunternehmen mit Zulieferketten in Entwicklungsländern können oftmals die Einhaltung der ILO-Kernarbeitsnormen, die das Verbot von Kinderarbeit enthalten, nicht garantieren. Zahlreiche Beispiele, besonders aus der Textilindustrie belegen, dass Zulieferer immer wieder Aufträge an Sweatshops und Heimarbeiterinnen vergeben, womit eine Kontrolle der Arbeitsbedingungen unmöglich wird. Die Großunternehmen sind oft nicht unschuldig an dieser Praxis, da sie es ihren Zulieferern durch sehr enge zeitliche und finanzielle Vorgaben schwer machen, einen angemessenen Gewinn aus ihrer Produktion zu erzielen. Diesen Zusammenhang hat die Kampagne „Play Fair 2008“ in ihrem Bericht „Die Hürden überwinden“ anlässlich der Olympischen Spiele in Peking deutlich gemacht (Maquila Solidarity Network 2008: 20f). Da das Ausschlusskriterium „Kinderarbeit“ für die Anleger einen besonders hohen Stellenwert besitzt, ist dies ein guter Ansatz, um die betreffenden Unternehmen über nachhaltige Geldanlagen zu mehr Engagement zu verpflichten, als lediglich ihren Zulieferern Auflagen zu machen. Neben der Kinderarbeit bietet das Thema „Wasser“ einen guten Ansatzpunkt zu konstruktiver Kritik an nachhaltigen Anlageprodukten. Inzwischen sind auf dem deutschen Markt drei Fonds bzw. Zertifikate aufgelegt worden, die gezielt Unternehmen der privaten Wasserversorgung und Wasserreinhaltung kaufen. Große private Wasserversorger wie Veolia und Suez finden sich aber auch in den Portfolios zahlreicher weniger spezialisierter Nachhaltigkeitsfonds. Gerade die Privatisierung der Wasserversorgung in Entwicklungs- und Schwellenländern stand jedoch jahrelang in der Kritik. An Beispielen in Argentinien und den Philippinen konnte aufgezeigt werden, dass Unternehmen wie Suez und Veolia nicht dazu beitrugen, die Wasserversorgung der armen Bevölkerungsschichten zu verbessern. Im Gegenteil wurde sauberes Wasser für sie teurer oder unerschwinglich und es gab Korruptionsskandale. In der Regel erhalten die „nachhaltigen" Wasserfonds genau jene Titel, die in den vergangenen Jahren massiv in der Kritik standen.

- Weitere Handlungsmöglichkeiten erwachsen für institutionelle Investoren aus dem aktiven Engagement als Aktionär in Unternehmen. Das heißt, sie begnügen sich in ihrer eigenen Investorentätigkeit nicht damit, ihr Geld in Unternehmen anzulegen, die von einer Ratingagentur positiv bewertet worden sind. Sie engagieren sich darüber hinaus, indem sie einen Dialog mit dem Management dieser Unternehmen über soziale und ökologische Missstände führen. In diesem Dialog können Nichtregierungsorganisationen eine Rolle spielen, indem sie Themen aufwerfen, Kontakte zu Organisationen vor Ort knüpfen und ihr Wissen zur Einschätzung der Reaktion des Unternehmens einsetzen. Für Nichtregierungsorganisationen besteht hier die Chance, ihre Themen vorzubringen und mit der Unterstützung von institutionellen Investoren ihre Sichtweise in den Unternehmensdialog einzubringen. In der Bundesrepublik steckt diese Form des Dialogs zwischen Aktionären und Unternehmen noch in den Kinderschuhen. Besonders institutionelle Investoren haben diesen Dialog noch nicht systematisch aufgegriffen.

5 Fazit

Nichtregierungsorganisationen spielen heute auf dem milliardenschweren Markt der nachhaltigen Geldanlagen eine unangemessene Rolle. Als Mitinitiator der Bewegung dienen sie heute lediglich als Informationslieferant und haben wenig Einfluss auf die Bewertung von Unternehmen. Da die Glaubwürdigkeit nachhaltiger Anlageprodukte bis heute aber zu einem Teil auf der Unabhängigkeit von Nichtregierungsorganisationen beruht, ist dieses Missverhältnis für die Organisationen selbst unbefriedigend und birgt für die Anbieter ein Gefahrenpotenzial. Um dieses Missverhältnis aufzulösen, tut ein fortgesetzter Dialog zwischen Anbietern nachhaltiger Geldanlagen, Ratingagenturen und Nichtregierungsorganisationen Not.

Literatur

Maquila Solidarity Network 2008: Die Hürden überwinden: Schritte zu Verbesserung von Löhnen und Arbeitsbedingungen in der globalen Sportbekleidungsindustrie (im Auftrag der Kampagne Play Fair 2008). http://doku.cac.at/die_hurden_uberwinden.pdf (Zugriff am 10.8.2008).

Schäfer, Henry/Schröder, Michael (2008): Nachhaltige Vermögensanlagen für Stiftungen. In: Dies. (Hrsg.): Nachhaltige Kapitalanlagen für Stiftungen: Aktuelle Entwicklungen und Bewertung. Erscheint voraussichtlich Ende 2008 im Nomos Verlag, Baden-Baden.

Die Integration von Nachhaltigkeitsratings in konventionelle Ratings: Wie gelingt das Mainstreaming?

Silke Riedel

1 Einführung

Soziale, ökologische und andere ethische Faktoren tragen in einem bedeutenden Maße zum Unternehmenserfolg bei. In den letzten Jahren wurden Initiativen lanciert, die eine verstärkte Integration von Nachhaltigkeitsaspekten in das Standard-Anlagegeschäft zum Ziel haben. Verschiedene internationale Finanzdienstleister betonten die Wichtigkeit, nicht- oder extrafinanzielle[1] Faktoren mehr und mehr in das konventionelle Anlagegeschäft einfließen zu lassen, anstatt sie nur in separaten Produkten zu behandeln. Großbanken und Sell-Side-Analysten von Citibank, Goldman Sachs oder der UBS bieten Sektorstudien über ökologische Branchen an. Konventionelle Analysten integrieren Nachhaltigkeitskriterien in ihre Spezialanalysen und treten zunehmend als Akteure im dicht gedrängten Ratingmarkt für nachhaltige Kapitalanlagen (Socially Responsible Investments, SRI) auf.

Ist damit das Mainstreaming, das heißt die Entwicklung von der Nische in den Massenmarkt, bereits vollzogen oder sind zusätzliche Anstrengungen nötig, um die weitere Integration von Nachhaltigkeitsaspekten in Standardabläufe der Finanzanalyse voranzutreiben?

[1] Im Englischen werden die Begriffe „extra"- und „non-financial" synonym verwendet, um andere als die rein finanziellen Einflussfaktoren zu bezeichnen. Dabei wird aber gerade bei dem Begriff „non-financial" völlig außer Acht gelassen, dass auch die sozialen und ökologischen Aspekte einer Geschäftstätigkeit erhebliche Einflüsse auf die finanzielle Performance des Unternehmens haben können, etwa durch steigende Energiekosten und die Auswirkungen des Klimawandels, durch Schädigungen aufgrund von Produktrückrufen bis hin zu einem Umsatzrückgang etwa durch Verbraucherboykotte. Im Folgenden wird daher von der Autorin der Begriff der „extrafinanziellen" Faktoren verwendet.

2 Von der Nische zum Massenmarkt – Traum oder Wirklichkeit?

Will man sich der Beantwortung dieser Frage nähern, fällt zuerst eine Irritation ins Auge. Üblicherweise geht man bei einer angenommenen Entwicklung von einem Nischen- zu einem Massenmarkt davon aus, dass die Nische dafür auch das Potenzial mitbringt. Es stellt sich die Frage, ob dies bei den Nachhaltigkeitsratings der Fall ist und ob das Produkt, auf das sie sich richten, schon reif für die breite Anwendung ist. Zudem ist offen, ob in der Nische schon genügend Einigkeit über Konzept, Ausgestaltung und Zielsetzung der Nachhaltigkeitsratings herrscht, sodass konventionelle Analysten sich nicht nur von deren Sinnhaftigkeit, sondern auch von ihrem Mehrwert überzeugen lassen. Die Antwort auf diese Frage fällt differenziert aus.

Einerseits gibt es nach wie vor – auch knapp zehn Jahre nach dem Start des deutschen Natur-Aktien-Index oder des Dow Jones Sustainability Index, einem der ersten weltweiten Nachhaltigkeitsindizes – noch theoretische Diskussionen über das richtige Konzept, Nachhaltigkeit zu messen und zu bewerten. Dabei spielen verschiedene Aspekte eine Rolle, die in bunter Mischung den Markt nachhaltiger Geldanlagen und die Ratingbranche prägen:

- die finanzielle Materialität der extrafinanziellen Faktoren: Verfechter des Materialitätsansatzes berücksichtigen nur die Nachhaltigkeitsfaktoren, die aus Unternehmenssicht auch finanziell von Bedeutung sind;
- die „Risk-Exposure" der Nachhaltigkeitsfaktoren: Anhänger dieses Ansatzes gewichten Aspekte der Nachhaltigkeit nach ihrer Bedeutung für das Risikomanagement von Unternehmen;
- neue Anlageprodukte wie etwa Klimafonds: Anbieter solcher Produkte setzen auf Unternehmen und Branchen, die besonders innovativ mit den Herausforderungen des Klimawandels umgehen. Ob das zugleich Unternehmen sind, die eine Nachhaltigkeitsstrategie verfolgen und damit auch in entsprechenden Fonds gelistet sein könnten, ist damit nicht gesagt (vgl. Zydra 2008);
- unterschiedliche Konzepte von „dunkelgrünen" und „hellgrünen" Fonds: Während bei ersteren strenge, inhaltlich orientierte Nachhaltigkeitskriterien zugrunde liegen, verfolgen letztere einen relativen Best-in-Class-Ansatz, bei dem die Branchenbesten ausgewählt werden;
- dazu kommen weitere Auswahlmethoden für die Fondszusammenstellung wie Positiv-, Ausschluss- oder ESG-Kriterien[2];

[2] ESG steht für Environmental, Social und Governance und wird vor allem im angelsächsischen Raum verwendet. In Deutschland ist eher der Begriff der Nachhaltigkeit oder der Corporate Social

- sowie unterschiedliche Begrifflichkeiten wie ethische, SRI-, CSR-, Global-Compact- oder Umwelttechnologiefonds.

Für Außenstehende und nicht zuletzt für die Verbraucher, die sich auf dem Markt nachhaltiger Geldanlagen orientieren wollen, ist das schwer nachvollziehbar, bisweilen komplett unverständlich. Dabei muss man wissen, dass sich die Diskutanten trotz unterschiedlicher Akzentuierungen andererseits in einer grundsätzlichen Überzeugung einig sind: Eine rein ökonomische, kennzahlenorientierte Betrachtung von Unternehmen greift zu kurz, wenn man ihre Fähigkeit, zukünftige soziale, ökologische und ökonomische Herausforderungen zu meistern, bewerten will. Die klassischen finanziellen Bewertungsinstrumente müssen um die sogenannten „extrafinanziellen" oder auch ethischen, sozialen und ökologischen Kriterien und Indikatoren ergänzt werden. Erst dann kommt man zu einem realistischeren Bild einer Unternehmung.

Daraus, dass diese Grundüberzeugung immer weiter an gesellschaftlicher Akzeptanz und Bekanntheit gewinnt, lässt sich ebenso wie aus der dynamischen und zuweilen unübersichtliche Entwicklung des Marktes nachhaltiger Geldanlagen erkennen: Der Prozess des Mainstreamings hat bereits begonnen, und er hat, wie im Folgenden weiter erläutert wird, verschiedene Ebenen des Finanzmarktes bereits erreicht, ist aber noch lange nicht abgeschlossen.

3 Der mögliche Weg des Mainstreamings

Die weitere Durchsetzung von Nachhaltigkeitsratings im konventionellen Finanzmarkt ist eng verknüpft mit der Frage, ob SRI- und CSR-Themen überhaupt relevant für konventionelle Analysten sind. Das bedeutet auch, wie anschlussfähig das CSR-Konzept an die Denkweise, die Sprache und das Handeln konventioneller Analysten ist.

3.1 Relevanz von CSR-Ratings für konventionelle Analysten

Im Bereich der konventionellen Unternehmensanalyse herrscht ein großer Konsens im Hinblick auf die verwendeten Kennzahlen. Die Analyse ist eher quantitativ als qualitativ, zum Einsatz kommt ein Satz unterschiedlicher, aber weltweit anerkannter Bewertungszahlen. In verschiedenen Varianten wird gemessen, wie groß der Profit des Unternehmens ist, wie rentabel die Produktion

Responsibility (CSR) gebräuchlich, der aber das Gleiche meint: nämlich die Integration sozialer, ökologischer, ethischer und ökonomischer Aspekte.

verläuft und wie das Verhältnis von Kosten, Gewinn und Investitionen ist. Die Geschäftsberichte der großen Aktiengesellschaften berichten nahezu identisch über die gleichen Kennzahlen (in Anlehnung an den International Accounting Standard, IAS), und die Konzerne haben auf ihren Bilanzpressekonferenzen ähnliche zeitliche Dimensionen im Blick: Es geht um kurzfristige Analysen, um Prognosen über das nächste Quartal, das nächste Geschäftsjahr, aber in der Regel nicht um Horizonte von fünf bis zehn Jahren.

Der Markt der CSR-Ratings funktioniert anders. Zwar gibt es mittlerweile mit der Global Reporting Initiative (GRI)[3] eine international anerkannte Initiative, die branchenübergreifende und branchenspezifische Indikatoren für die Nachhaltigkeitsberichterstattung formuliert hat. Allerdings variieren die tatsächlich angewendeten Kennzahlen und die jeweilige Berichterstattung doch erheblich, was den direkten Vergleich von Unternehmen auf dieser Basis schwierig macht. Im Kern gibt es zurzeit keinen wirklichen Konsens über die Bewertungskriterien, vor allem nicht weltweit.

Das Konzept CSR/Nachhaltigkeit ist sehr komplex und hat eine eigene Sprache mit verschiedenen Ansätzen hervorgebracht. Auch wenn über die Grunddefinition (die Integration sozialer, ökologischer und ökonomischer Ziele) Einigkeit besteht, sind die Variationen und Messgrößen unternehmerischer Verantwortung vielfältig. Konsens besteht noch am ehesten im Umweltbereich: So werden von den Unternehmen üblicherweise Angaben zu ihren CO_2-Emissionen, ihrem Energie- und Wasserverbrauch, ihrer Abfallproduktion oder ihren Luftemissionen verlangt. Dissens gibt es dann bei der Festlegung einer Basis für die Indikatorenbildung: Bezieht man die Emissionen auf die Produktionsstätten, auf die Anzahl der Mitarbeiter, auf den Umsatz oder doch auf die produzierten Stückeinheiten?

Mit Blick auf soziale Themen wird die Messbarkeit und Vergleichbarkeit noch schwerer: Wie misst man die Motivation der Mitarbeiter, das Engagement des Unternehmens für die Menschenrechte und seine Heimatkommune? Und sind die Zahlen für konventionelle Analysten überhaupt relevant? Kann man daraus belastbare Aussagen über die Zukunftsfähigkeit eines Unternehmens ableiten?

In der CSR-Community wird gemeinhin so argumentiert: Kümmert sich ein Unternehmen um die Mitarbeiter, um deren fortlaufende Weiterbildung, um

---

[3] Die Global Reporting Initiative wurde 1997 von der US-amerikanischen Nonprofit-Organisation Ceres in Kooperation mit dem Umweltprogramm der Vereinten Nationen (UNEP) gegründet. In dem internationalen Netzwerk sind unter anderem Unternehmen, Umwelt- und Menschenrechtsorganisationen sowie staatliche Organisationen zusammengeschlossen. Ihr Ziel ist, international für mehr Transparenz und Vergleichbarkeit in der Nachhaltigkeitsberichterstattung zu sorgen. Mehr Informationen: http://www.globalreporting.org (Zugriff am 8.8.2008).

Gesundheit und Sicherheit, so sind diese motivierter, fallen seltener wegen Krankheit aus und sind damit produktiver – das Unternehmen profitiert also auch wirtschaftlich von diesem Engagement. Es gibt auch wissenschaftliche Studien, die versuchen, diesen Zusammenhang zu belegen. Gleichwohl zeigen nicht wenige Fälle in der Vergangenheit, dass Börsenkurse in die Höhe gingen, nachdem Personalreduktionen vom Vorstand verkündet wurden. Also überzeugt es die Anleger doch eher, wenn Personal abgebaut wird und dadurch Kosten augenscheinlich reduziert werden, egal wie motiviert oder zufrieden die Mitarbeiterinnen und Mitarbeiter waren?

Diverse Studien[4] haben in den letzten Jahren versucht, den Beweis zu erbringen, dass sich nachhaltiges Wirtschaften auch finanziell auszahlt. Ihr einhelliges Fazit lautet: Nachhaltiges Wirtschaften rechnet sich sowohl für die Unternehmen als auch für die Investoren, denn die Wahrscheinlichkeit eines daraus erwachsenden Renditevorteils ist höher als die eines Renditenachteils. So argumentiert zum Beispiel die WestLB: „Die Ergebnisse unserer Studie sprechen eindeutig dafür, dass es sich bezahlt machen kann, den Faktor Nachhaltigkeit bei der Aktienauswahl zu berücksichtigen. Ein Renditevorteil ergibt sich auch nach Risikoadjustierung. Das Style-Alpha schätzen wir auf 2,1 % p.a. (...). Ein weiteres, wichtiges Ergebnis unserer Analysen ist, dass Nachhaltigkeitsfilter einen Added Value liefern können, egal ob man nun eher ein Value- oder Growth-Investor ist, oder ob man den Small-, Mid-, oder Large Cap-Style bevorzugt“ (WestLB Panmure 2002: 2).

3.2 Integration von Nachhaltigkeitsratings – wo ist der richtige Ort?

Den folgenden Ausführungen liegt die Arbeitshypothese zugrunde, dass Nachhaltigkeitsaspekte für den Geschäftserfolg relevant sind. Zu diskutieren ist dann, an welcher Stelle über die sozialen und ökologischen Dimensionen der Geschäftstätigkeit am idealsten zu berichten wäre. Die Europäische Union hat auf diese Frage in ihrer Modernisierungsrichtlinie 2003/51/EG reagiert und eine Berichtspflicht im Lagebericht bezüglich der „nicht-finanziellen Leistungsindikatoren“ definiert, soweit sie „für die betreffende Geschäftstätigkeit von Bedeutung sind, einschließlich Informationen in Bezug auf Umwelt- und Arbeitnehmerbelange“ (Europäische Union 2003/51/EG, 14. Änderung der Richtlinie 78/660/EWG betreffend Art. 46 Abs. 1 b). Unternehmen müssen darüber berichten, wenn diese Faktoren für das Verständnis des Geschäftsverlaufes, des Ergebnisses oder der Lage von Bedeutung sind.

[4] Zu nennen wären etwa: WestLB: 2002, Glaser/Hornung: 2005, Moskowitz: 2003.

Ein interessantes Ergebnis des unter anderem von Germanwatch, dem Potsdam-Institut für Klimafolgenforschung und dem Deutschen Institut für Wirtschaftsforschung getragenen Projekts „Climate Mainstreaming“ ist, dass Finanzanalysten und Investoren zwar um den direkten Wirkungszusammenhang zwischen Klimawandel und Werttreibern im Unternehmen wissen, sie aber diese Informationen und Publikationen nicht in den für den Finanzsektor relevanten Medien und Informationskanälen finden (Onischka et al. 2007: 25f. 51f; Climate Mainstreaming 2007: 2). Es geht also nicht nur um ein Mehr an Details, sondern um die Kommunikationskanäle und die Verfügbarkeit derartiger Informationen. Die Zahlen und Fakten müssen dort aufbereitet werden, wo konventionelle Analysten nach Fakten suchen – also am besten im Geschäftsbericht. Einen 100-seitigen Nachhaltigkeitsbericht durchforsten sie hingegen eher selten.

Denkbar wäre die Integration in die Risikobewertung. Unternehmen würden nicht nur Fragen bezüglich strategischer und operationeller Risiken beantworten, sondern auch, wie sie mit ökologischen, sozialen und politischen Risiken umgehen. Einige Unternehmen sind an dieser Stelle schon sehr fortschrittlich, andere blenden diesen Blickwinkel noch vollkommen aus. Einige Ratingagenturen in Großbritannien haben diese Form des „SEE Risk Management“ (social, environmental and ethical risks) schon sehr umfassend erhoben und gehen von einem starken Einfluss dieser Faktoren auf die wirtschaftliche Performance und damit die Risikoeinschätzung aus.

Eine andere Form der Integration ist die Darstellung der extrafinanziellen Faktoren in den ökonomischen Bilanzierungen im Lagebericht – ausgehend von der Hypothese, dass diese Faktoren sozialer und ökologischer Art handfeste ökonomische Auswirkungen haben und damit das Geschäft des Unternehmens bestimmen. Um den Einfluss extrafinanzieller Faktoren zu belegen, hat zum Beispiel die WestLB insgesamt 540 europäische Unternehmen untersucht. Die Testkriterien wurden in objektivierter Form, das heißt auf Basis statistischer Maßzahlen, festgelegt. Insgesamt wurden mehr als 3.000 empirische Zusammenhänge getestet. Die Autoren stellten eine bemerkenswert starke und robuste Beziehung zwischen den extrafinanziellen Variablen und den finanziellen Ersatzfaktoren für Risiko fest. Die Ergebnisse sprechen für einen deutlichen Zusammenhang zwischen dem extrafinanziellen Risiko und den Kapitalkosten eines Unternehmens und damit auch der Aktienperformance: „Dass ein Zusammenhang zwischen ‚weichen‘ Faktoren und dem Unternehmenserfolg besteht, ist dabei aus unserer Sicht völlig unbestreitbar“ (WestLB 2005: 4).

Ein Blick auf die Realität deutschsprachiger Großunternehmen offenbart eine große Divergenz zwischen Geschäftsberichten für Finanzanalysten auf der einen und Nachhaltigkeitsberichten für CSR-Analysten auf der anderen Seite.

Das Thema CSR/Nachhaltigkeit wird in separate Nachhaltigkeitsberichte abgeschoben und im Geschäftsbericht tauchen lediglich zwei Seiten mit oberflächlichen Informationen zu Engagement, ISO-Zertifizierungen und Mitgliedschaften auf. Die Nachhaltigkeitsberichte glänzen zwar durch spannende Reportagen aus den Unternehmen ebenso wie durch Zahlen, Fakten und Hintergründe. Die Relevanz für das eigentliche Geschäft wird jedoch nicht deutlich. Extra-Abteilungen berichten in Extra-Reports, haben aber keinen Einfluss auf tägliche Entscheidungen. Nachhaltigkeitsthemen sind noch lange nicht Mainstream, Business Case oder Querschnittsthema; die Auseinandersetzung mit ihnen findet auch in Unternehmen nach wie vor in einer Extra-Welt statt.

Es geht aber auch anders: Ein herausragendes Gegenbeispiel ist der deutsche Chemieriese BASF. BASF hat das Thema Nachhaltigkeit seit einigen Jahren komplett in den Geschäftsbericht integriert und berichtet über die unterschiedlichen Facetten nicht nur auf zwei Seiten unter Verschiedenes.

Im Geschäftsbericht 2006 sind die Themen Nachhaltigkeit und unternehmerische Verantwortung vielmehr als rote Linie erkennbar: Sie werden im Vorwort des Vorstands, in den Werten, in der Strategie, in den Zielen und in den einzelnen Berichtselementen behandelt. Damit hat BASF einen Unternehmensbericht veröffentlicht, der tatsächlich über die Unternehmenstätigkeit in all ihren Fassetten und nicht nur über Finanzkennzahlen, Umsätze und Erlöse berichtet.

4 Aktuelle Initiativen zur Integration von Nachhaltigkeitsthemen in Berichterstattung und Unternehmensanalyse

Als Beleg für den wachsenden Mainstreamingprozess können vor allem internationale Initiativen herangezogen werden, die sich der Ausweitung bzw. der Integration von Nachhaltigkeitsaspekten in konventionelle Berichterstattung und Unternehmensanalyse verpflichtet haben. Hierzu ein paar Beispiele:

- *UNEP FI:* Die Finanzinitiative der Vereinten Nationen (United Nations Environment Program Financial Initiative, UNEP FI)[5] ist eine einmalige Kooperation zwischen dem Umweltprogramm der Vereinten Nationen UNEP und dem privaten Finanzsektor. Die Initiative von mehr als 160 Institutionen hat sich zum Ziel gesetzt, durch regionale Aktivitäten, umfangreiche Arbeitsprogramme, Trainings- und Forschungsprogramme die Anwendung von ökologischen und nachhaltigen Best-Practice-Modellen in allen Bereichen des Finanzmarktes zu fördern. Zur Notwendigkeit der Inte-

[5] Mehr Informationen: http://www.unepfi.org (Zugriff am 3.8.2008).

gration von Nachhaltigkeitsratings in konventionelle Unternehmensanalysen schreibt die UNEP FI: „Too many analysts and financial institutions tend to insufficiently acknowledge and appreciate environmental, social and Corporate Governance issues. The results of this project show that such a bias may expose investors and companies to unnecessary risk. Environmental, social and corporate governance thinking must therefore be fully integrated into our market, investment and board room considerations" (UNEP Finance Initiative 2004: 4).

- *UN Global Compact:* Im Jahr 2000 von dem damaligen UN-Generalsekretär Kofi Annan offiziell gegründet, haben sich die Mitgliedsunternehmen des Global Compact zum Ziel gesetzt, durch die Umsetzung von 10 Prinzipien eine gerechtere Weltordnung zu schaffen und durch freiwilliges Handeln der Privatwirtschaft die Herausforderungen der Globalisierung sozial- und umweltverträglich zu meistern.[6] Der UN Global Compact hat konkrete Empfehlungen für die verschiedenen Akteure (Analysten, Banken, Investoren, Asset-Manager) des Standard-Anlagegeschäfts veröffentlicht und stellt fest: „Companies that perform better with regard to these issues can increase shareholder value by, for example, properly managing risks, anticipating regulatory action or accessing new markets, while at the same time contributing to the sustainable development of the societies in which they operate. Moreover, these issues can have a strong impact on reputation and brands, an increasingly important part of company value." (UN Global Compact 2004: 5) Die Veröffentlichung wurde von namhaften Finanzdienstleistern wie Bank Sarasin, Calvert Group, Credit Suisse, Deutsche Bank, Goldman Sachs, Morgan Stanley, UBS und Westpac mit verfasst.
- *Enhanced Analytics Initiative:* In der Enhanced Analytics Initiative haben sich 15 große institutionelle Investoren und Assetmanager zusammengeschlossen, die zusammen über 2,1 Billionen Euro verwalten.[7] Sie sind übereingekommen, 5 Prozent ihrer Kommissionen an Broker zu verteilen, die nicht direkt finanziell messbare Aspekte besonders gut in die Finanzanalyse integrieren. Die Initiative ist der Ansicht, dass bisher Aspekte wie etwa eine vorausschauende Unternehmensstrategie, Corporate-Governance-Regelungen, der Umgang mit Mitarbeitern oder Umweltmanagementmaßnahmen zu wenig in die Finanzanalyse einfließen und dass es sich dabei um Schlüsselaspekte zur Bewertung der langfristigen Performance von Unternehmen handelt.

[6] Mehr Informationen: http://www.unglobalcompact.org (Zugriff am 3.8.2008).
[7] Mehr Informationen: http://www.enhancedanalytics.com (Zugriff am 3.8.2008).

- *Weltwirtschaftsforum und AccountAbility:* Das von führenden Wirtschaftsunternehmen in Form einer privaten Stiftung getragene Weltwirtschaftsforum (Word Economic Forum)[8] und die Beratungsgesellschaft AccountAbility[9] sind der Frage nachgegangen, warum der konventionelle Finanzmarkt das nachhaltige Investment noch immer stiefmütterlich behandelt. Die Ergebnisse eines zweijährigen Diskussionsprozesses mit Portfoliomanagern, Analysten, Vermögensverwaltern und Pensionsfonds sind in der Studie „Mainstreaming Responsible Investment" festgehalten. Sie zeigt, dass die zögerliche Haltung des Finanzmarktes nicht die persönlichen Werte der Marktteilnehmer widerspiegelt, sondern auf die Rahmenbedingungen der Branche zurückzuführen ist (World Economic Forum: 2005). Dazu zählt vor allem die Kurzfristigkeit der unternehmerischen Orientierung. Die Studie schlägt Reformen vor, die eine neue Struktur des Finanzmarktes unterstützen sollen. Unter ihnen findet sich die Forderung nach einem international gültigen Set von Good-Governance-Prinzipien, nach einer längeren Mandatsdauer für Vermögensverwalter sowie nach einer verstärkten Offenlegung der Entlohnung von Vermögensverwaltern.

All dies sind Initiativen, die ein ähnliches Ziel verfolgen, nämlich der sozialen und ökologischen Verantwortlichkeit von Unternehmen und Portfolios mehr Gewicht zu verleihen. Allerdings ist dieses Ziel noch längst nicht erreicht, liegt doch der Anteil der nachhaltig angelegten Gelder immer noch im Bereich von 1 bis 3 Prozent, gemessen am gesamten Kapitalmarkt. Im Kern bedeutet dies: Der SRI-Markt ist immer noch eine Nische.

5 Erfolgsfaktoren für erfolgreiches Mainstreaming

Im Folgenden werden potenzielle Erfolgsfaktoren für ein gelingendes Mainstreaming dargestellt. Dabei wird zwischen drei Akteursgruppen – Unternehmen, SRI-Ratingagenturen sowie konventionellen Finanzhäusern, Brokern und Analysten – unterschieden.

[8] Mehr Informationen: http://www.weforum.org (Zugriff am 3.8.2008).
[9] Mehr Informationen: http://www.accountability21.net (Zugriff am 3.8.2008).

5.1 Akteursgruppe Unternehmen

Aufseiten der Unternehmen besteht starker Optimierungsbedarf hinsichtlich der Darstellung wichtiger Schlüsselindikatoren (Key Performance Indicators, KPIs) und ihrer Integration in den Lagebericht.

Unter den Key Performance Indicators versteht man relevante Themenbereiche oder Unternehmensaspekte, die in Kennzahlen übersetzt Investoren und Finanzmarktanalysten einen allgemeinen Vergleich zwischen einzelnen Unternehmen ermöglichen. Basierend auf der EU-Modernisierungsrichtlinie und laut Handelsgesetzbuch (HGB) sind die großen deutschen Aktiengesellschaften seit dem Geschäftsjahr 2005 verpflichtet, über soziale und ökologische Belange in ihrem Lagebericht zu berichten, sofern sie für die Unternehmenstätigkeit relevant sind.[10]

Auf den ersten Blick entspricht ein Großteil der Unternehmen dieser neuen Gesetzesbestimmung – allerdings ohne die getroffenen Aussagen mit KPIs zu unterlegen und damit Vergleiche zu ermöglichen. Es werden allenfalls Zahlen zu Mitarbeiterentwicklung oder zu den finanziellen Ausgaben im Bereich Forschung und Entwicklung veröffentlicht, was für einen differenzierten Vergleich mit Unternehmen der gleichen Branche nicht ausreicht. Zudem ist fraglich, ob dies die relevanten Zahlen im Sinne des Materialitätsanspruchs sind oder ob es sich nicht eher um die am einfachsten darstellbaren Kennzahlen handelt. Im Hinblick auf die aktuellen Lageberichte deutscher Konzerne muss daher der Schluss gezogen werden, dass in ihnen fast durchgehend gegen die im Handelsgesetzbuch formulierten Transparenzpflichten verstoßen wird (Verheyen 2008: 23-25).

5.2 Akteursgruppe SRI-Ratingagenturen

Zurzeit verfolgt jede SRI-Ratingagentur ihre eigenen Kriterien und Indikatoren und begründet dieses Vorgehen mit dem Interesse des Marktes, den unterschiedlichen Kundenwünschen und der Notwendigkeit, sich von der Konkurrenz abzugrenzen. Gleichwohl gibt es bei geschätzten 80 Prozent der Kriterien deutliche Überschneidungen und Parallelen. Voraussichtlich wird die Diskussion um die Notwendigkeit einer Konzentration auf das Wesentliche versus Indi-

[10] Vgl. das 3. Buch, Konzernlagebericht § 315 (1) HGB: „In die Analyse sind die für die Geschäftstätigkeit bedeutsamsten finanziellen Leistungsindikatoren einzubeziehen und unter Bezugnahme auf die im Konzernabschluss ausgewiesenen Beträge und Angaben zu erläutern. Satz 3 gilt entsprechend für nichtfinanzielle Leistungsindikatoren, wie Informationen über Umwelt- und Arbeitnehmerbelange, soweit sie für das Verständnis des Geschäftsverlaufs oder der Lage von Bedeutung sind."

vidualisierung und Marktakzeptanz weitergehen und darauf hinauslaufen, dass sich schließlich bestimmte Kernindikatoren herausbilden, die von allen Nachhaltigkeitsanalysten untersucht werden. Außerdem wird jede Agentur eine Reihe von Spezialthemen anbieten, um sich von der Konkurrenz abzusetzen.

Die Global Reporting Initiative (GRI) ist in diesem Zusammenhang als einzige bedeutende und international anerkannte Initiative ein wichtiger Maßstab. Die von ihr entwickelten Kernindikatoren für alle Branchen und die branchenspezifischen Spezialindikatoren finden immer mehr Anwendung: Mit steigender Tendenz orientieren sich Unternehmen weltweit an den GRI-Kriterien und berichten „in Accordance" zu GRI.

5.3 Akteursgruppe konventionelle Finanzgemeinde

Im deutschen Raum gibt es derzeit zwei bedeutende Ansätze zur Implementierung von extrafinanziellen Schlüsselindikatoren: zum einen die Arbeiten von Jörg Baetge und Axel Hesse in Zusammenarbeit mit der Wirtschaftsprüfungsgesellschaft Deloitte (Baetge/Hesse 2008), zum anderen die Initiative der Deutschen Vereinigung für Finanzanalyse und Asset Management (DVFA: 2008a).

Die Initiative von Baetge, Hesse und Deloitte hat nun bereits zum zweiten Mal die Veröffentlichung wichtiger Nachhaltigkeitsindikatoren in den Geschäftsberichten internationaler Aktiengesellschaften untersucht. Ziel war es herauszufinden, in welchem Maß die Vorgaben der EU-Modernisierungsrichtlinie und des Bilanzrechtsreformgesetzes in den Lageberichten umgesetzt werden. Zugleich haben die Autoren in Konsultation mit Investoren und Analysten die jeweils drei bedeutendsten nichtfinanziellen Leistungsindikatoren für zehn verschiedene Branchen entwickelt. Ergebnis der Untersuchung ist, dass gerade die deutschen Unternehmen nicht im prüfungspflichtigen (Konzern-)Lagebericht, sondern im freiwilligen Teil des Geschäftsberichtes bzw. in einem separaten Nachhaltigkeitsbericht berichten (Baetge/Hesse 2008: 44). Damit zählen sie nicht zu den Best-Practice-Unternehmen, sondern scheuen die Analyse der Wirtschaftsprüfer und den immer kritischeren Blick der Investoren und konventionellen Analysten. Nach Auffassung der Autoren gehören diese Informationen aber eindeutig in den zu prüfenden Lagebericht.

Die DVFA sieht als eine der größten Zusammenschlüsse konventioneller Investoren und Finanzanalysten ihre Aufgabe darin, auf Wünsche und Anforderungen konventioneller Analysten einzugehen und diese in das Corporate Reporting aufzunehmen. In ihrer Untersuchung hat sie eine Relevanz der CSR-

Themen auch für den konventionellen Markt unterstellt. Dieser Wahrnehmung folgend hat eine DVFA-Arbeitsgruppe in Zusammenarbeit mit rund 30 anerkannten Experten einen Satz von möglichen KPIs in den Bereichen Umwelt, Soziales und Corporate Governance und einer vierten Kategorie „Zukunftsfähigkeit" entwickelt (DVFA 2008a: 5-8, vgl. auch von Rosen in diesem Band). Dies sind rein quantitative Kennzahlen, eingeteilt in Indikatoren sowohl für alle Branchen als auch in branchenspezifische KPIs. Anschließend wurden diese Indikatoren internationalen Finanzhäusern und Fondsgesellschaften zur Einschätzung übermittelt. Eine Auswertung der 122 Antworten offenbart eine interessante und auch ernüchternde Tendenz: Danach sind es nicht die üblichen CSR-Themen, deren Relevanz als besonders hoch eingeschätzt wird, sondern eher klassische Themen wie Kundenzufriedenheit, die Erlöse aus neuen Produkten oder die finanziellen Aufwendungen für Forschung und Entwicklung. Immerhin im oberen Mittelfeld rangieren die – wirtschaftlich bedeutsamen – Themen Energieeffizienz und die Vermeidung von Geldbußen durch den Verstoß gegen Umwelt- und Sozialgesetze. Umweltaspekte wie die Entwicklung erneuerbarer Energien oder die Umweltverträglichkeit von Produkten folgen im unteren Mittelfeld, während Menschenrechtskriterien bei der Lieferantenauswahl oder bei Investitionen unter „ferner liefen" rangieren (DVFA 2008b: 11f).

Zweierlei wird an dieser Initiative offensichtlich: Einerseits hat das Thema die konventionelle Unternehmensanalyse erreicht, und es wird an einer stimmigen und praktikablen Implementierung in ihrem Rahmen gearbeitet. Andererseits wird an der Einschätzung der Finanzspezialisten deutlich, dass es um die wirkliche Akzeptanz der Themen noch schlecht bestellt ist und hier noch großer Argumentationsaufwand vonnöten ist. Die konventionellen Banken und Finanzhäuser sind an dieser Stelle gefragt, sich den Herausforderungen des nachhaltigen Wirtschaftens wirklich zu öffnen und eine Auseinandersetzung damit nicht nur als Feigenblatt zu verstehen.

6 Ausblick

Zusammenfassend lässt sich auf die Frage, wie das Mainstreaming von Nachhaltigkeitsratings in konventionelle Ratings gelingen kann, antworten: Es ist ein Prozess. Dieser Prozess hat bereits begonnen, ist aber noch lange nicht beendet.

Wie oben detailliert ausgeführt wurde, gibt es eine Reihe von Initiativen, die sich darum bemühen, die Vorurteile gegenüber den „weichen", sozialen und ökologischen Themen in der konventionellen Finanzwelt abzubauen. Zudem finden sich immer mehr Vorreiter unter den Analysten selbst, die zutiefst von einem Mehrwert nachhaltiger Unternehmensführung überzeugt sind und alles daran setzen, die Informationstiefe dazu zu verbessern. Gleichwohl ist es noch zu früh, in Lobgesang auszubrechen, denn der Markt des nachhaltigen Investments ist nach wie vor eine Nische, selbst wenn man den Mainstream-Markt mit einbezieht, in dem beispielsweise Klimarisiken zunehmend Berücksichtigung finden (vgl. Fritzsche/Kahlenborn in diesem Band).

Andererseits wird die konventionelle Finanzwelt nicht mehr hinter die heutigen Erkenntnisse zurück können. Die Potenziale des Mainstreamings liegen damit auf der Hand: Nachhaltigkeitsthemen werden mehr Verbreitung und Relevanz in der Finanzwelt und auch in der Gesellschaft finden. Sie werden als wichtige Kennzeichen eines zukunftsfähigen Unternehmens neben finanziellen Kennzahlen genannt und in Management- und interne Controllingsysteme integriert werden. Der gesellschaftliche Druck auf Unternehmen, sich diesen Aspekten glaubwürdig und gehaltvoll anzunehmen, steigt. Das gilt auch für solche Betriebe, die heute noch zu der breiten, trägen Masse gehören. Und schließlich werden die CSR-Ratings durch die zu erwartende Professionalisierung und den weiteren Wettbewerb besser, gehaltvoller und aussagekräftiger als bisher werden.

Analysten und Finanzexperten erwarten, dass in den nächsten fünf bis zehn Jahren die Integration ethischer, sozialer und ökologischer Aspekte in die traditionelle Analyse zum Standard gehört.[11] Damit auch Themen wie Mitarbeiterkapital, Zulieferer- und Stakeholdermanagement so umfassend bewertet werden wie beispielsweise das aktuelle Thema des Klimawandels, bedarf es allerdings wahrscheinlich noch einiger Studien und Akademietagungen.

Literatur

Baetge, Jörg/Hesse, Axel (2008): Best Practices bei SD-KPIs. Beispiele guter Berichterstattung zu „Sustainable Development Key Performance Indicators" (SD-KPIs) in Lageberichten 2006 (im Auftrag von Deloitte). http://www.sd-m.de/Publikationen.htm (Zugriff am 13.7.2008).

Climate Mainstreaming (2007): Mainstreaming von Klimarisiken und -chancen im Finanzsektor: Ist der Finanzmarkt auf den Klimawandel vorbereitet? Ergebnisse einer Befragung von Finanzmarktexperten (deutsche Kurzfassung, Version 30.10.2007). http://www.climate-mainstreaming.net/survey-sum-d.pdf (Zugriff am 12.7.2008).

[11] So zitiert das Handelsblatt (Narat 2006) eine Studie der internationalen Beratungsgesellschaft Mercer Investment Consulting, wonach die vorausschauende Betrachtung globaler Risiken wie des Klimawandels auf dem Finanzmarkt an Bedeutung zugenommen hat und weiter zunehmen wird. Dafür brauchen die Fondsmanager und Analysten allerdings Informationen, die über die traditionelle Finanzanalyse hinausgehen.

DVFA (Deutsche Vereinigung für Finanzanalyse und Asset Management) (2008a): Key Performance Indicators (KPIs) for Extra-/Non-Financial Reporting. Draft Version dated 31 October 2007 (DVFA Financial Papers No. 08/07_e). http://www.accredited-research.com/files/die_dvfa/kommissionen/non_financials/application/pdf/KPIs_Schriftenreihe_Final.pdf (Zugriff am 13.7.2008).

DVFA (Deutsche Vereinigung für Finanzanalyse und Asset Management) (Hrsg.) (2008b): KPIs for ESG. Key Performance Indicators for Environmental, Social and Governance Issues. DVFA Financial_Papers No. 08/08_e. http://www.dvfa.de/files/die_dvfa/kommissionen/non_financials/application/pdf/KPIs_ESG_FINAL.pdf (Zugriff am 22.1.2008).

Europäische Union (2003): Richtlinie 2003/51/EG des Europäischen Parlaments und des Rates vom 18.6.2003 (Amtsblatt der Europäischen Union L 178/16 DE vom 17.7.2003). http://eur-lex.europa.eu/LexUriServ/LexUriServ.do?uri=OJ:L:2003:178:0016:0022:DE:PDF (Zugriff am 12.7.2008).

Glaser, Jürgen/Hornung, Severin (TU München, Lehrstuhl für Psychologie, in Kooperation mit oekom research) (2005): Kurzbericht zum Projektstudium Nachhaltigkeit und Geschäftserfolg. http://oekom.ve.m-online.net/homepage/german/Studie_TUM_oekom.pdf (Zugriff am 14.7.2008).

Narat, Ingo (2006): Asset Management: Fondsmanager denken um. In: Handelsblatt.com 9.3.2006. http://www.handelsblatt.com/finanzen/fondsnachrichten/fondsmanager-denken-um;1046684 (Zugriff am 22.7.2008).

Onischka, Mathias/Neuneyer, Dustin/Kristof, Kora (2007): Mainstreaming von Klimarisiken und -chancen im Finanzsektor: Ist der Finanzmarkt auf den Klimawandel vorbereitet? Ergebnisse einer Befragung von Finanzmarktexperten (Langfassung). http://www.climate-mainstreaming.net/survey-lang-d.pdf (Zugriff am 12.7.2008).

Orlitzky, Marc/Schmidt, Frank L/Rynes, Sara L. (2003): Corporate Social and Financial Performance: A Meta-analysis. http://www.global100.org/Corporate%20Social%20&%20Environmental%20Performance.pdf (Zugriff am 14.7.2008).

UN Global Compact (2004): Who Cares wins. Connecting Financial Markets to a Changing World. http://www.unglobalcompact.org/docs/news_events/8.1/WhoCares Wins.pdf (Zugriff am 13.7.2008).

UNEP Finance Initiative (2004): The Materiality of Social, Environmental and Corporate Governance Issues to Equity Pricing. 11 Sector Studies by Brokerage House Analysts at the Request of the UNEP Finance Initiative Asset Management Working Group. http://www.unepfi.org/fileadmin/publications/amwg/amwg_materiality_ equity_pricing_report_2004.pdf (Zugriff am 13.7.2008).

Verheyen, Roda (2008): Mainstreaming von Klimarisiken und -chancen im Finanzsektor: Informations- und Berichtspflichten der deutschen börsennotierten Automobilkonzerne im Hinblick auf die durch den globalen Klimawandel und eine weitere Ölpreissteigerung hervorgerufenen Risiken (Rechtsgutachten im Auftrag von Germanwatch für das Projekt Climate Mainstreaming). http://www.climate-mainstreaming.net/auto08.pdf (Zugriff am 14.7.2008).

WestLB (2002): More gain than pain? Sustainability pays off. Düsseldorf.

WestLB (2005): Values at Risk. Einführung eines Non-Financial Risk Navigators. Düsseldorf.

WestLB Panmure (2002): Lust auf mehr? SRI: Performance mit gutem Gewissen. Düsseldorf.

World Economic Forum (2005): Mainstreaming Responsible Investment. http://www.weforum.org/pdf/mri.pdf (Zugriff am 14.7.02008).

Zydra, Markus (2008): Klimafonds: Zwischen Apokalypse und schöner neuer Welt. In: sueddeutsche.de vom 31.4.2008. http://www.sueddeutsche.de/finanzen/artikel/949/170451/ (Zugriff am 11.7.2008).

Investieren in den Klimaschutz? Anforderungen an Politik und Finanzwirtschaft

Kerstin Fritzsche, Walter Kahlenborn

1 Einleitung[1]

Ein frischer Wind weht durch den Finanzsektor. Auf Tagungen und Konferenzen diskutieren Vertreter von Banken, Versicherungen und anderen Finanzdienstleistern immer häufiger, welche Folgen der Klimawandel für ihre Branchen haben wird und welche Möglichkeiten es gibt, damit verbundene Risiken zu minimieren und sich neu eröffnende Chancen zu nutzen. Verbände und Organisationen nachhaltiger Finanzanbieter, wie etwa der europäische Dachverband Eurosif[2] und das Forum Nachhaltige Geldanlagen[3], haben die Zeichen der Zeit erkannt und intensivieren den Dialog mit den Finanzunternehmen und der Politik. Denn eines steht fest: Der Klimawandel wird die Finanzbranche, einer der größten weltweiten Wirtschaftssektoren mit einer globalen Marktkapitalisierung von rund sechs Billionen US-Dollar (Cogan 2008: i), nicht unberührt lassen. Innovative Strategien und Konzepte sind notwendig, damit sich die Finanzwirtschaft an neue Rahmenbedingungen und Erfordernisse im Zuge verstärkter Bemühungen für den Erhalt des Weltklimas effektiv anpassen kann.

Doch die Finanzwirtschaft muss und soll nicht nur reagieren, sondern sie kann auch aktiv in den notwendigen Transformationsprozess eingreifen. Zwangsläufig wird sie selbst die Rahmenbedingungen für andere Akteure entscheidend beeinflussen. Dass der Finanzsektor dabei von ökonomischen Motiven geleitet wird, liegt in seiner Natur – seine zentrale Bedeutung dafür, dass Wirtschaft und Gesellschaft „klimafreundlich" werden, wird dadurch nicht geschmälert.

Dieser Beitrag möchte einige der Verbindungen zwischen Finanzdienstleistungen und einem effektiven Klimaschutz diskutieren. Ziel ist dann aber vor allem, für einen eng umrissenen Bereich, den der Kapitalanlage, Maßnahmen und Aktivitäten aufzuzeigen, um dem Klimaschutz mehr Geltung zu verschaffen

---

[1] Die Aussagen dieses Beitrags spiegeln nicht zwangsläufig die Ansichten des Forums Nachhaltige Geldanlagen bzw. seiner Mitglieder wider.

[2] Mehr Informationen: http://www.eurosif.org (Zugriff am 30.7.2008).

[3] Mehr Informationen: http://www.forum-ng.de (Zugriff am 30.7.2008).

und gleichzeitig die wirtschaftlichen Chancen, die sich aus dem Klimaschutz ergeben zu nutzen.

2 Klimaschutz und Finanzdienstleistungen – eine Win-win-Situation

Zwischen Klimaschutzfragen und Finanzdienstleistungen schienen über lange Zeit hinweg keine direkten Verbindungen zu bestehen. Doch diese Einschätzung hat sich in den letzten Jahren grundsätzlich geändert. Ein Bewusstseinswandel hat in der Politik und der Wirtschaft stattgefunden, dem die Erkenntnis zugrunde liegt, dass das Engagement für eine saubere Umwelt und die Stabilität des Klimas nicht nur Kosten verursacht, sondern vielmehr Kosten verhindert. Allein der Hurrikan Katrina, der im Jahr 2005 den Südosten der USA und vor allem den Großraum New Orleans verwüstete, hatte Verluste von 40 bis 60 Milliarden US-Dollar für die Versicherer zur Folge. Die ökonomische Bedeutung der Verhinderung bzw. Begrenzung des Klimawandels sowie der Anpassung an veränderte Klimaphänomene machen es erforderlich, dass die bestehenden Finanzprodukte und -instrumente überdacht und modifiziert und dass neue entwickelt werden. Das Set der wirtschaftlichen Faktoren, die bisher für den Finanzmarkt von Bedeutung waren, wie etwa die Managementqualität eines Unternehmens, die technische Überlegenheit eines Produktionsstandortes oder das Währungsrisiko eines Investments, muss um einen weiteren Faktor, die Betroffenheit durch den Klimawandel, ergänzt werden.

In diesem Sinne engagieren sich bereits seit einigen Jahren führende Finanzdienstleister in verschiedenen Initiativen dafür, dass Unternehmen klimaschutzrelevante Aspekte wie etwa ihre CO_2-Bilanz offen legen, damit diese in Investmententscheidungen und Risikobewertungen der Finanzdienstleister einbezogen werden können. Das wohl bekannteste Beispiel ist das Carbon Disclosure Project (CDP)[4], eine nicht profitorientierte Organisation, die von rund 385 institutionellen Investoren mit einem gemeinsamen Volumen von 57 Billionen US-Dollar an verwaltetem Anlagevermögen getragen wird (vgl. auch Riedel und von Rosen in diesem Band). Im Namen dieser Investoren erhebt das CDP in regelmäßigen Abständen Daten zu klimawandelbezogenen Geschäftsrisiken, Treibhausgasemissionen und Klimaschutzstrategien der weltweit größten Unternehmen. Über 3.000 waren es im Jahr 2008. Die erhobenen Daten sollen institutionellen Investoren helfen, die Auswirkungen des Klimawandels auf ihre Investitionen besser zu verstehen. Die Idee dahinter ist einfach: Faktoren wie etwa der CO_2-Ausstoß oder das Gefährdungspotenzial eines Unternehmens durch

[4] Mehr Informationen unter: http://www.cdproject.net (Zugriff am 30.7.2008).

mögliche Folgen des Klimawandels sind längst zu einer gewichtigen wirtschaftlichen Größe geworden, denn sie beeinflussen mögliche Kosten und Risiken und damit letztlich den Gewinn – oder Verlust – der Investoren und Finanzdienstleister. Unternehmen, die das Thema Klimaschutz nicht in ihre Geschäftsstrategie einbeziehen, stellen für die Investoren ein Risiko dar, denn sie sind sehr viel anfälliger dafür, durch Vorschriften zum Klimaschutz negativ betroffen zu werden oder durch ihr Geschäftsverhalten Imageschäden bei den Konsumenten auszulösen. Letztlich gefährden sie ihre eigene Wettbewerbsposition gegenüber anderen, im Klimaschutz aktiven Marktteilnehmern.[5] Wenn die Finanzdienstleistungsbranche umfassend klimarelevante Faktoren in ihre Finanzprodukte einbezieht, minimiert sie jedoch nicht nur die eigenen Risiken und Verluste, sondern trägt dazu bei, dass sich ein geringerer CO_2-Ausstoß und gezielte Klimaschutzmaßnahmen für Unternehmen auszahlen. Wie kaum eine andere Branche kann der Finanzsektor einen Beitrag dazu leisten, dass Wirtschaft und Industrie in Zukunft klimafreundlicher werden.

Im Gegenzug bietet der Klimawandel für die Finanzbranche auch eine Reihe von Chancen und Möglichkeiten. Allein die Tatsache, dass der Klimawandel seit einigen Jahren einen hohen Stellenwert in der öffentlichen Diskussion einnimmt, schafft eine Nachfrage nach Investmentprodukten, die dieses Thema explizit aufgreifen. Klimawandel und Klimaschutz wurden deshalb in den vergangenen Jahren zunehmend von den Banken als Anlagethemen entdeckt. Von Januar bis August 2007 flossen rund 970 Millionen Euro in Publikumsfonds mit diesen Anlageschwerpunkten. Allein acht neue Publikumsfonds mit dieser thematischen Ausrichtung sind innerhalb des genannten Zeitraums von deutschen, österreichischen und schweizerischen Finanzdienstleistern auf den Markt gebracht worden (Kahlenborn/Dereje 2007: 25). Einige Klimafonds, so stellte der Bundesverband Investment und Asset Management e.V. (BVI) fest, zählten zudem zu den absatzstärksten Publikumsfonds des Jahres 2007 (ebd.).

Ein neues, zukunftsträchtiges Geschäftsfeld für Banken und Finanzdienstleister ist auch der Emissionshandel. In den Ländern der Europäischen Union existiert der Handel mit Verschmutzungsrechten seit Januar 2005. Die erste Phase des Europäischen Emissionshandelssystems verlief zwar wenig Erfolg versprechend: Ein Überangebot von 120 Millionen Tonnen CO_2-Emissionszertifikaten ließ die Preise der Verschmutzungsrechte einbrechen. In der zweiten Phase, die seit Anfang des Jahres 2008 läuft, soll der Fehler jedoch korrigiert werden, um eine Erhöhung der Preise zu bewirken. Obgleich das Europäische Emissionshandelssystem in seiner Startphase mit einigen Schwierigkeiten behaftet war, ist global gesehen der Trend eindeutig. Allein

[5] Dazu ausführlich Goodwin Procter 2007.

2007 steigerte sich der Handel mit CO_2-Emissionen um 80 Prozent auf rund 40 Milliarden Euro (C02-Handel.de 2008). Zudem wird ein weiterer Anstieg des Preises für Emissionszertifikate erwartet (ebd.). Für Finanzdienstleister eröffnet der Emissionshandel die Möglichkeit, eine breite Palette neuer Finanzprodukte zu entwickeln.

Chancen ergeben sich auch in anderen Geschäftsbereichen des Finanzsektors. Erfolge im Bereich Erneuerbare Energien und Energieeffizienz hängen beispielsweise entscheidend davon ab, ob den in diesen Bereichen neu entstehenden Unternehmen ausreichend Wagniskapital zur Verfügung steht. Der Bedarf von Umwelttechnologieunternehmen an Private Equity ist enorm, denn ihre Arbeit ist forschungs- und zeitintensiv und oftmals vergehen Jahre bis zu einer Kommerzialisierung ihrer Entwicklungen. Diesen Bedarf an Risikokapital zu decken, ist von hoher Bedeutung für einen innovativen Klimaschutz. Gleichzeitig eröffnet es den Finanzdienstleistern vielfältige Möglichkeiten, sich an diesen Branchen zu beteiligen, etwa durch die Auflegung von Beteiligungsfonds. Der Markt dafür wächst stetig. In Deutschland bescherte das Erneuerbare-Energien-Gesetz (EEG), das Investitionen in diesem Bereich fördert, der Finanzbrache einen wahren Boom bei geschlossenen Fonds: Nach Inkrafttreten des EEG entstanden rund 2.000 Windfonds innerhalb eines Jahres (Kellermann 2008: 50).

Dies sind nur einige wenige der Chancen, die der Klimawandel und Maßnahmen zum Erhalt des Klimas für Finanzdienstleister bieten. Gerade das letztgenannte Beispiel verdeutlicht, dass die regulativen Rahmenbedingungen von hoher Bedeutung dafür sind, welche Chancen für die Finanzbranche letztendlich bestehen und wie sie diese nutzen kann.

3 Klimafreundlicher Finanzstandort Deutschland?

In Hinblick auf ihre Strategien, dem Klimawandel zu begegnen, unterscheiden sich die Finanzdienstleister in Deutschland nicht unerheblich voneinander. Im Bereich der Banken und Versicherungsunternehmen gibt es zwar einige Vorreiter, jedoch haben die Themen Klimawandel und Klimaschutz in der Branche noch nicht flächendeckend Einzug in das tägliche Geschäft und die Unternehmensstrategien gefunden. Nachhaltige Geldanlagen und klimafreundliche Investitionen etwa sind vielfach noch ein Nischenthema. Zu diesem Ergebnis kam eine im September 2007 veröffentlichte Umfrage, die das Wuppertal Institut für Umwelt, Klima, Energie gemeinsam mit Germanwatch durchführte. Die Mehrzahl der im Rahmen dieser Studie befragten Finanzmarktexperten betonte zwar, dass die Bedeutung des Klimawandels für die Volkswirtschaften und die

Politik erkannt worden sei, allerdings spielte das Thema nur bei rund einem Drittel der Befragten im Tagesgeschäft eine Rolle (Onischka et al. 2007: 51). Wie sich der Klimawandel auf die Performance von Unternehmen auswirkt, stößt bei Banken und Finanzunternehmen allerdings durchaus auf Interesse (Onischka et al. 2007: 17).

Wie lässt sich dieses Ergebnis erklären? Ein Grund, der in der Literatur immer wieder angeführt wird, ist die Tatsache, dass klare Regelungen und Klimaschutzziele über den Zeitpunkt des Auslaufens des Kyoto-Protokolls im Jahr 2012 bislang fehlen. Für die Finanzbranche ergeben sich daraus Unsicherheiten, die ihre Bereitschaft, neue Produkte auf den Markt zu bringen und in den Bereich Klimaschutz zu investieren, begrenzen.

Darüber hinaus ist der Klimawandel aufgrund seines relativ neuen Auftretens und seiner bisher insgesamt doch relativ kurzen zeitlichen Perspektive noch nicht wirklich in allen Bereichen des Finanzmarktes angekommen. Vielfach fehlen noch die notwendigen Informationen, aufbereitet in einer Art und Weise, wie sie für das jeweilige Geschäftsfeld notwendig sind, und es mangelt an Prozeduren, die die Einbindung des Klimawandels (also der wirtschaftlichen Risiken und Chancen, die sich durch Klimaschutz und Klimaanpassung ergeben) gewährleisten.

Auch fehlt vielfach einfach das fachliche Know-how, um das Themenfeld sachgerecht zu bearbeiten. Mitarbeiterausbildung und -weiterbildung zum Thema Klimaschutz hat zumeist gerade erst begonnen, wenn sie denn überhaupt schon stattfindet. Daher ist vielen Beschäftigten bei Finanzdienstleistern nach wie vor unklar, wie sie sich in ihrer täglichen Arbeit konkret gegenüber der Frage des Klimawandels verhalten sollen.

Hinzukommt, dass sich auch die Geschäftspartner und Kunden der Finanzdienstleister selbst in der Frage des Klimawandels, seinen ökonomischen und ökologischen Auswirkungen und den allgemeinen wie auch den von ihnen selbst konkret zu leistenden Beiträgen zur seiner Bekämpfung noch relativ unschlüssig sind. Entsprechend können sie den Finanzdienstleistern auch nur wenige und nur unkonkrete Vorgaben dazu machen, was sie von ihnen erwarten.

4 Anforderungen an Politik und Finanzwirtschaft

Wie zuvor gezeigt, gibt es vielfältige Zusammenhänge und damit verbunden auch vielfältige Chancen im Kontext von Klimaschutz und Finanzdienstleistungen. Dieser Beitrag kann nicht auf alle diese Bereiche im Detail eingehen. An dieser Stelle sollen daher nur für einen eng umrissenen Bereich, nämlich den der Kapitalanlagen durch private und institutionelle Investoren, Handlungsoptionen aufgezeigt werden.

Dabei sei gleich eingangs darauf hingewiesen, dass das Themenfeld Klimaschutz und Kapitalanlage ein Bereich mit besonders weitreichender Perspektive ist: Bei nüchterner Betrachtung muss man konstatieren, dass in der Vergangenheit Umweltaspekte und soziale Aspekte aus vielen verschiedenen Gründen heraus weder in der Finanzanalyse noch in der Kapitalanlage durch private und institutionelle Investoren ausreichend berücksichtigt worden sind. Nach wie vor ist das Feld der nachhaltigen Geldanlage noch ein sehr kleines Marktsegment – trotz hoher Wachstumsraten. Das Thema Klimawandel bietet hier die Chance, mittelfristig auf breiter Front zu einem deutlichen Umschwung zu gelangen. So, wie der Klimawandel ganz allgemein das Umweltbewusstsein in der Bevölkerung in den letzten Jahren wieder deutlich geschärft hat, kann durch den derzeit diskutierten Zusammenhang von Klimaschutzfragen und Finanzdienstleistungen auch eine höhere Aufmerksamkeit für das übergreifende Thema „Nachhaltigkeit und Finanzdienstleistungen“ erzielt werden.

Die folgenden Vorschläge sind als ein Set von Maßnahmen zu verstehen. Jeder Vorschlag für sich allein genommen wird vermutlich kaum eine größere Wirkung entfalten können. Erst im Zusammenspiel von Änderungen der rechtlichen Rahmenbedingungen und verschiedenen freiwilligen Initiativen des Finanzsektors wird es möglich sein, die notwendige Wirkung zu erzielen, um dem Aspekt Klimaschutz im Anlageverhalten die erforderliche Bedeutung zukommen zu lassen.

4.1 Weiterbildung in Finanzdienstleistungsunternehmen

Vonseiten der Finanzdienstleister ist es notwendig, dass sie ihre Verantwortung und Gestaltungsmöglichkeiten im Bereich des Klimaschutzes erkennen und die damit verbundenen Herausforderungen annehmen. Viele Finanzdienstleister werden diesem Anspruch derzeit schon gerecht. Doch gibt es unternehmensintern immer noch viele Spielräume, wirkungsvoller als bisher die Herausforderungen des Klimaschutzes aufzugreifen. Von besonderer Bedeutung ist es, dass in den Finanzdienstleistungsunternehmen selbst die Sensibilisierung für diese Thematik vorangetrieben wird. Interne Mitarbeiterschulungen und Weiterbildungsmaßnahmen sind dafür besonders wichtig. Schulungsmaßnahmen sollten dabei auf allen Ebenen einsetzen und je nach konkretem Geschäftsfeld Detailinformationen zu den Ursachen und Auswirkungen des Klimawandels und zur jeweiligen Unternehmenspolitik (einschließlich eventuell vorhandener Produktangebote) beinhalten.

4.2 Produktinnovationen

Banken, Versicherungen und andere Finanzdienstleister sind bei der Entwicklung innovativer klimafreundlicher Produkte gefragt. In der Tat ist in den letzten Jahren schon eine Vielzahl solcher Produkte entwickelt worden. Doch auch hier bestehen noch diverse Spielräume, um den zukünftigen Herausforderungen wirklich gerecht zu werden und die sich bietenden Chancen zu nutzen. Notwendig wäre es, dass die neuen Finanzprodukte von geeigneten Mechanismen und Strategien zur Qualitätssicherung begleitet werden. Das nachfolgend vorgeschlagene Klimaschutz-Logo ist eine Möglichkeit dafür.

4.3 Integration von Klimaschutzfaktoren in konventionelle Anlagen

Innovation allein ist nicht ausreichend. Um auf dem Klimawandel adäquat zu reagieren, ist es notwendig, dass die Finanzdienstleister verstärkt Klimaschutzfaktoren in ihre klassischen Anlageprodukte integrieren. Dazu gehört insbesondere, dass Finanzanalysten in den jeweiligen Häusern den Aspekt des Klimaschutzes aktiv in der Unternehmensbewertung aufgreifen, und hierzu die entsprechenden Informationen nachfragen und in ihre Entscheidungsempfehlungen einbringen. Die Einbindung des Faktors Klimaschutz auch in konventionelle Anlagen wird dazu führen, dass Unternehmen, die bisher keinen oder einen nur sehr geringen Anreiz entwickelt haben, aktiven Klimaschutz betreiben, ihre bisherige Unternehmensstrategie kritisch reflektieren und den Klimaschutz als einen Erfolgsfaktor für ihre Unternehmenstätigkeit wahrnehmen werden.

4.4 Verstärkte Nutzung von Investorenrechten

Während es noch vor zehn Jahren weitgehend unüblich war, mit dem Verweis auf eigene Aktionärsrechte als Investor Unternehmen anzusprechen und ihre Geschäftspolitiken zu diskutieren, wird dies zunehmend zum Normalfall. Corporate-Governance-Fragen etwa werden mehr und mehr sowohl auf den Hauptversammlungen als auch im direkten Gespräch mit den im Portfolio gehaltenen Unternehmen diskutiert. Der Diskurs mit Unternehmen muss sich jedoch nicht allein auf solche Themen beschränken. In der Tat gibt es speziell im angelsächsischen Raum mehrere Initiativen, die darauf abzielen, Klimaschutzfragen aus Investorensicht mit Unternehmen zu erörtern, so etwa das Investor

Network on Climate Risk (INCR)[6]. Auch hierzulande wären entsprechende Aktivitäten denkbar und wünschenswert. Die verstärkten Aktivitäten des Carbon Disclosure Project in Deutschland sind hier sicherlich ein guter erster Ansatzpunkt, doch sind weitere Schritte notwendig.

4.5 Lancieren eines Klimaschutz-Logos für Anlageprodukte

In dem Bereich der nachhaltigen Geldanlagen existieren bereits einige wenige Logos und Leitlinien, die für bestimmte Standards bzw. bestimmte Selbstverpflichtungen von Finanzanbietern stehen. Ein zentrales Beispiel dafür sind die Europäischen Transparenzleitlinien bzw. das Europäische Transparenzlogo für nachhaltige Publikumsfonds, die von dem europäischen Dachverband Eurosif und seinen nationalen Mitgliedsverbänden, in Deutschland dem Forum Nachhaltige Geldanlagen, auf den Weg gebracht wurden. Diese Initiative ist freiwilliger Natur, stößt bei Finanzdienstleistern jedoch auf reges Interesse und dient der Qualitätssicherung der Finanzprodukte und der Information der Verbraucher. Ausgehend von dieser Bemühung wäre es denkbar, ein spezifisches Klimaschutz-Logo für Finanzprodukte am Markt zu etablieren. Berücksichtigt würden Finanzprodukte, die in Klimaschutztechnologien investieren oder in CO_2-freundliche Unternehmen. Ein solches Logo bräuchte, um effektiv und wirkungsvoll zu sein, klare Kriterien. Letzteres hat die Entwicklung eines Logos für nachhaltige Geldanlagen in der Vergangenheit immer erschwert, für den Bereich des Klimaschutzes sollte es jedoch leichter möglich sein, allgemeingültige Kriterien aufzustellen.

Für private und institutionelle Investoren wäre ein Klimaschutz-Logo für Kapitalanlagen unter Umständen eine interessante Maßnahme, die für mehr Transparenz und Informationen ebenso über die Auswirkungen ihrer Investmententscheidung in Bezug auf den globalen Klimaschutz sorgen würde wie über die Klimarisiken, denen sie mit ihrer Kapitalanlage ausgesetzt sind.

4.6 Gemeinsame Initiativen von Politik und Finanzdienstleistern

Ein intensiver Austausch zwischen Politik und Finanzdienstleistern ist wichtig und notwendig, um gemeinsam die Rahmenbedingungen für einen klimafreundlichen Finanz- und Wirtschaftsstandort Deutschland zu gestalten. Dieser Austauschprozess findet glücklicherweise bereits statt. So fand im September 2007

[6] Mehr Informationen: http://www.incr.com (Zugriff am 30.7.2008).

eine vom Bundesumweltministerium organisierte und vom Forum Nachhaltige Geldanlagen unterstütze Konferenz „Climate Change and Financial Service Providers Tapping Markets of the Future – Avoiding Business Risks" statt, in der verschiedene Facetten des Themenfeldes „Klimaschutz und Finanzdienstleistungen" intensiv diskutiert wurden.[7] Fortgeführt wurde dieser Dialog im Rahmen der Investitionskonferenz des Ministeriums im Juni 2008. Weitere konkrete Maßnahmen sollen folgen. Gemeinsame Aktionen und Projekte von Politik und Finanzdienstleistungsbranche sind jetzt wichtig, um Verbraucher und Anleger über die Bedeutung von Klimaschutzfragen im Finanzdienstleistungssektor zu informieren und ihnen deutlich zu machen, dass sie mit ihrer Investmententscheidung zum Erhalt des Klimas beitragen können. Die aktuell sehr starke Präsenz dieser Thematik in den Medien und in der politischen Diskussion sollte dafür genutzt werden, die Öffentlichkeit langfristig und nachhaltig dafür zu sensibilisieren.

4.7 Die Kommunikation der eigenen Klimapolitik

Das Interesse der Investoren am Klimawandel ist in den letzten Jahren zweifelsohne erheblich gestiegen – die schon erwähnte Carbon Disclosure Initiative macht dies deutlich. Es ist jedoch nur folgerichtig, dass, wenn mehr Transparenz von den Unternehmen gefordert wird, diese auch aufseiten der Investoren und Finanzdienstleister selbst gewährt werden muss. Wie bereits beschrieben, sind Finanzdienstleister zahlreichen Risiken aus dem Klimawandel ausgesetzt, gleichzeitig ergeben sich umgekehrt auch erhebliche Geschäftschancen, die sich mit dem Klimawandel für sie verbinden.

Im Sinne eines besseren Klima- und Verbraucherschutzes wäre es wünschenswert, wenn künftig Finanzdienstleister ihre Risiken und Chancen nach außen transparent und vergleichbar darlegen würden. Die teils schon vorhandenen Nachhaltigkeitsberichte sollten unter anderem sowohl die eigenen Produktstrategien beinhalten als auch das Expositionsrisiko erläutern, dem der jeweilige Finanzdienstleister durch sein Engagement in kohlenstoffintensiven Branchen ausgesetzt ist. Soweit entsprechende Berichte von den jeweiligen Instituten bislang nicht erstellt werden, ist es an der Zeit, sich aktiver mit den Themen der eigenen Kommunikation auseinander zusetzen.

---

[7] Weiterführende Informationen zu dieser Konferenz unter: http://www.adelphi-consult.com/climateinvestment07 (Zugriff am 25.7.2008).

4.8 Klimaschutz-Berichtspflicht für Investmentfonds

Eine weitere mögliche Maßnahme, um Klimaschutzaspekte im Finanzdienstleistungsbereich systematisch zu verankern, ist eine Klimaschutz-Berichtspflicht für Investmentfonds oder gar für alle gebündelten Investments. Durch eine solche Berichtspflicht würden Fondsmanager dazu angehalten, eine Klimaschutzpolitik zu formulieren und sie den Anlegern zur Kenntnis zu geben. Auf dieser Basis könnten dann theoretisch auch Rankings zu den Klimaleistungen der Finanzprodukte erstellt werden. In Australien existiert eine umfassende Berichterstattungspflicht für gebündelte Investments bereits seit August 2001. Diese Berichtspflicht hat sich dort durchaus bewährt. Auch in Deutschland gibt es für einzelne Finanzprodukte (insbesondere Produkte der Altersvorsorge) bereits eine Berichtspflicht, die Umweltaspekte mit berücksichtigt. Eine Klimaschutzberichtspflicht für Fondsprodukte bzw. gebündelte Investments könnte auf die bereits erzielten Erfahrungen mit dieser Gesetzesregelung aufbauen. Wichtig ist zweifelsohne, dass Anleger die Informationen, die sich aus der Berichtspflicht ergeben, auch faktisch erhalten. Letzteres ist bei der bestehenden Berichtspflicht in Deutschland bisher leider nicht gegeben.

4.9 Klimaschutz im Wertpapierhandelsgesetz

In Deutschland reguliert das Wertpapierhandelsgesetz (WpHG) den Verkauf von Wertpapieren. Es dient der Kontrolle der Finanzdienstleister und dem Schutz von Investoren. So wird in § 31 Absatz 2 WpHG festgeschrieben, dass beim Verkauf von Wertpapieren bestimmte Entscheidungsdeterminanten wie etwa der Kenntnisstand oder die Risikofreudigkeit bei privaten Investoren erfragt werden sollen und der Anleger gegebenenfalls über bestimmte Konsequenzen seiner Investmententscheidung informiert werden muss. Wie auch andere ökologische Faktoren werden Aspekte des Klimaschutzes weder explizit im Gesetz noch in der Praxis berücksichtigt. Mit Blick auf einen verstärkten Klimaschutz, aber auch mit Blick auf einen besseren Verbraucherschutz wäre es wünschenswert, wenn die Anleger künftig ebenfalls danach gefragt werden müssten, ob auch klimaschutzrelevante Aspekte ein Kriterium bei ihrer Investmentauswahl sein sollen. In der Tat darf man davon ausgehen, dass die Bereitschaft, Klimaschutzaspekte in die eigene Anlagestrategie einfließen zu lassen, bei vielen Investoren grundsätzlich gegeben ist. Jedoch dürften sich die wenigsten dazu bislang konkret Gedanken gemacht haben. Für die meisten Anleger sind beide Themen vermutlich nach wie vor nicht miteinander verknüpft. Eine verpflichtende Nachfrage durch die Anlageberater könnte hier sehr viel erreichen.

4.10 Investitionsverbot in besonders klimaschädliche Projekte/Unternehmen

Als weiterer Schritt wäre auch ein Verbot von Investments in Projekte denkbar, die besonders klimaschädlich sind. Dass ein solches Investitionsverbot für bestimmte Branchen möglich ist, zeigt das Beispiel Belgien. Dort wurde 2007 ein Gesetz erlassen, welches Investitionen in Unternehmen, die sich der Herstellung von Streubomben oder Anti-Personen-Minen widmen, untersagt. Das Gesetz verbietet Banken und Investmentfonds auf dem belgischen Markt, Kreditangebote an entsprechende Produzenten zu richten oder Aktien und Anleihen dieser Firmen zu erwerben. Investitionen in einige der größten Waffenproduzenten wie etwa Northrop Grumman, Lockheed Martin, ATK, Thales, General Dynamics, Textron und Gencorp müssen beendet werden. Angesichts der erheblichen Bedrohungen, die sich durch den Klimawandel ergeben, muss die Überlegung erlaubt sein, ob nicht in ähnlicher Weise auch Investitionen in besonders klimaschädliche Projekte oder Unternehmen künftig grundsätzlich untersagt sein sollten.

5 Schluss

Wie bereits erwähnt, ist oben stehende Liste möglicher Handlungsoptionen im Bereich Finanzdienstleistungen und Klimaschutz keinesfalls vollständig. Handlungsbedarf besteht sicherlich in vielen Feldern. Die Ausführungen beschränken sich allein auf den eng umrissenen Bereich der Kapitalanlage durch private und institutionelle Investoren und die Möglichkeiten, in diesem Kontext dem Klimaschutz eine stärkere Geltung zu verschaffen. Aber auch wenn damit nur ein Geschäftsfeld von vielen im Bereich der Finanzdienstleistungen abgedeckt wird, so könnten durch die aufgezeigten Maßnahmen schon wichtige Schritte für den Klimaschutz selbst wie auch für die Fortentwicklung des Finanzstandortes Deutschland in diesem zukunftsträchtigen Themenfeld erzielt werden.

Nicholas Stern, der ehemalige Chefökonom der Weltbank, bezeichnete einst den Klimawandel als das größte Marktversagen aller Zeiten (Stern 2006: 1). Um dieses Marktversagen zu korrigieren, bedarf es der Mithilfe des Finanzmarktes und eines gemeinsamen und entschlossenen Vorgehens von Finanzbranche und Politik.

Literatur

CO2-Handel.de (2008): Handel mit CO2-Emissionen 2007 fast verdoppelt: 40 Milliarden Euro. http://www.co2-handel.de/article58_8224.html (Zugriff am 30.7.2008).

Cogan, Douglas G. (2008): Corporate Governance and Climate Change: The Banking Sector. http://www.ceres.org/NETCOMMUNITY/Document.Doc?id=269 (Zugriff am 9.7.2008).

Fleischhauer, Hoyer & Partner (2008): Das Anlageverhalten institutioneller Investoren aus Deutschland in Venture Capital. http://www.fhpe.de/vcpanel/Das%20 Anlagevehalten%20institutioneller%20Investoren%20aus%20Deutschland%20in%2 0Venture%20Capital.pdf (Zugriff am 9.7.2008).

Goodwin Procter (2007): Climate Change Strategies for the Financial Service Industry. Aus der Reihe: Environmental & Energy Advisory. An update on law, policy and strategy. http://www.eli.org/pdf/alerts/Goodwin_Procter_01-04-07.pdf (Zugriff am 8.7.2008)

Kahlenborn, Walter/Dereje, Cornelia (2007): Statusbericht Nachhaltige Geldanlagen 2007. Deutschland, Österreich und die Schweiz. http://www.forum-ng.de/upload/Statusbericht_07-12-11_web.pdf (Zugriff am 7.7.2008).

Kellermann, Daniel (2008): Ungebremstes Wachstum bei Umwelt- und Energiefonds auch im Jahr 2007. In: Forum Nachhaltig Wirtschaften, 01/2008: 50-51.

Onischka, Mathias/Neuneyer, Dustin/Kristof, Kora (2007): Ist der Finanzmarkt auf den Klimawandel vorbereitet? Eine Befragung von Finanzmarktexperten. http://www.climate-mainstreaming.net/survey-lang-d.pdf (Zugriff am 8.7.2008).

Stern, Nicolas (2006): Stern Review on the economics of climate change (final report). http://www.hm-treasury.gov.uk/independent_reviews/stern_review_economics_ climate_change/stern_review_report.cfm (Zugriff am 30.7.2008).

IV. Praxisstrategien für nachhaltiges Investieren

Die Evangelische Kirche in Hessen und Nassau und ihre Anlagepolitik

Heinz Thomas Striegler

1 Kirche und Kapitalanlage

Kirche und Kapitalanlage erscheinen auf den ersten Blick als nicht unmittelbar zu verbindende Begriffe. Was hat Kirche mit Kapitalanlagen zu tun?

Die Evangelische Kirche in Hessen und Nassau (EKHN) zählt mit 6 Propsteien, 48 Dekanaten und 1148 Kirchengemeinden, 600 Kindertagesstätten, 60 Sozialstationen sowie Schulen und Einrichtungen für die Jugendarbeit, zu den großen Arbeitgebern in den Bundesländern Hessen und Rheinland-Pfalz. Insgesamt sind in Kirche und Diakonie auf dem Gebiet der EKHN über 30.000 Menschen beschäftigt. Für eine solche Großorganisation hat der verantwortungsvolle Umgang mit den ihr anvertrauten Ressourcen hohe Priorität. Nicht nur um möglichst effizient die vielfältigen Aufgaben in Verkündigung, Seelsorge und Beratung, Diakonie und Ökumene sowie in Bildung und gesellschaftlicher Verantwortung erfüllen zu können, sondern auch in der Verantwortung für ihre Mitarbeitenden. So gehört die Sicherung der Altersversorgung für die Beschäftigten durch den Aufbau kapitalgedeckter Sicherungssysteme ebenso dazu wie die Rücklagenbildung zum Ausgleich künftiger Einnahmeverluste.

Mit 80 Prozent der Gesamteinnahmen sind die Kirchensteuern, die als Annex zur Lohn- und Einkommensteuer stark abhängig sind von der konjunkturellen Entwicklung und hier insbesondere von der Entwicklung am Arbeitsmarkt, die bedeutsamste Einnahmequelle der EKHN. Die Folge dieser Abhängigkeit sind starke Schwankungen auf der Einnahmenseite und daraus resultierend die Notwendigkeit – wie erst jüngst in den einnahmeschwachen Jahren 2002 bis 2004 geschehen – ergänzend Rücklagen hinzuzuziehen, um die laufenden (Personal-)Verpflichtungen erfüllen zu können. Bei einer Personalkostenquote von über 70 Prozent ist die Anpassung der Ausgaben an eine verringerte Einnahmesituation ein mühsamer, wie immer schmerzvoller, aber auch zeitaufwendiger Prozess – vor allem, wenn man als kirchlicher Arbeitgeber auf Kündigungen verzichten möchte. Damit sind auch schon die zwei wesentlichen Gründe für die Notwendigkeit der Rücklagenbildung umschrieben: Es sind die Sicherung der Altersversorgung und die Sicherung der kirchlichen Arbeit insgesamt (z. B. auch die Sicherung der Bauunterhaltung für 1.178 Kirchengebäude). Kirchliche Arbeit und der Umgang mit Kapitalanlagen sind aus Gründen der Zukunftssicherung daher untrennbar miteinander verknüpft.

Zugleich muss die Anlagepolitik der EKHN aber auch inhaltlich den Zielen eines kirchlichen Investors entsprechen. Da die EKHN im Rahmen ihres Auftrags das Evangelium verkündet, in der Seelsorge sowie in ihrem sozialdiakonischen Handeln Mitverantwortung für das Wohl vieler Menschen übernimmt, kann sie nicht gleichzeitig mit ihren Rücklagen von unternehmerischem Handeln profitieren, dessen Ergebnisse ihrem Auftrag entgegen stehen. So hat sich die EKHN den Zielen des Ökumenischen Weltkirchenrats – Gerechtigkeit, Frieden und Bewahrung der Schöpfung – verpflichtet. Damit wäre beispielsweise der Besitz von Aktien eines Rüstungsproduzenten nicht zu vereinbaren.

Dies gilt nicht nur bei der Betrachtung der Finanzen der Gesamtkirche, sondern auch im Verhältnis der Gesamtkirche zu ihren Kirchengemeinden und Stiftungen. Ein Großteil der Rücklagen der Kirchengemeinden und der Stiftungsgelder wird von der Gesamtkirche treuhänderisch verwaltet und mit festen Zinsversprechen gegenüber den Kirchengemeinden und kirchlichen Stiftungen ausgestaltet. Die Gesamtkirche wirkt so als „Kapitalsammelstelle“ und legt ihrerseits die ihr treuhänderisch überlassenen Gelder am Kapitalmarkt an. Auch dies trägt zum verantwortungsvollen Umgang mit finanziellen Ressourcen bei.

2 Keine Direktanlage

Obgleich die EKHN einschließlich der zugehörigen Versorgungsstiftung sicherlich nicht zu den ganz unbedeutenden Kapitalanlegern in Deutschland zählt, gibt es in ihrer Organisation keine Abteilung mit hoch bezahlten Kapitalanlageprofis. Bis auf das Management von Liquiditätsanlagen mit Tages- und Festgeldern findet sich keine Direktanlage in der EKHN. Die langfristige Kapitalanlage wird vielmehr professionellen Investmentbankern überlassen, meist in der Rechtsform von Spezialfonds nach dem Investitionsgesetz (InvG). So wird gewährleistet, dass trotz der Auslagerung des Vermögensmanagements an Dritte, die Kirche die volle Transparenz und Zugriffsmöglichkeit auf die Vermögensanlage erhält.

Aus Gründen der Risikostreuung bzw. zur Verbesserung des Rendite-Risiko-Profils hat die EKHN in jüngster Zeit eine Umstrukturierung der Vermögensanlagen vorgenommen, insbesondere im Sinne einer breiteren Diversifizierung der Anlagen über verschiedene Assetklassen. Der verantwortungsvolle Umgang mit den anvertrauten Ressourcen beschränkt sich für einen kirchlichen Anleger aber nicht nur auf den effizienten und kontrollierten Mitteleinsatz zur

Erfüllung kirchlicher Aufgaben, sondern erstreckt sich eben auch auf die Art und Weise, wie die Rücklagen an den Finanzmärkten angelegt werden.

Abbildung 1: Anlageziele der Evangelischen Kirche in Hessen und Nassau

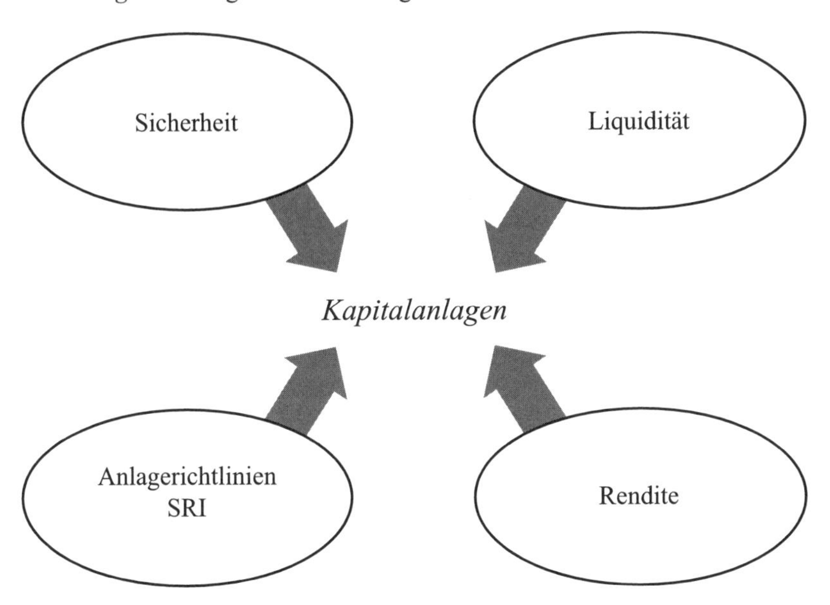

3 Entwicklung von Anlagerichtlinien

Der Umgang mit Geld wird im Neuen Testament zwischen Programmatik und Pragmatik entfaltet. Jesus nutzt Geld als sinnvolles Zahlungsmittel und akzeptiert Steuern als notwendiges Instrument gesellschaftlicher Ordnung. Gleichzeitig ist ihm die Macht und Verführungskraft des Geldes bewusst, wie sie bereits in der jüdischen Weisheit formuliert ist: „Wer Geld liebt, wird von Geld niemals satt“ (Prediger 5,9).

Auch die Reformation hat ihren Anfang mit einem Streit um das Verhältnis von Glauben und Geld genommen. Im Ablassstreit hat Luther darauf bestanden, dass Geldzahlungen keinen Einfluss auf das Seelenheil haben können. 1760 prangerte der Kirchenbegründer der methodistischen Bewegung, John Wesley, in seiner Predigt „The use of money“ die gleichgültige Haltung gegenüber Geld an, und forderte einen Umgang damit, bei dem der Nachbar weder körperlich noch psychisch geschädigt wird (vgl. Wesley 1884: 305-316).

Programmatik und Pragmatik prägen bis heute den Umgang der Evangelischen Kirche mit Geld und damit auch mit ihren Anlagen. Als Institution, deren theologische Tradition sich in Jahrtausenden misst, umfasst auch der kirchliche Planungshorizont langfristige Perspektiven. Das moderne Leitbild der Nachhaltigkeit liegt ihrem Handeln deshalb schon lange zugrunde.

1987 hat die Weltkommission der Vereinten Nationen unter Leitung von Gro Harlem Brundtland die nachhaltige Entwicklung charakterisiert als eine „Entwicklung, die die Bedürfnisse der Gegenwart befriedigt, ohne zu riskieren, dass künftige Generationen ihre eigenen Bedürfnisse nicht befriedigen können" (Hauff 1987: 46). Dieser Anspruch hat spätestens seit dem „Erdgipfel" 1992 in Rio de Janeiro international immer mehr Beachtung gefunden. Inzwischen zog er auch in die Führungsetagen von Unternehmen ein und brachte auf dem Finanzmarkt das Wachstumssegment „Nachhaltige Geldanlagen" hervor. Die Einschränkung des ökonomischen Effizienzstrebens auf die (kurzfristigen) Shareholder-Value-Ziele wird in einigen Unternehmen zumindest infrage gestellt, und es wird erkannt, dass nachhaltiges Wirtschaften und die Setzung langfristiger Ziele eher dazu geeignet sind, den Unternehmenswert nachhaltig zu steigern. Diese Erkenntnis ist keineswegs neu. Bereits im Jahr 1713 wurde der Begriff „Nachhaltigkeit" durch Hans Carl von Carlowitz in Zusammenhang mit der Waldbewirtschaftung erwähnt (von Carlowitz 2000: 105). Bis heute versteht man darunter in seinem Sinne eine auf Dauer angelegte Nutzung der Ressource Wald, die darauf zielt, nur soviel Holz zu entnehmen, wie durch Aufforstung wieder nachwachsen kann.

Die Diskussion über den Umgang mit Geld zwischen Pragmatik und Programmatik hat in der EKHN wie in vielen anderen evangelischen Landeskirchen (und katholischen Bistümern) Ende der 1990er-Jahre zur Verabschiedung sogenannter „Richtlinien für die Vermögensanlage in der EKHN im Sinne sozial-ethischer Anlagerichtlinien" geführt. Sie bedeuten einen Kompromiss zwischen dem ethisch-moralischen Anspruch als kirchlicher Anleger und dem Erfordernis, das Rücklagenvermögen möglichst sicher und gewinnbringend anzulegen. Die Anlagerichtlinien der EKHN gelten für alle von ihr angelegten Kapitalien; entsprechende Regelungen gelten auch für die Versorgungsstiftung der EKHN.

3.1 Grundsätze der Anlagepolitik für das landeskirchliche Finanzvermögen und das kirchengemeindliche Treuhandvermögen der EKHN

Die folgenden Grundsätze hat die Synode der EKHN 1999 verabschiedet:

1. „Mit dem kirchlichen Vermögen ist ethisch bewusst umzugehen. Seine Anlage darf dem kirchlichen Auftrag nicht widersprechen. Das Vermögen der EKHN ist wertbeständig, sicher und wirtschaftlich anzulegen. Dies darf dem kirchlichen Auftrag nicht widersprechen. Als sicher gelten insbesondere die Anlage in Wertpapier-Spezialfonds nach dem Gesetz über Kapitalanlagegesellschaften (KAGG) und die Anlage in Wertpapieren erstklassiger deutscher Emittenten. Geeignet ist auch Immobilienbesitz, insbesondere in der Form von Immobilien-Spezialfonds.
2. Das kirchliche Vermögen soll bei Beachtung der Verpflichtung zur wertbeständigen, sicheren und wirtschaftlichen Anlage auch verwendet werden zur Förderung der Ziele des konziliaren Prozesses für Gerechtigkeit, Frieden und Bewahrung der Schöpfung, zum Beispiel von
   - umweltschonenden Produkten, Technologien, Energien und Verkehrssystemen,
   - Anlagen in benachteiligten Bereichen und Ländern, die der Überwindung von Armut und Not dienen,
   - Wohnungsbau, insbesondere für Benachteiligte und sozial Schwache,
   - Unternehmen, die Frauenförderung oder Integration Behinderter als ihr erklärtes Ziel verwirklichen.
3. Das kirchliche Vermögen soll nicht für den Erwerb von Aktien oder Anteilen von Unternehmen verwendet werden,
   - die nukleare, chemische oder biologische Waffen entwickeln, herstellen oder vertreiben,
   - die zu mehr als 25 % an der Entwicklung, Herstellung oder Verteilung von Rüstungsgütern im Sinne der Anlage zum Kriegswaffenkontrollgesetz beteiligt sind,
   - die in gesetzeswidriger Weise Genforschung betreiben und Gentechnik praktizieren,
   - die Kosmetika herstellen, die gesetzeswidrig in Tierversuchen getestet werden,
   - die in nicht artgerechter, nicht gesetzesgemäßer Massentierhaltung produzieren und erzeugen,
   - deren überwiegender Zweck darin besteht, das Glücksspiel gewerbsmäßig zu betreiben,

- die aus sonstigen Gründen offenkundig dem Auftrag der Kirche in grober Weise widersprechen, etwa
  - durch Zusammenarbeit mit Regierungen, die Menschen wegen ihrer Religion, ihrer Rasse, ihres Geschlechts oder ihrer Herkunft unterdrücken oder
  - durch Unterstützung menschenunwürdiger Arbeitsbedingungen im Hinblick auf ILO-Standards.

4. Die Anlagegrundsätze sind in geeigneter Weise in die vertraglichen Beziehungen zu den Fondsgesellschaften einzubringen.
5. Für Auslegung und Umsetzung der Anlagegrundsätze ist die Finanzabteilung zuständig. In Zweifelsfragen ist die Entscheidung der Kirchenleitung einzuholen."

4 Negativliste

Die Umsetzung der Anlagerichtlinien der EKHN erfolgt über sogenannte Negativlisten, deren Einhaltung von der zuständigen Kapitalanlagegesellschaft (KAG oder Master KAG) überwacht wird. Sie stellt eine Einschränkung des Anlageuniversums für den Fondsmanager dar. Die Negativliste wird jährlich aktualisiert und, sofern eine Master-KAG-Konstruktion vorgeschaltet ist, verbindlich für alle unter dem Dach der Master-KAG angesiedelten Spezialfonds vereinbart.

Die Umsetzung der Anlagerichtlinien in eine Negativliste kann im Detail schon einmal Schwierigkeiten bereiten. Insbesondere dann, wenn für die Bezahlung der Managerleistung eine erfolgsbezogene Komponente vereinbart wurde, gibt es zuweilen eine Diskussion darüber, ob der Anlageerfolg im Verhältnis zur vereinbarten Benchmark (ohne den Ausschluss von einzelnen Unternehmenstiteln) den tatsächlichen Erfolg der Managementleistung widerspiegle oder ob nicht (recht aufwendig) versucht werden müsse, einen um die vom Anleger ausgeschlossenen Titel bereinigten Vergleichsmaßstab zu bilden.

Bedient man sich bei der Umsetzung der Negativkriterien eines spezialisierten Anbieters auf dem Markt, die zum Teil mit großem Aufwand die Fülle der Unternehmen untersucht und auf die verschiedenen Kriterien überprüft haben, so erhält man von drei verschiedenen Anbietern möglicherweise auch drei sehr unterschiedliche Negativlisten. Darüber hinaus ist es zuweilen so, dass nicht alle Unternehmen entsprechend aufwendig gescreent wurden, die in einem Index (z. B. Euro Stoxx mit 600 Unternehmenstiteln) enthalten sind, sodass das Überprüfungsuniversum kleiner ist, als das Anlageuniversum, das dem Spezialfondsmandat zugrunde gelegt werden soll. Hier ist dann eine „händische" Nachbearbeitung der Negativliste erforderlich.

Um einen vertretbaren Kompromiss zwischen dem ethisch-moralischen Anspruch einerseits und dem Renditeanspruch andererseits zu finden, kann es notwendig werden, die derart erarbeitete Negativliste im Sinne einer Bereinigung wieder etwas einzugrenzen. Dies kann zum Beispiel durch die Einbeziehung von Titeln geschehen, die zwar grundsätzlich zur Negativliste gehören könnten, gleichzeitig aber in ihrer Unternehmensklasse (zum Beispiel Versorgungsunternehmen) das beste Screeningergebnis erhalten haben, also nach dem sogenannten Best-in-Class-Ansatz zumindest große Anstrengungen zur Erfüllung von Nachhaltigkeitskriterien unternehmen. Ein anderer denkbarer Weg der Reduzierung ausgeschlossener Titel ist der Abgleich mit Nachhaltigkeitsindizes (z. B. Dow Jones Sustainability Global Index), das heißt, dass die Unternehmen die in einem solchen Nachhaltigkeitsindex enthalten sind, nicht in die Negativliste aufgenommen werden. Dogmatisch sind derartige Bereinigungen von Negativlisten sicherlich angreifbar, entsprechen andererseits aber dem Bedürfnis nach einem pragmatischen Umgang mit Ausschlussregelungen, die für die Gesamtheit der Kapitalanlagen gelten, um sich nicht dem Vorwurf auszusetzen, das Anlageuniversum zulasten der Risikokennziffern in zu starkem Umfang einzugrenzen.

Die durch einen Spezialanbieter unterstützte Umsetzung der Anlagerichtlinien in eine Negativliste führt bei der EKHN dazu, dass bezogen auf das Anlageuniversum Europa insgesamt 25 Unternehmenstitel (rund 50 Titel im Konzernverbund) mit einer Marktkapitalisierung von etwa 5 Prozent ausgeschlossen wurden. In der Mehrzahl handelt es sich dabei um Unternehmen aus dem Bereich Rüstung oder Glücksspiel. Bezogen auf den globalen Index MSCI-World wurden rund 60 Unternehmen (entspricht knapp 150 Titeln im Konzernverbund einschließlich Anleihen) ausgeschlossen.

Ob die Eingrenzung des Anlagehorizonts durch Negativlisten beträchtliche Renditenachteile nach sich zieht, kann pauschal nicht beantwortet werden, da es sich hier um individuelle Restriktionen (hier nach ethischen Anlagerichtlinien des Anlegers) handelt, für deren Anwendung kein ausreichendes Erfolgsprüfungsmodell zur Verfügung steht. Mit dem Hinweis darauf, dass viele Nachhaltigkeitsfonds in den letzten Jahren positivere Ergebnisse erzielt haben als der Durchschnitt der Aktienmandate, wird oft übersehen, dass hier zunächst die verschiedenen Produkte wie *Nachhaltigkeitsfonds*, *Ethikfonds*, *Umweltfonds* und *Ökofonds* auseinandergehalten werden müssen, da sie ja nach Gewichtung ihrer Ziele zu unterschiedlichen Schwerpunkten des Anlagehorizonts führen können. Das gute Abschneiden der Nachhaltigkeitsfonds, insbesondere auch der Umwelt- und Ökofonds war in den letzten Jahren in starkem Maß von der boomenden Solarenergie geprägt und kann keineswegs so für die Zukunft fortgeschrieben werden. Allerdings belegt inzwischen die Mehrzahl der Studien, dass die nachhaltige Ausrichtung der Geldanlage nicht per se renditemindernd wirkt. Entscheidend bleiben auch bei der Einbeziehung nachhaltiger Strategien die Auswahl des richtigen Assetmanagers und eine ausreichende Diversifikation.

5 Aktiver Wertbesitz/Responsible Engagement Overlay

Aktionäre sind Miteigentümer eines Unternehmens, Anleihenbesitzer sind seine Gläubiger. Aufgrund der breiten Streuung des Aktien- und Anleihenbesitzes haben sie jedoch faktisch zumeist keinen unmittelbaren Einfluss auf die Unternehmen und deren Führung. Die Stimmrechtsausübung ist neben der Beteiligung am Gewinn (Dividendenzahlung) ein wesentliches Recht aus der Aktienanlage. Weiterhin erwirbt der Käufer einer Aktie ein umfassendes Informations- und Kontrollrecht. Der Aktienbesitz kann daher insbesondere durch die Bündelung von Interessen dazu benutzt werden, nachhaltige Strategien auch auf Unternehmensebene zu fordern und zu fördern. In der Praxis wird die Ausübung von Aktionärsrechten im Zusammenhang mit der nachhaltigen Geldanlage (auch „Engagement" genannt) vornehmlich in zweierlei Weise umgesetzt:

- *Durch Stimmrechtsausübung*: Stimmrechte können genutzt werden, um bei Abstimmungen, welche die Nachhaltigkeit des Unternehmens berühren, ein Zeichen zu setzen. Werden fragwürdige Geschäftspraktiken bekannt, können auf der Hauptversammlung auch Eingaben zur Abstimmung gebracht werden (zum Teil erst ab einer bestimmten Größenordnung des Aktienbesitzes). Häufig nützt bereits die Ankündigung derartiger Vorhaben, dass in dem Unternehmen alle Anstrengungen unternommen werden, das Problem zu beseitigen. Unterstützend wirkt ein nicht-öffentlicher Dialog mit den Verantwortlichen des Unternehmens.
- *Durch einen Dialog mit der Unternehmensführung*: Neben der Stimmrechtsausübung gehört der Dialog mit Unternehmen zwingend zu einem verantwortungsvollen Umgang mit Aktionärsrechten. Nur so kann dem Unternehmen die Zielsetzung des Aktionärs deutlich gemacht und das Unternehmen in einen Dialog über bestimmte Geschäftspraktiken mit eingebunden werden. Vor dem Hintergrund möglicher Anträge oder möglicher Wortmeldungen auf Hauptversammlungen hängen die Wirksamkeit und die Wahrnehmungstiefe eines solchen Dialogs natürlich auch davon ab, wie viel Stimmrechte gegebenenfalls beim Vorbringen dieses Interesses gebündelt werden können.

Die EKHN kann sich als einzelner Anleger angesichts ihrer niedrigen Beteiligungsquoten insbesondere bei internationalen Konzernen nur schwer Gehör verschaffen. Abgesehen davon, dass die EKHN als internationaler Investor mit nahezu 500 Bestandstiteln nicht die personellen Ressourcen besitzt, um ihre Aktionärsrechte selbst wahrzunehmen.

Die EKHN hat sich daher gemeinsam mit der Evangelischen Landeskirche Baden entschlossen, einen großen internationalen Anbieter mit der globalen Stimmrechtsvertretung und dem Dialog mit den Unternehmensführungen zu beauftragen (sog. „Responsible Engagement Overlay"-Ansatz). Dieser Anbieter vereinigt weltweit die Stimmrechte von mehr als 100 Milliarden Euro Aktienvolumen und vertritt die Aktionäre auf über 4.000 Hauptversammlungen in 50 Ländern. Zahlreiche Gespräche in den Führungsetagen der Unternehmen zu konkreten Themen – etwa zur innerbetrieblichen Umsetzung besserer Antidiskriminierungsrichtlinien oder zur Schaffung angemessener Arbeitsbedingungen in der Zulieferkette des aufgrund dieser Zustände stark kritisierten Handelsriesen WalMart – gehören zum Standardprogramm. Der Dienstleister appelliert im Namen der Anleger zudem auch an einflussreiche Unternehmen, positiven Einfluss auf die Einhaltung von Menschenrechten in schwierigen Staaten zu nehmen. Eine quartalsweise Berichterstattung informiert die beteiligten Anleger über die Aktivitäten und die Erfolge. Durch die Bündelung großer Vermögen sind die Gebühren für eine derartige Dienstleistung überschaubar; sie liegen meist bei 1,0 bis 1,5 Basispunkten (das sind 0,010 bis 0,015 Prozent des Aktienwertes p. a.).

Eine solche Bündelung der Stimmrechte macht die Einflussnahme auf die Unternehmen für den einzelnen Anleger oft erst möglich. Sie bedeutet aber auch, dass ein Dienstleister, der viele verschiedene Anleger vertritt, vornehmlich die Themen in den Fokus nimmt, bei denen seine Kunden sich (vermutlich) einig sind, und spezielle Einzelinteressen von Anlegern eher hinten anstellt. Allerdings könnte die gemeinsame Wahrnehmung der Rechte durch mehrere kirchliche Investoren eine Meinungsbildung des Dienstleisters im Sinne der Kirche durchaus signifikant beeinflussen. Ein gutes Beispiel für die Bündelung von Interessen stellen die Corporate-Governance-Regelungen dar. Diese umfassen – etwas verallgemeinert – Grundsätze für eine gute und verantwortungsvolle Unternehmensführung, die sowohl für die Beschäftigten als auch für die Unternehmensführung gelten. Die Einhaltung der Corporate-Governance-Regelungen ist jedoch für sich noch nicht als umfassend nachhaltig einzustufen, da darin ökologische, soziale und ethische Aspekte nur am Rande behandelt werden.

Am Markt ist zu beobachten, dass gerade die Einhaltung der Corporate-Governance-Regelungen zum Kerngeschäft von Stimmrechtsdienstleistern gehört. Dies geschieht offenbar nicht nur unter dem Gesichtspunkt der

Fokussierung auf einen gemeinsamen Nenner der verschiedenen Anlegerinteressen, sondern auch, weil die Recherche derartiger Informationen über Geschäftsberichte und Hauptversammlungsunterlagen sehr viel leichter möglich ist, als beispielsweise die sorgfältige Validierung von Informationen über Menschenrechtsverletzungen in der Zulieferkette eines Unternehmens.

Ein solches weiter gefasstes Verständnis von unternehmerischer Verantwortung, das die Auswirkungen der Geschäftstätigkeiten auf die Gesellschaft, die Beschäftigten, die Umwelt und das wirtschaftliche Umfeld bedenkt, ist mit dem Begriff Corporate Responsibility (CR) gemeint. In jüngster Zeit wird häufig auch der Begriff Corporate Social Responsibility (CSR) verwandt, der ebenfalls die ausgewogene Berücksichtigung ökonomischer, ökologischer und sozialer Aspekte in der Unternehmensführung bezeichnet. Soweit es die Informationslage zulässt, berücksichtigen die Stimmrechtsdienstleister auch derartige Gesichtspunkte.

6 Anlage in Nachhaltigkeitsfonds

Neben der Definition einer Negativliste für die Gesamtheit der Kapitalanlagen, d. h. der Unternehmen, in die nicht investiert werden soll, kann man umgekehrt auch Positivlisten erstellen, d. h. ein Universum von Unternehmenstiteln definieren, die für die Anlage infrage kommen. Ziel von Positivlisten ist es, unter gleichartigen Anlagen, diejenigen herauszufiltern und zu bevorzugen, die im Sinne der Anlagerichtlinien besser aufgestellt sind. Auch hier kommen Dienstleister zum Zuge, die unter Anwendung eines speziell nach den Bedürfnissen und Interessen des Anlegers orientierten Kriterienkatalogs Rankings erstellen. Dabei kann unterschieden werden zwischen folgenden Ansätzen:

- alle Unternehmen innerhalb eines Universums (Gesamtrating),
- alle Unternehmen innerhalb einer Branche (Best-in-Class-Ansatz),
- Branchen untereinander (Best-of-Classes-Ansatz/Branchenrating).

Anders als bei den Instrumenten des Engagement-Ansatzes oder einer deutlich begrenzten Negativliste führt die Definition von Positivlisten in der Regel zu der Gefahr, dass in die bestehende Anlagestrategie im Sinne einer deutlichen Einschränkung des Anlagehorizonts relativ stark eingegriffen wird. Da mit der spürbaren Begrenzung des Anlagehorizonts meist auch die Erhöhung von Risikokennziffern einhergeht, wird die Investition in spezielle Nachhaltigkeitsfonds oder auch in themenbezogene Fonds, wie Wasser, Umwelt, Klimaschutz oder

Solarenergie schon aus Risikodiversifizierungsgesichtspunkten oft auf einen bestimmten Anteil der gesamten Kapitalanlage begrenzt.

So hat auch die EKHN zusammen mit anderen Landeskirchen und Versorgungseinrichtungen bereits im Jahr 2000 einen Fonds aufgelegt, der nach dem Dow Jones Sustainability Global Index als Benchmark gemanagt wird. Trotz des etwas ungünstigen Investitionszeitpunktes sind die Erfahrungen mit diesem Mandat überwiegend positiv und zeigen aber auch auf, dass mit der Begrenzung des Anlageuniversums eine leicht erhöhte Volatilität verbunden sein kann.

7 Anlage in Direktinvestment (wie Mikrofinanzinstitute)

Einen noch größeren Einfluss auf Unternehmen oder gewünschte Entwicklungen kann man durch Direktinvestments oder Beteiligungen in entsprechend ausgerichtete Unternehmungen erreichen. Da hier eine ausreichende Diversifizierung nicht mehr gewährleistet werden kann, werden derartige Direktinvestments in der Praxis nur ergänzend mit begrenzten Volumenanteilen für ein Investment vorgesehen.

Die EKHN ist bereits seit vielen Jahren an der Oiko-Credit-Organisation beteiligt und unterstützt damit das Anliegen, Kreditvergaben in Entwicklungsländern insbesondere an lokale Kooperativen oder Einzelpersonen zu fördern. Spätestens seit der Vergabe des Nobelpreises an Muhammad Yunus im Jahr 2006 ist auch einer größeren Öffentlichkeit bekannt geworden, dass die Vergabe von Kleinstkrediten in Entwicklungsländern ein besonders wirksames Instrument der Entwicklungspolitik ist. Am Geschäftsmodell Oiko-Credit wird aber auch deutlich, dass ein derartiges nach kirchlichen Gesichtspunkten sehr sinnvolles Investment unter Renditegesichtspunkten (rund 2 Prozent) nur bedingt mit anderen rentierlicheren Kapitalanlagen verglichen werden kann. Eine individuelle und aufwendige Analyse der am Markt angebotenen, sehr unterschiedlichen Anlagemöglichkeiten ist in diesem Bereich unabdingbar.

Eine weitere Beteiligung hält die EKHN zusammen mit einer Reihe von Stiftungen und Entwicklungsorganisationen in einem Fonds, der den Aufbau kleiner und mittlerer Unternehmen in Osteuropa finanziell begleitet und damit auch Beschäftigung und Kaufkraft der dortigen Bevölkerung fördert.

8 Allgemeine (ungeschriebene) Anlagegrundsätze

Neben den in den vorausgehenden Kapiteln aufgelisteten Instrumenten zur Umsetzung ethisch-sozialer Anlagerichtlinien werden von der EKHN noch folgende allgemeine Anlagegrundsätze für die Gesamtheit der Anlagen befolgt:

- *Transparenz muss sein*: Für die Umsetzung der Anlagerichtlinien der EKHN ist es erforderlich, dass die Anlageprodukte so transparent sind, dass die Einhaltung der Richtlinien auch überprüfbar bleibt. Dieser Grundsatz schließt bislang beispielsweise auch ein Investment der EKHN in Hedgefonds aus. Er hat die EKHN aber auch vor dem Investment in ABS-Produkten oder anderen strukturierten Verpackungsformen für eine Vielzahl von Einzelkrediten bewahrt, da bei derartigen Angeboten die gewünschte Transparenz in der Regel nicht gewährleistet werden konnte.
- *Grundsätzlich kein Investment in Rohstoffe*: Obgleich die Assetklasse Rohstoffe zur breiteren Diversifizierung der Gesamtanlagen beitragen könnte und damit unter Renditegesichtspunkten interessant wäre, hat die EKHN sich bereits vor geraumer Zeit dafür ausgesprochen, grundsätzlich nicht in Rohstoffe zu investieren. Angesichts von Menschenrechtsverletzungen, unzureichenden Arbeitsschutzbedingungen insbesondere beim Abbau von Rohstoffen oder dem übermäßigen Einfluss von internationalen Rohstoffkonzernen auf einzelne Entwicklungsländer, würde die Überprüfung der Einhaltung der Anlagerichtlinien der EKHN wohl einen großen Aufwand bedeuten. Als langfristig orientierter Anleger wird die EKHN auch keine Wetten auf die kurzfristige Preisentwicklung von bestimmten Wirtschaftsgütern eingehen. Diese Haltung bedarf angesichts der sehr angespannten Situation im Bereich der Agrarrohstoffe wohl keiner weiteren Begründung. Umgekehrt wäre es aber durchaus überlegenswert, ob nicht im Sinne einer Positivliste ein Investment in einem Nachhaltigkeitsfonds mit der Themenbildung „Unterstützung und Stärkung der Nahrungsmittelproduktion“ angestrebt werden kann.
- *Langfristig orientierte Anlagepolitik*: Die EKHN orientiert sich als kirchlicher Anleger an sehr langfristigen Zielsetzungen, um bei überschaubarem Risiko eine auskömmliche Gesamtrendite über der Inflationsrate zu erzielen. Angesichts dieser langfristigen Orientierung kann die EKHN auch kein Interesse daran haben, durch kurzfristiges Verfügbarmachen der von ihr gehaltenen Aktienpakete (durch sogenannte Veroptionierung von Aktien oder Leihgeschäfte) in der Hoffnung auf eine kleine Zusatzrendite die Volatilität der Märkte zu erhöhen.

9 Bewertung und Ausblick

Dem möglichen Zielkonflikt eines kirchlichen Anlegers zwischen ethischem Investment und Renditeerfordernissen kann nur mit einer Vielzahl von Instrumenten begegnet werden. Ein Investment nur in ethische oder Nachhaltigkeitsfonds im Sinne eines Investments in Unternehmen, die auf einer Positivliste stehen, wäre unter Risiko- und Renditegesichtspunkten kaum vertretbar. Dies gilt in gleichem Maße für ein alleiniges Investment in Mikrofinanzprodukte. In der Ergänzung zu klassischen Anlageformen erscheinen sie für einen kirchlichen Anleger allerdings als unverzichtbar. Unverzichtbar erscheint auch eine harte und überprüfbare Negativliste, in der im Falle der EKHN insbesondere Unternehmen aus den Bereichen Rüstung, Glücksspiel und Drogen ausgeschlossen sind. Mit der Ergänzung durch den Engagement-Ansatz steht ein Instrument zur Verfügung, das die Renditegesichtspunkte, abgesehen von den damit verbundenen Kosten, nicht berührt. Mit diesem Mix der verschiedenen Instrumente möchte die EKHN die Herausforderung und den Anspruch einer ethisch begründeten Investmentpraxis umsetzen.

Es ist damit zu rechnen, dass sich Nachhaltigkeit und Social Responsibility als Investitionskriterium immer stärker im Bewusstsein der Anleger verankern und die Anbieter auf den Kapitalmärkten mit immer weiteren Entwicklungen auf die steigende Nachfrage eingehen. Gleichzeitig werden immer mehr Bereiche des Kapitalmarktes von nachhaltigen Fragestellungen erfasst. Nachhaltigkeitsüberlegungen werden inzwischen auch auf Immobilienanlagen und alternative Anlageformen übertragen. Wie bereits aufgezeigt, sind die kirchenspezifischen Themenstellungen in den Instrumenten- und Kriterienkatalogen noch nicht ausreichend repräsentiert. Hierfür wäre eine stärkere Zusammenarbeit zwischen den Gliedkirchen der EKD sowie anderen kirchlichen Anlegern, aber auch im Sinne der Ökumene, zusammen mit den katholischen Partnern notwendig, um über eine entsprechende Marktstellung einen größeren Einfluss auf die Anbieter zu erzielen.

Angesichts der nicht immer einfachen Informationsbeschaffung, insbesondere über Fragen von Menschenrechtsverletzungen oder die Einhaltung von Arbeitsschutzvorschriften, wäre auch die Sammlung und Auswertung von Informationen von Nichtregierungsorganisationen zur Vernetzung von Daten wünschenswert. Das von den Kirchen unterstützte Institut Südwind e.V. hat hierzu bereits erste Schritte unternommen.

In den kommenden Jahren werden die Anbieter nicht nur ihre Angebote verfeinern, sondern auch die kirchlichen Anleger verstärkt die Berücksichtigung ihrer spezifischen Zielsetzungen einfordern müssen.

Literatur

Carlowitz, Hans Carl von (2000): Sylvicultura oeconomica, 1713 erschienen. Nachdruck der Ausgabe Leipzig 1713. Freiberg i. S.

Hauff, Volker (Hrsg.) (1987): Weltkommission für Umwelt und Entwicklung. Unsere gemeinsame Zukunft. Greven.

Wesley, John (1884): Sammlung auserlesener Predigten von Johannes Wesley. Aus dem Englischen übersetzt von Dr. Wilhelm Nast, 1. Band. Bremen.

Das Versorgungswerk MetallRente – Ziele und Strategien einer sozialpartnerschaftlichen Einrichtung

Heribert Karch

Die voranschreitende Globalisierung und der damit einhergehende Wandel in allen gesellschaftlichen Bereichen verlangen neue Antworten auf die Fragen sozialer Verantwortung. Üblicherweise werden mit diesem Thema die bekannten gesellschaftlichen Herausforderungen wie Umweltschutz, gute Arbeits- und Lebensbedingungen und die Partizipation an Entscheidungen verbunden. In den letzten Jahren gewinnt jedoch ein weiterer, oftmals weniger beachteter Aspekt sozialer Verantwortung an Bedeutung: das „sozialverantwortliche Investieren". Im Blick ist dabei im weitesten Sinne der Umgang mit Geld – im Konkreten die Auseinandersetzung mit Anlagekonzepten, die ethischen, sozialen und ökologischen Kriterien folgen. Die treibenden Gründe für ein „Socially Responsible Investing" (SRI) sind von Land zu Land unterschiedlich und werden stark durch die jeweils bestimmenden Akteure geprägt, seien es Gesetzgeber und nichtstaatliche Organisationen als externer Einflussgruppen (Stakeholder) oder institutionelle Anleger wie etwa Altersvorsorgeeinrichtungen.

Nachhaltige Kapitalanlagen sind in Deutschland immer noch ein Nischenprodukt. Die Wachstumsraten nachhaltiger Investments in den letzten Jahren erweitern und festigen jedoch deren Einfluss auf den Finanzmärkten. Die Einführung globaler und europäischer Nachhaltigkeitsindizes hat zusätzlich die Transparenz auf dem SRI-Markt und gegenüber nachhaltig wirtschaftenden Unternehmen erhöht.

Die Geldanlage nach ethischen, sozialen und ökologischen Kriterien ist in Deutschland viel weniger verbreitet als etwa in den USA, Großbritannien oder dem Beneluxraum. Dies gilt gleichermaßen für Privatanleger wie institutionelle Investoren, wobei letztere stärker auf dem SRI-Markt engagiert sind (Avanzi/Vigeo 2007: 12f; EUROSIF 2006: 6ff. 9; Bergius 2007) Gegenüber den am weitesten entwickelten SRI-Märkten zeichnet sich jedoch ein Prozess des Aufholens ab.

Das 2001 als gemeinsame Einrichtung von Gesamtmetall und IG Metall gegründete Versorgungswerk MetallRente ist ein Beispiel dafür, dass sozial verantwortliches Investieren für Kapitalanlagestrategien auch in Deutschland mehr und mehr an Bedeutung gewinnt. MetallRente richtet seine Kapitalanlagepolitik bereits im siebten Jahr klar an Nachhaltigkeitskriterien aus und nimmt damit unter den Einrichtungen der betrieblichen Altersvorsorge (bAV) nicht nur eine Pionierstellung ein, sondern ist auch Motor dieser Investmentstrategie.

Der vorliegende Beitrag soll die Rahmenbedingungen einer im Bereich der Altersvorsorge an nachhaltigen Kriterien ausgerichteten Kapitalanlage (1) und – im Sinne einer Fallstudie zu sozial verantwortlichem Investieren – das Branchenversorgungswerk MetallRente (2) vorstellen. Für diese Institution soll beschrieben werden, wie die SRI-Strategie aufgebaut ist, sich entwickelt hat (3) und welche Grundsätze und Parameter für die Kapitalanlagepolitik von MetallRente maßgeblich sind (4). Der Beitrag schließt mit einem Ausblick und der Formulierung von „Wünschen" eines institutionellen SRI-Investors (5), die naturgemäß nicht in die Tiefe gehen können, sondern als Diskussionsanreize zu verstehen sind.

1 Gesetzliche Rahmenbedingungen: Betriebliche Altersversorgung und SRI-Kapitalanlage[1]

Der Nachhaltigkeitsgedanke selbst hat erst im Zuge der Riester-Rentenreform Eingang in die Vermögens- und Kapitalanlagevorschriften gefunden und findet sich daher speziell in der betrieblichen Altersversorgung und ergänzenden privaten Altersvorsorge. Intendiertes Ziel des Gesetzgebers ist nicht nur die Förderung ethischer, sozialer und ökologischer Aspekte im Anlagemanagement bei Produkten der ergänzenden Zusatzversorgung insgesamt, sondern zugleich auch ihre gesetzliche Regulierung.

Entscheidend für die Vermögensanlage der betrieblichen Altersversorgung ist § 115 Abs. 4 Versicherungsaufsichtsgesetz (VAG)[2]. Dort heißt es in der heute (2008) geltenden Fassung: „Der Pensionsfonds muss die Versorgungsberechtigten grundsätzlich schriftlich bei Vertragsschluss sowie jährlich schriftlich darüber informieren, ob und wie er ethische, soziale und ökologische Belange bei der Verwendung der eingezahlten Beiträge berücksichtigt." Mit anderen Worten: Die Versorgungsberechtigten müssen „bei" Abschluss des Altersvorsorgevertrags und im Rahmen der jährlichen Berichte über die eingezahlten Beträge und die zu erwartenden Leistungen auch über die Anlagepolitik und die etwaige Berücksichtigung sozialer und ökologischer Belange informiert werden.

---

[1] Für seine Hinweise und hilfreichen Kommentare danke ich Sven Dietrich.

[2] Der Gesetzestitel lautet offiziell: Gesetz über die Beaufsichtigung der Versicherungsunternehmen. Abrufbar unter http://www.bundesrecht.juris.de (Zugriff am 7.8.2008).

Hinsichtlich der Inhalte der Information gibt es keine gesetzlichen Vorgaben und auch keine durch die aufsichtführende Bundesanstalt für Finanzdienstleistungsaufsicht (BaFin)[3]. Ferner kann der Anbieter mit einer Fehlanzeige, also einer Anzeige der Nichtberücksichtigung, seinen Berichtsaufwand quasi auf null reduzieren. Dagegen sind diejenigen, die eine Vorreiterrolle übernehmen und ihr Anlagemanagement nach SRI-Kriterien ausrichten, verpflichtet, jährlich darüber „ausführlich und aussagekräftig" zu informieren (§ 115 Abs. 4 VAG i. V. m. Anlage D Abschnitt III zum VAG[4]). Insgesamt macht der Wortlaut deutlich, dass weniger eine verpflichtende Nachhaltigkeitsberichterstattung als vielmehr nur eine Offenlegungspflicht darüber besteht, ob und inwiefern ethische, soziale und ökologische Belange in der Anlagepolitik der Altersvorsorgebeiträge berücksichtigt werden. Verfechter eines SRI-Anlagemanagements wie etwa Germanwatch sprechen deshalb mehr von einer „Tranzparenzklausel" und weniger von einer wirklichen Verpflichtung zur Berichterstattung (Germanwatch 2004: 1).

War anfänglich (seit 2002) nur der Durchführungsweg Pensionsfonds ausdrücklich im VAG benannt, so erfolgte 2003 folgerichtig die Ausweitung der SRI-Informationspflicht auch auf die Durchführungswege Direktversicherung und Pensionskasse, die wie der Pensionsfonds auch dem VAG unterliegen.[5] Im Rahmen der 7. VAG-Novelle (2005) wurde zusätzlich der Bezug „jährlich" und „bei Vertragsschluss" in den § 115 Absatz 4 VAG hinzugefügt. Bis dahin war

[3] Mehr Informationen unter http://www.bafin.de (Zugriff am 7.8.2008).

[4] Die Anlage D Abschnitt III (Verbraucherinformation: Informationen bei betrieblicher Altersvorsorge) zum VAG beinhaltet grundlegende Vorschriften über die Informationspflichten, denen Einrichtungen der betrieblichen Altersversorgung (Lebensversicherungsunternehmen und Einrichtungen mit Lebensversicherungsgeschäft wie z.B. Pensionskassen) unterliegen. Hinsichtlich einer Kapitalanlage nach SRI-Kriterien wird dort ausgeführt, dass Versorgungsanwärtern und Versorgungsempfängern „während der Laufzeit des Versorgungsverhältnisses (…) jährlich, erstmals bei Beginn des Versorgungsverhältnisses (…) eine Information nach § 115 Abs. 4 VAG" zu erteilen ist (Anlage D Abschnitt III 2. b) cc) zum VAG), und zwar „ausführlich und aussagekräftig" (Anlage D Abschnitt III zum VAG).

[5] So wurde 2003 in § 10a Abs. 1 folgender Satz 3 angefügt (heute § 10a Abs. 2 VAG): „Lebensversicherungen [Anm. des Verfassers: gemeint sind Lebensversicherungsunternehmen] und Pensionskassen, so weit sie Leistungen der betrieblichen Altersversorgung erbringen, haben außerdem die Versorgungsanwärter und Versorgungsempfänger, die nicht zugleich Versicherungsnehmer sind, nach Maßgabe der Anlage D Abschnitt III zu informieren." Damit wird sichergestellt, dass bei der Durchführung der betrieblichen Altersversorgung mittels Pensionsfonds, Pensionskassen und Direktversicherung und einer vergleichbaren Rechtsstellung von Arbeitnehmern auch die Informationspflichten der Anbieter sich entsprechen müssen/gleich sein müssen. Zu Anlage D Abschnitt III: siehe Fußnote 4.

nämlich völlig unklar, wann und wie oft die Information durch den Anbieter erfolgen musste.[6]

Eine ebenfalls seit Inkrafttreten der Reformmaßnahmen (2002) anzuwendende SRI-Regulierung findet sich im Altersvorsorgeverträge-Zertifizierungsgesetz (AltZertG)[7] für private Vorsorgeverträge (Riester-Rente), jedoch mit inhaltlicher Abweichung. So muss der Anbieter seinen Vertragspartner bereits „schriftlich vor Vertragsabschluss" informieren, ob und wie er ethische, soziale und ökologische Belange bei der Verwendung der eingesetzten Beiträge berücksichtigt (§ 7 Abs. 1 Nr. 7 AltZertG). Eine Informationspflicht während der Vertragslaufzeit besteht analog der bAV-Regelung (§ 7 Abs. 3 AltZertG). Die Umsetzung der Informations- oder Offenlegungspflicht für betriebliche und private Altersvorsorge wird also trotz gleicher Zielsetzung im jeweiligen Gesetzestext unterschiedlich gehandhabt. Eine Angleichung ist bis heute ausgeblieben, was der These der Komplexität der ergänzenden Altersvorsorge seit 2002 zusätzlichen Nährboden bereitet.[8]

Das deutsche Modell ist im europäischen Vergleich zwar dem britischen ähnlich (es diente als Vorlage), das nach dem Prinzip „comply or explain" aufgebaut ist.[9] Es ist aber nicht so weitreichend wie etwa das in Schweden vorherrschende, das seit 2001 einem Teil des staatlichen Rentensystems („AP-Fonden"; sogenannte Pufferfonds) nicht nur eine Berichtspflicht über SRI-Kriterien in der Kapitalanlage, sondern auch eine verpflichtende Einbeziehung dieser Kriterien bei der Investitionsentscheidung vorschreibt (EUROSIF 2005: 14; Steurer et al. 2008: 25f.).

---

[6] Außerdem wurde die Informationspflicht von Pensionskassen durch einen Verweis (in § 118b Abs. 1 VAG Anzuwendende Vorschriften [Anm. d. Verfassers: von Pensionskassen]) auf den für Pensionsfonds maßgeblichen § 115 Abs. 4 VAG verankert.

[7] Die amtliche Bezeichnung des Gesetzes lautet: Gesetz über die Zertifizierung von Altersvorsorgeverträgen. Abrufbar unter http://www.bundesrecht.juris.de (Zugriff am 7.8.2008).

[8] Die unterschiedliche Regulierung gilt auch für die Folgen bei Zuwiderhandlung. Während der Gesetzgeber bei der Riester-Rente von einer Ordnungswidrigkeit spricht, die immer dann gegeben ist, wenn der Anbieter der Informationspflicht vorsätzlich oder fahrlässig „nicht, nicht richtig, nicht rechtzeitig oder nicht vollständig nachkommt", und durch die Aufsichtsbehörde mit einer Geldbuße bis zu 2.500 Euro geahndet werden kann (§ 13 Abs. 1 und 2 AltZertG), existiert eine vergleichbare gesetzliche Regelung in der betrieblichen Altersversorgung nicht.

[9] Die seit 2000 durch den Disclosure Act bestehende Offenlegungspflicht verlangt von den Vermögensverwaltern (Trustees) betrieblicher Pensionsfonds ihre nachhaltige Anlagestrategie als ein „Statement of Investment Principles" (SIP) zu formulieren. Werden keine Nachhaltigkeitskriterien berücksichtigt, muss dies explizit durch eine Fehlanzeige dargestellt werden. Zentraler Kritikpunkt der SRI-Befürworter ist jedoch die fehlende Informationspflicht an die Mitglieder von Pensionseinrichtungen. Es besteht zwar das Recht auf Auskunft zur Anlagepolitik, das von den Versicherten aber ein aktives Handeln abverlangt und folglich Kenntnis über die Gesetzeslage erfordert (EUROSIF 2005: 12).

Im Ergebnis hat die Berücksichtigung eines SRI-orientierten Anlagekonzept in beiden Gesetzen (VAG und AltZertG) einerseits zwar dem Gedanken des nachhaltigen Wirtschaftens und andererseits der nachhaltigen Kapitalanlage in der Altersvorsorge Rechnung getragen. Es ist aber weder ein entscheidender Impuls von diesen Vorschriften ausgegangen noch haben sie einen spürbaren gesellschaftlichen Ruck ausgelöst, der mit Nachdruck einen Wandel von der konventionellen zur SRI-orientierten Kapitalanlage hätte herbeiführen können (Bergius 2007).

2 Institutionelle Sozialpartnerschaft: Das Versorgungswerk MetallRente

Das Versorgungswerk MetallRente ist eine gemeinsame Einrichtung des Arbeitgeberverbands Gesamtmetall und der Industriegewerkschaft IG Metall. Das am 29. Oktober 2001 gegründete Versorgungswerk bietet Unternehmen bzw. deren Beschäftigten Versorgungslösungen im Rahmen zusätzlicher kapitalgedeckter Altersvorsorge an. Hierzu gehören die betriebliche Altersversorgung, die staatlich geförderte Riester-Rente sowie die Absicherung von Berufs- und Erwerbsunfähigkeit und Hinterbliebenenschutz.

Als Institution der Sozialpartner erfüllt MetallRente alle Anforderungen der Tarifverträge zur Entgeltumwandlung und zu altersvorsorgewirksamen Leistungen (AVWL, vormals vermögenswirksame Leistungen) für die Beschäftigten der Metall- und Elektroindustrie sowie angeschlossener Branchen. Das geschieht durch die Bereitstellung tarifvertragskonformer Vorsorgeprodukte in den Durchführungswegen Direktversicherung, Pensionskasse und Pensionsfonds. Für den Aufbau der bAV stehen versicherungsförmige Garantieprodukte und chancenorientierte innovative Fondsprodukte zur Verfügung. Optional können die Zusatzbausteine Berufs-/Erwerbsunfähigkeit und Hinterbliebenenschutz eingeschlossen werden. Neben diesen bietet MetallRente auch Lösungen im Rahmen der rückgedeckten Unterstützungskasse sowie für arbeitgeberfinanzierte Betriebsrenten an. MetallRente hat führende Finanzdienstleistungsunternehmen damit beauftragt, hierfür geeignete Durchführungswege und Produkte bereitzustellen.

Das Versorgungswerk steht auch Unternehmen offen, die nicht Mitglied im Arbeitgeberverband sind, sowie Verbänden und Unternehmen, die nicht zur Metall- und Elektroindustrie gehören. So haben sich unter anderem die Branchen der Holz- und Kunststoffverarbeitung, der Textil- und Bekleidungsindustrie und die Stahlindustrie dem Versorgungswerk angeschlossen, nachdem sie Tarifverträge zur Entgeltumwandlung abgeschlossen hatten. Auch Unternehmen anderer Branchen haben sich für MetallRente entschieden.

Gegenwärtig sind mehr als 13.000 Unternehmen Kunden von MetallRente. Dies entspricht einer erreichten Marktdurchdringung von etwa 50 Prozent, gemessen an allen Industrieunternehmen mit mehr als 20 Beschäftigten in den Zielbranchen. Mit einem Versichertenbestand von über einer viertel Million Beschäftigten und einem Beitragsbestand in Höhe von rund 1,5 Milliarden Euro (Juni 2008) ist das Versorgungswerk die am stärksten wachsende Einrichtung ihrer Art. MetallRente hat sich nach nicht einmal sechs Jahren operativer Tätigkeit (seit 2002) als ein bundesweiter Industriestandard für kleine, mittlere und Großunternehmen etabliert und stellt zugleich eine maßgebende Benchmark für Wettbewerber dar.[10]

Hinsichtlich der Kapitalanlage vertreten die Gesellschafter von MetallRente die Ansicht, dass jede finanzielle Anlage auch Verantwortung des Investors (Anlegers) einschließt. In erster Linie heißt das, sich als umsichtiger und aktiver Akteur zu verhalten. Institutionelle Altersvorsorgeeinrichtungen wie MetallRente haben insofern zusätzlich eine treuhändlerische Verantwortung gegenüber dem „Workers' Capital", also ihren Anspruchsberechtigten. Und schließlich sind bei Anlageentscheidungen immer auch gesellschaftliche Interessen mitbetroffen und zu berücksichtigen. Daher favorisiert das Versorgungswerk MetallRente einen langfristigen Anlagehorizont, der nachhaltige Anlagen berücksichtigt.

In der jüngeren Diskussion werden Nachhaltigkeit und langfristiger Anlagehorizont auch um die Identifizierung unternehmerischer Risiken („business risks") und deren Minimierung bzw. um Vermeidungsstrategien ergänzt. Dieser erweiterte Ansatz bildet ein gutes Fundament für ein umfassend und nachhaltig zu managendes Vorsorgekapital, für ein Responsible Investing. Dies alles im Sinne von Altruismus zu verstehen, greift somit nicht nur zu kurz, sondern verkennt die eigentliche Zielsetzung nachhaltigen Investierens.

Ein Blick über die Ländergrenzen hinweg veranschaulicht die Chancen und Möglichkeiten einer solchen Anlagepolitik (OECD 2007; SIF 2008; Steurer et al. 2008; UNEP FI 2005). Bedeutende Investoren, vornehmlich öffentliche Fonds wie etwa der norwegische Staatsfonds (Statens Pensjonsfond)[11] oder der Rentenreservefonds Frankreichs (FRR/Fonds de Réserve pour les Retraites)[12], aber auch

[10] Mehr Informationen unter http://www.metallrente.de (Zugriff am 7.8.2008).

[11] Zum Beispiel hat das norwegische Finanzministerium 2006 sieben Unternehmen aus dem staatlichen Pensionsfonds ausgeschlossen, weil sie an der Produktion von Kernwaffen beteiligt sind. Eine entsprechende Empfehlung hatte der dem Fonds zugeordnete Ethikrat getroffen. Mehr Informationen unter http://www.norwegen.no → „Gesellschaft und Politik" → „Aktuelles" (Meldung vom 1.11.2006) und unter http://www.regjeringen.no/en/dep/fin/Selected-topics/The-Government-Pension-Fund.html?id=1441 (Zugriff am 7.8.2008).

[12] Die Verwaltung des staatlichen Reservefonds FRR wird seit 2001 gesetzlich dazu verpflichtet, einer Kontrollkommission nicht nur über die Anlagepolitik Rechenschaft abzulegen, sondern bei

zahlreiche Branchenfonds in den Niederlanden[13] oder Schweden[14], tragen durch ihre um Responsible Investing erweiterten Anlagerichtlinien – teils auf der Grundlage parlamentarischer Vorgaben, teils auf Übereinkunft der Sozialpartner – zur Verbreitung der Erfolgsstory des verantwortlichen Investierens bei.

Das sozial(politisch)e Verständnis der Investorenrolle von MetallRente wurde bereits in den Gründungsbedingungen des Versorgungswerks verankert; somit von Beginn der operativen Tätigkeit an. Gemäß § 8, Absatz 4 der Rahmenvereinbarung MetallRente vom 18. Dezember 2001 gilt:

> „Bei der Kapitalanlage zugunsten ausschließlich und direkt für das Versorgungswerk MetallRente eingerichteter Deckungsstöcke sind in allen Durchführungswegen ethische Belange, soziale Verantwortung und ökologische Nachhaltigkeit im Sinne des § 115, Absatz 4 VAG zu berücksichtigen."

In dem Grundsatz der Rahmenvereinbarung MetallRente ist indes auch eine Restriktion erkennbar, die den Gegebenheiten des damaligen und auch derzeitigen Altersvorsorgemarktes folgt, nämlich die Einschränkung auf ausschließlich und direkt für das Versorgungswerk eingerichtete Deckungsstöcke. So ist es auch heute durchaus üblich, dass Versorgungseinrichtungen – insbesondere im Zuge der Riester-Reform gegründete Versorgungswerke – ein zwar breites Spektrum von „eigenen" Vorsorgelösungen bereitstellen, hierfür aber Aufträge an Finanzdienstleister insbesondere im Bereich der Lebensversicherung vergeben. In der Regel werden somit die Beiträge nicht eigenen (separierten) Deckungsstöcken zugeführt, sondern denen der Lebensversicherer. Bei den vom Versorgungswerk treuhänderisch verwalteten Altersvorsorgevermögen handelt es sich daher – in den beiden versicherungsförmigen Durchführungswegen, der Direktversicherung und Pensionskasse – um Anlagen in den Deckungsstöcken der Konsorten. Damit wird auch das Konzept der Kapitalanlage übernommen, das bei Versicherungsunternehmen eher eine konventionelle Ausrichtung besitzt.

---

dieser Anlagepolitik auch ethische, soziale und ökologische Kriterien zu berücksichtigen. Weitere Informationen unter http://www.fondsdereserve.fr (Zugriff am 7.8.2008).

[13] So hat bspw. die christliche Dachgewerkschaft Christelijk Nationaal Vakverbond (CNV) bereits 1999 einen SRI Investment Code für das Anlagemanagement der Pensionsfonds ihrer Branchengewerkschaften erarbeitet, ebenso der Gewerkschaftsverband Federatie Nederlandse Vakbeweging (FNV) für seine Mitglieder in 2000. Weitere Informationen unter http://www.cnv.nl und http://www.fnv.nl (Zugriff am 7.8.2008).

[14] Die Landsorganisationen i Sverige (LO), Schwedens Dachorganisation der Arbeitergewerkschaften, eröffnete auf dem Gewerkschaftskongress 2000 eine breite Diskussion über die Frage der Kapitalanlage von Workers' Capital (Pensionsfonds) und ging wenig später mit einem ersten ethisch orientierten Investmentkonzept für Branchenpensionsfonds an die Öffentlichkeit (LO 2006).Weitere Informationen unter http://www.lo.sv (Zugriff am 7.8.2008).

Die Umsetzung der SRI-Anlagestrategie findet sich deshalb gegenwärtig nur im MetallRente Pensionsfonds wieder, der über ein gesondertes Sicherungsvermögen verfügt und bei dessen Anlagestrategie nach den Vorstellungen und Vorgaben der Gesellschafter von MetallRente ethische Belange, soziale Verantwortung und ökologische Nachhaltigkeit bei der Anlage berücksichtigt werden können – und müssen. Der Pensionsfonds ist nicht nur der jüngste und fünfte Durchführungsweg der bAV, er ist auch das modernste und in seinen Kapitalanlagevorschriften das durch quantitative Beschränkungen (der Anlageformen; sog. Mischung) am wenigsten regulierte Instrument der Altersversorgung insgesamt, in dem in besonders hohem Maße in Aktien investiert werden kann. Dies gilt auch für die Anlagerichtlinien des MetallRente Pensionsfonds, der mit einer Zielallokation von 80 Prozent Aktien und 20 Prozent sicheren Anlagen ausgestattet ist. Es befindet sich darunter außerdem ein versicherungsförmiges Kapitalisierungsprodukt zur Abdeckung der Beitragszusage mit Mindestleistung. Sein sozial verantwortliches Kapitalanlagekonzept macht ihn zu einem Vorreiter: Der MetallRente Pensionsfonds ist der einzige unter den aktuell 27 Pensionsfonds am Markt mit ausschließlicher Aktienauswahl nach SRI-Kriterien für das gesamte Aktienportfolio – also ohne Beimischungspolitik –, und das bereits seit seiner Auflage im Frühjahr 2002.[15]

3 Vom „Negative Screening“ zu „Best-in-Class“ mit SRI-Benchmark: Ein sozialverantwortliches Kapitalanlagekonzept

Die Pension Governance von MetallRente sieht neben dem generellen Gebot der Berücksichtigung ethischer Belange, sozialer Verantwortung und ökologischer Nachhaltigkeit auch eine Regelung zur Methodik beim Aufbau verantwortlich investierten Versorgungskapitals vor.

Mit der Auflegung des MetallRente Pensionsfonds erfolgte die maßgebliche Konkretisierung dieser Anforderungen durch Aufstellung einer Negativliste nicht erwerbbarer Anlagen, das heißt eine Liste mit Unternehmen, in die aufgrund der angelegten ethischen Kriterien nicht investiert werden durfte. Dazu wurden absolute Ausschlusskriterien (Desinvestmentansatz) definiert. Maßgeblich für diese sogenannten „Negative Screens“ waren die Kernarbeitsnormen (Core Labour Standards) der Internationalen Arbeitsorganisation (ILO)[16], einer Sonder-

[15] Auch im internationalen Vergleich nimmt der MetallRente Pensionsfonds mit seiner auf das gesamte Aktienportfolio bezogenen SRI-Anlagestrategie eine besondere Stellung ein (UNEP FI 2007: 53ff).

[16] Mehr Informationen zur Internationalen Arbeitsorganisation (ILO) unter http://www.ilo.org (Zugriff am 8.8.2008).

organisation der Vereinten Nationen und die Prinzipien des „Global Compact“[17] der Vereinten Nationen. Zu nennen sind unter anderem der Ausschluss von Kinderarbeit, rechtsverbindliche Arbeitsverhältnisse (Contract-Workers), Verbot der Diskriminierung (etwa hinsichtlich Geschlecht, Arbeitsbedingungen, Entgelt), die Gewährung grundlegender Gewerkschaftsrechte und Kollektivverhandlungen, Gesundheit und Sicherheit am Arbeitsplatz und nicht zuletzt Umweltschutz sowie Korruptionsbekämpfung. Für die Stock Selection (Titelauswahl) wurden außerdem die von der UNA Trust[18] erarbeiteten Ausschlusskriterien herangezogen, die Unternehmen mit kritischen Produktionsbereichen wie etwa Rüstung, nukleare Energie, Tabak oder Pornografie gelten. Als Entscheidungsgrundlage diente dem Kapitalanlageschuss von MetallRente eine jeweils zum Jahresende vorzulegende Unternehmensliste durch die beauftragte Kapitalanlagegesellschaft, Allianz Global Investors (AGI), die wiederum auf Analysen der auf Nachhaltigkeitsanlagen spezialisierten Tochter RCM basierte. Die Negativliste ging als bindende Vorgabe an die jeweiligen Asset Manager und wurde turnusgemäß aktualisiert, bis dieser passive Nachhaltigkeitsansatz Anfang 2007 abgelöst wurde.

Während der fünfjährigen Anwendung dieses Investmentansatzes wurden spezifische Erfahrungen gesammelt, die sich folgendermaßen zusammenfassen lassen:

- Die Methodik der Negativliste mit ihren festen Grundsätzen bot eine sehr umfangreiche Option eigenverantwortlicher Steuerung der Kapitalanlage. Denn die Definition von nicht erwerbbaren Anlagen (Titeln) oblag ausschließlich dem Investor selbst.
- Ferner hatte die Strategie der Negativliste den Vorteil, dass die beiden Gesellschafter von MetallRente im Kapitalanlageausschuss gefordert waren, sich periodisch über ökonomische sowie ethische, soziale und ökologische Kriterien und letztlich konkrete Aktientitel zu verständigen. Diese Auseinandersetzung war damit zugleich Ausdruck einer sich regelmäßig erneuernden Sozialpartnerschaft.
- Zudem ermöglichte das Negativ-Screening auch einen eindeutigen Investmentprozess, bei dem nicht alle Index-Werte anhand der aufgestellten Anlagegrundsätze untersucht werden mussten, sondern nur ausgewählte, die

[17] Der 1999 von dem damaligen UN-Generalsekretär Kofi Annan auf dem Weltwirtschaftsforum in Davos ins Leben gerufene Global Compact hat sich zum Ziel gesetzt, die Globalisierung sozialer und ökologischer zu gestalten. Unternehmen sind aufgefordert, sich der Initiative anzuschließen, indem sie sich zu den zehn Prinzipien des Global Compact bekennen. Mehr Informationen unter http://www.unglobalcompact.org (Zugriff am 10.8.2008).

[18] Weitere Informationen zum United Nations Association Trust (UNA Trust) unter http://www.un.org (Zugriff am 8.8.2008).

aus Sicht des Asset Managements grundsätzlich und für die aktuelle Allokation relevant waren. So wurden regelmäßig zuerst die Werte für die taktische Allokation ausgewählt und im Anschluss die Titel selektiert, die aus Gründen der Nachhaltigkeit für MetallRente nicht infrage kamen, und durch den Anlagegrundsätzen konforme Werte ersetzt.

- Ambivalent gestaltete sich das Benchmarking bei diesem SRI-Ansatz: Typischerweise wird das Asset Management an einer Index-Benchmark als Vergleichsmaßstab gemessen. Aufgrund des Ausschlusses einzelner Titel birgt jedoch ein herkömmlicher Aktienindex die Gefahr eines unrealistischen Benchmarkings für den Asset Manager. Andererseits ist der Vergleich mit einem typischen SRI-Index mitunter eine Restriktion, die mit der Methodik der Negativliste inkompatibel sein kann. Das Benchmarking des Portfolios wurde deshalb 2004 auf eine Formel umgestellt, in der der Index um die Werte der Negativliste zur Benchmark gemindert wurde. Dieses modifizierte Benchmarking rief nicht nur einen zusätzlichen Aufwand im Investmentprozess hervor. Es offenbarte auch die Probleme der Vergleichbarkeit von Index und passivem Nachhaltigkeitsinvestment eines Aktienportfolios.
- Bei diesem Investmentansatz darf nicht verkannt werden, dass der Ausschluss einzelner Titel auch mit einer verringerten Diversifikationsmöglichkeit (reduziertes Anlageuniversum) einhergehen und folglich eine potenziell ungewollte Fokussierung des Portfolios hervorrufen kann (beispielsweise eine strukturelle Untergewichtung von bestimmten Branchentiteln).

Im Jahr 2007 adjustierte MetallRente die SRI-Strategie durch den Wechsel von der Negativ-Selektion zu einem Best-in-Class-Ansatz. Aktieninvestments des MetallRente Pensionsfonds folgen nunmehr einer typischen SRI-Benchmark, dem Dow Jones STOXX Sustainability Index (DJSI STOXX). Der Index fungiert dabei nach dem Prinzip einer „doppelten Benchmark“: einerseits als Performance-Vergleichsmaß, andererseits als Vorauswahl von Aktientiteln. Neben dieser Vorauswahl im Sinne einer ersten Stufe des SRI-Ratings berücksichtigt das SRI-Anlagekonzept von MetallRente Titel außerhalb der Benchmark. Dieser Paradigmenwechsel lässt sich als Hinwendung zu einem fortgeschrittenen, ganzheitlichen Nachhaltigkeitsansatz charakterisieren, bei dem die Auswahl der Einzeltitel weiterhin das Kernelement darstellt.

Beim Best-in-Class-Prinzip werden Unternehmenstitel ausgewählt, die im Vergleich zu anderen der Branche (des Sektors) im Hinblick auf ihre Sozial- und Umweltperformance besser bewertet werden. Der Best-in-Class-Ansatz von

MetallRente[19] nimmt zunächst keine Einschränkung der Branchen und Titel vor. Innerhalb der jeweiligen Branchen wird mithilfe eines mehrstufigen Bewertungsverfahrens nach Maßgabe der genannten Kriterien die Performance der Unternehmen geprüft und bewertet, wie beispielsweise die Umwelt- und Sozialpolitik, das Management, die Produktion und Produkte, die Beziehungen zu Mitarbeitern, Zulieferern, Kunden und anderen Stakeholdern sowie die Wachstumsmöglichkeiten, Profitabilität und Bilanzstruktur. Dabei fallen Unternehmen aus den Bereichen Militärproduktion, nukleare Energie, Pornografie und Tabak wiederum unter Ausschlusskriterien. Erst wenn ein Unternehmen die Prüfung „bestanden“ hat und zu den besten seiner Branche oder seines Sektors gehört, wird es in das Anlageuniversum des Aktienportfolios aufgenommen. Das Anlagemanagement des MetallRente Pensionsfonds zeichnet sich somit durch einen mehrstufigen SRI-Investmentprozess aus, der auf die gesamte Stock Selection (auf Indextitel und auf Titel außerhalb des Index gleichermaßen) angewendet wird. Im Ergebnis handelt es sich um ein aktives und auf einem eigenständigen SRI-Ansatz basierendes Asset Management: Das Anlageuniversum der Benchmark – der DJ SI STOXX – und das MetallRente-Portfolio sind weder nach Titeln noch nach Gewichtung (nach Ländern, Branche, Sektor und Anteil am Volumen) deckungsgleich. Zusätzlich flankiert ein separat gemanagter Spezialfonds „Renten“, der unter anderem in europäischen Staatstiteln allokiert ist, das Aktienportfolio. Für die Kapitalanlagestrategie des MetallRente Pensionsfonds ergeben sich daraus im Wesentlichen folgende Effekte:

- Der Best-in-Class-Ansatz besitzt grundsätzlich den Vorteil, dass die Diversifizierungseigenschaften universeller Kapitalanlagen nahezu uneingeschränkt bestehen.
- Des Weiteren besteht eine klare, eindeutig definierte Benchmark für das Asset Management, an der eine stringente und zuverlässige Messung der Performance durch Vergleich möglich ist.
- Sowohl das Monitoring der Kapitalanlage als auch der Ausschluss nicht erwünschter Titel und nicht zuletzt auch das Benchmarking für den Asset Manager gestalten sich weniger aufwendig. Somit entfallen methodische Überbauten zugunsten eines klaren Prozesses.
- Entfallen ist seither auch das jährliche Beschlussverfahren (Negativ-Liste) mit entsprechend intensiver Diskussion im Kapitalanlageausschuss. Damit wird das Gremium um einen administrativ aufwendigen Prozess entlastet. Gleichzeitig bleibt eine bewusste Hinwendung auf das Thema sozial verantwortliches Investieren im Geiste der sozialpartnerschaftlichen Archi-

[19] Verantwortlich zeichnet hierfür das Sustainability Investment Team von RCM/London.

tektur des Versorgungswerks erhalten. Das heißt, neben einem unverändert aktiven researchgestützten Monitoring ist weiterhin auf der Grundlage von Beschlussfassungen eine Adjustierung der benchmarkorientierten Allokation möglich.

- Das latente Problem des Ausschließungsgrades von Unternehmen wird durch eine SRI-Benchmark praktisch ausgeschlossen. Denn ein Ausschluss von Unternehmen des traditionellen Kapitalmarktes ergibt sich automatisch durch die SRI-Benchmark und ist damit tendenziell stabiler als die jährliche Beschlussfassung über eine Negativliste. Im Sinne einer Asset Allokation kontinuierlicher Relationen ist dies als ein essenzieller Vorteil anzusehen.

4 Konstruktiver Dialog: Entscheidungsparameter für die SRI-Strategie

Zum Verständnis der Paradigmen einer SRI-Strategie von MetallRente ist es an dieser Stelle notwendig, die grundlegende Architektur des Versorgungswerks nochmals anzusprechen. Die Initialzündung für die Gründung des Versorgungswerks und damit auch für eine neue Investorenrolle in Deutschland stellt die Riester-Reform dar. Durch die Normierung des Tarifvorbehaltes im Betriebsrentengesetz zugunsten tarifvertraglicher Regelungen – im Rahmen der Entgeltumwandlung (von tariflichem Entgelt) – wird den hierfür zuständigen Parteien eine besondere Rolle zugewiesen. In nahezu allen tariflich regulierten Branchen wurde von diesem Tarifvorbehalt Gebrauch gemacht. Damit sind verschiedene Determinanten gesetzt:

- die Bereitstellung des Rechtsmantels der bAV für die neue, durch mehr Eigenverantwortung gekennzeichnete, ergänzende kapitalgedeckte Altersvorsorge in Deutschland;
- eine exponierte Rolle der Sozialparteien auf sozialpartnerschaftlicher Basis und folglich eine Renaissance des Gedankens der Versorgungswerke auf Grundlage flächentarifvertraglicher Regelungen;
- eine zu Beginn des Jahres 2002 den Akteuren kaum bewusste und dynamisch wachsende Rolle institutioneller Investoren auf dem Altersvorsorge- bzw. Finanzmarkt in Deutschland, perspektivisch auch über die Landesgrenzen hinweg.

Politisch wegweisend für die Tarifvertragsparteien war die Übernahme von Verantwortung innerhalb der gesetzgeberischen Neuausrichtung des 3-Säulen-Modells der Alterssicherung, und zwar für die zweite Säule, die der betrieblichen Altersversorgung, und partiell die dritte Säule, die der privaten Altersvorsorge.

Damit war auch der Eingriff durch Regulation der Tarifvertragsparteien vorgegeben.

Rückblickend lässt sich in tarifpolitischer Hinsicht anmerken, dass es weder realitätsnah noch erwünscht war, verpflichtende Institutionen zu errichten. Stattdessen wurden regulative Elemente ergänzt durch Marktelemente: Im Ergebnis entstand ein neuer Typ Versorgungseinrichtung, der sich deutlich von den traditionellen abgrenzen lässt. Im Kern handelt es sich um Einrichtungen, denen Arbeitgeber ohne tarifvertraglichen Zwang freiwillig beitreten können, die sich somit auf dem Markt der Altersversorgung behaupten müssen.

Als dem Wettbewerb ausgesetzte Einrichtungen haben sie bei der Aufstellung ihres Angebots den stetigen Spagat zu bewältigen, einerseits den Tarifverträgen und den Wünschen der Tarifvertragsparteien Rechnung zu tragen und andererseits für eine hinreichende Marktgängigkeit zu sorgen, um den Erfolg der Institution sicherstellen zu können.

Welche Rolle kann in diesem Kontext SRI einnehmen? Natürlich entsprach eine Politik der Berücksichtigung ethischer Belange, sozialer Verantwortung und ökologischer Nachhaltigkeit beim Aufbau des Versorgungskapitals zunächst dem Wunsch der Gewerkschaftsseite. Andererseits bestand auch für die Arbeitgeberseite die Möglichkeit, langfristige und nachhaltige Übereinkünfte zu diesem in Deutschland neuen und mitunter kontrovers diskutierten Thema zu erzielen. Insoweit konnten mit der Initiierung des Versorgungswerks wesentliche Parameter gesetzt werden:

- Zum einen ist als ein grundlegendes Paradigma anzusehen, dass die SRI-Politik von MetallRente nicht mit sogenannten Engagement-Strategien, also Stimmrechtausübungen verbunden ist. Für jegliches Engagement auf Unternehmensseite verfügt Deutschland über das Partizipationssystem der Mitbestimmung. Eine weitere Einflussnahme mittels Investorenrolle scheidet für die Gesellschafter von MetallRente aus.
- Der nachhaltige, konstruktive Dialog des Asset Managers steht dem Verzicht auf Engagement nicht entgegen. In der Investmentphilosophie von MetallRente gehört die auf diesem Wege praktizierte Einwirkung auf die Unternehmenspolitik bzw. die Unterstützung von Unternehmen in ihren Bemühungen, für eine Vielzahl ökologischer, sozialer und Corporate-Governance-Themen die bestmöglichen Standards zu entwickeln, zu einem wesentlichen Bestandteil der Analyse und Bewertung eines Investments.
- Des Weiteren wurde hinsichtlich des Investorenverhaltens von MetallRente strikte Vertraulichkeit im Kapitalanlageausschuss vereinbart. Diese Vereinbarung folgt dem Grundsatz, dass mit der eigenen Investitionsentscheidung

nicht andere Investoren beeinflusst werden sollen. Folgerichtig wird aus dem Publizitätshebel von MetallRente kein Quasi-Engagement erzielt.

- Andererseits kam für MetallRente, zumindest dort, wo die Philosophie bislang umsetzbar ist, eine auf Beimischungspolitik reduzierte SRI-Startegie nicht infrage. Im Ergebnis ergibt sich eine Aufstellung, nach der in den klassischen Versicherungsprodukten derzeit auf SRI verzichtet, im Pensionsfonds allerdings sozial verantwortliches Investieren auf der Aktienseite zu 100 Prozent praktiziert wird.

5 Mehr und transparenter: Anliegen eines institutionellen Versorgungswerks

Die Diskussion um sozial verantwortliches Investieren steht in Deutschland zwar nicht mehr am Anfang, gleichwohl lässt sich Deutschland als Late-Comer charakterisieren. Die Möglichkeiten der Rolle als institutioneller Investor werden von den neuen Akteuren noch nicht vollständig genutzt. Zudem ist die dominante Form des Vorsorgesparens in Deutschland versicherungsförmig. Damit sind bestimmte versicherungsaufsichtsrechtliche Maßgaben für das Investment vorgegeben. Gleichzeitig ist zu konstatieren, dass bis dato die Asset Allokation in den versicherungsförmigen Instrumenten durch eine gewisse Intransparenz gegenüber der Nachfrageseite am Markt gekennzeichnet ist.

Das Gesamtbild führt dazu, dass nicht nur die breite Akzeptanz und das Bewusstsein für sozialverantwortliche Anlagen in Deutschland weniger entwickelt ist als in vielen anderen Staaten, sondern auch die Rahmenbedingungen für ein entsprechendes Investorenverhalten insgesamt schwieriger erscheinen.

Aus Sicht eines institutionellen Anlegers sind daher folgende Anliegen bzw. Wünsche an die Finanzbranche und an den Gesetzgeber aber auch hinsichtlich der Weiterentwicklung des Themas SRI zu nennen:

- Es gilt, eine breit angelegte, akteursübergreifende und transparente Debatte zum Thema nachhaltige Kapitalanlagen in Deutschland zu etablieren. Im Vergleich zum europäischen Ausland besteht hierin ein erheblicher Nachholbedarf. Die Zielsetzung eines solchen Prozesses muss auch in der Überwindung einer auf Marktgängigkeit reduzierten Produktdiskussion der Anbieter liegen, die letztlich zu einer verkaufsorientierten Verwässerung des Grundgedankens von SRI führen kann. Eine bisweilen diskutierte SRI-Definition als „prinzipienorientiertes Anlegen/Investieren“ wäre ein allzu unbestimmter Nachhaltigkeitsbegriff und erscheint aus diesem Blickwinkel nicht hinreichend. Substanziell ist aus dem Wortlaut von § 115 Abs. 4 VAG bereits deutlich mehr herzuleiten.

- Ferner muss eine transparente Diskussion zur Performance nachhaltigen Investierens vorangetrieben werden. Durch Etablierung zahlreicher SRI-Indizes erhält der häufig ängstlich vorgenommene Benchmark-Vergleich mit den Prinzipien klassischer Indizes rationale Grundlagen. Sie dienen auch einem direkten Vergleich zwischen traditioneller Finanzanalyse und einer, die auch ethische, soziale und ökologische Überlegungen bei der Analyse von Investments in Betracht zieht.
- Die deutsche SRI-Szene, die gegenwärtig (fast) ausschließlich aus institutionellen Anlegern wie Kirchen, Stiftungen und wenigen Nonprofit-Organisationen wie MetallRente besteht, wird das Thema Nachhaltigkeit in der Breite kaum ohne Übereinkünfte zwischen den Sozialpartnern initiieren können. Ähnliche Vereinbarungen zur Nachhaltigkeitsanlage von Altersvorsorgevermögen, wie es sie in der Schweiz und den Niederlanden gibt, sind deshalb auch in Deutschland notwendig. Ausgehend vom Status Quo (Ende 2007), nach dem in den deutschen Pensionskassen annähernd 99 Milliarden Euro, in den Unterstützungskassen etwa 39 Milliarden Euro, in den Pensionsfonds aber „nur" rund 3 Milliarden Euro gebunden sind, ist klar, dass ohne deutliche externe Impulse aus dem von versicherungsförmiger Architektur geprägten System der betrieblichen Altersversorgung heraus keine grundlegenden Richtungswechsel zu erwarten sind.
- Das dem angelsächsischen Investieren zugerechnete Prinzip des „comply or explain" hat zum Ziel, dem nicht verantwortlich investierenden Marktteilnehmer Erklärungspflichten für seine Abstinenz aufzuerlegen. Der gegenwärtige Wortlaut von § 115 Abs. 4 VAG wird diesem Prinzip nicht nur nicht gerecht, er verkehrt es in gewissem Sinne in sein Gegenteil. Die gesetzliche Offenlegungspflicht besteht zwar für alle Marktteilnehmer, aber die detaillierte Erläuterungspflicht ausgerechnet nur für jene, die SRI berücksichtigen. Aus „comply or explain" wurde – wohl unfreiwillig – „if you comply then explain". Die Hürde wird also nicht für den SRI ignorierenden Investor aufgebaut, sondern für den engagierten. Die vom Gesetzgeber zu Recht angestoßene Beförderung des sozial verantwortlichen Investierens im Bereich der Altersversorgung gilt es nicht zurückzunehmen, sondern stattdessen gezielter an die britische Formel anzupassen, und zwar zugunsten einer (stärkeren) Verbindlichkeit zur „SRI-Berichtspflicht".
- Die Weiterentwicklung von Investmentprodukten im Nachhaltigkeitssegment hat zwar große Fortschritte gemacht, ist aber für institutionelle Anleger noch unzureichend. Trotz der Nachzüglerrolle von Deutschland ist zu erwarten, dass ethische, soziale und ökologische Anlageformen zukünftig

eine völlig andere quantitative Bedeutung erlangen werden. Dies schon allein deshalb, weil die Nachfrageseite breiter und gegenüber der Anbieterseite kritischer aufgestellt sein wird und stärker vorantreibt, was sie will. Soziales Bewusstsein und ethische Überzeugungen prägen zunehmend das Verhalten der Nachfrageseite. Hierzu gehören nicht ausschließlich institutionelle Investoren, sondern zunehmend auch private Anleger, die konventionelle Anlagekonzepte kritisch hinterfragen und einer nachhaltigen Ausrichtung der Kapitalanlage aufgeschlossen gegenüberstehen. (Kahlenborn/Dereje 2007: 13ff.; Stehr 2007). Vom heutigen Standpunkt aus lassen sich drei konkrete Produktforderungen benennen:

- der Ausbau SRI-orientierter Publikumsfonds, deren Investmenttauglichkeit auch für Altersvorsorgeprodukte besteht;
- die Auflage von SRI-orientierten Rentenfonds und
- eine größere Transparenz des Privat-Equity-Segments, soweit dieses sich überhaupt für SRI legitimieren kann.

▪ Ferner gilt es, im Sinne einer Financial-Literacy-Offensive (vgl. von Rosen in diesem Band) die Vorteile von SRI-Investments in der Öffentlichkeit besser bekannt zu machen und die Vorteile eines nachhaltig angelegten (Altersvorsorge-)Vermögens herauszustellen. Bei dem durch die Riester-Reform geschaffenen Altersvorsorgekapital handelt es sich nahezu ausschließlich um „Workers' Capital". Schon allein aus diesem Grund sind die Arbeitnehmerinnen und Arbeitnehmer stärker in die Lage zu versetzen, selbstbestimmend über die Entscheidungsgrundlagen zu verfügen, um sich bewusst für oder gegen ein SRI-Investment im Rahmen ihrer kapitalgedeckten ergänzenden Altersvorsorge zu entscheiden.

Die vorstehenden Anregungen verstehen sich aus institutioneller Investorensicht und sind sicher nicht als abschließend anzusehen. Deutschland ist im internationalen Vergleich in einer besonderen Rolle. Eine Rolle, die dadurch charakterisiert ist, dass die Anlage von Vorsorgekapital in deutlich geringerem Ausmaß von Institutionen direkt beeinflusst oder gar gesteuert wird. Insofern können die Auswirkungen einer deutschen Debatte vielfach nur als Sekundäreffekte wirken. Das zentrale Anliegen und Petitum muss deshalb heißen: Responsible Investing hat heute weltweit das Potenzial, zum Standardfall des Investierens zu werden. Angesichts der positiven Erfahrungen in anderen Ländern dürfen wir in Deutschland nicht zurückstehen, sondern müssen aufholen und den Prozess aktiv vorantreiben.

Literatur

Avanzi SRI Research/Vigeo Italia (2007): Green, social and ethical funds in Europe. 2007 Review. http://www.eurosif.org/content/download/909/5094/version/1/file/Green+social+and+ethical+funds+in+Europe_2007+Review.pdf (Zugriff am 23.7.2008).

Bergius, Susanne (2007): Nachhaltige Investments – mehr als eine Nische. In: Handelsblatt.com vom 9.7.2007. http://www.handelsblatt.com/technologie/nachhaltig_wirtschaften/nachhaltige-investments-mehr-als-eine-nische;1201959 (Zugriff am 30.7.2008).

EUROSIF (2005): Vermögensverwalter von Pensionsfonds als nachhaltige Investoren. Ein Leitfaden 2004-2005. http://www.eurosif.org/media/files/eurosif_pension_toolkit_2004_2005_de (Zugriff am 23.7.2008).

EUROSIF (European Social Investment Forum) (2006): European SRI Study 2006. http://www.eurosif.org/publications/sri_studies (Zugriff am 23.7.2008).

Germanwatch (2004): Änderung des Altersvorsorgeverträge-Zertifizierungsgesetz (AltZertG) – hier: Informationspflicht (Transparenzklausel zur Nachhaltigkeit). Stellungnahme vom 20.1.2004. http://www.germanwatch.org → Unternehmensverantwortung, Finanzsektor & Nachhaltigkeit → Verbraucherschutz (Zugriff am 23.7.2008).

Kahlenborn, Walter/Dereje, Cornelia (2007): Statusbericht Nachhaltige Geldanlagen 2007. Deutschland, Österreich und die Schweiz. http://www.forum-ng.de/upload/Statusbericht_07-12-11_web.pdf (Zugriff am 7.7.2008).

LO (2006): Responsibility and power of ownership. A report from LO's Ownership Power Project. http://www.lo.se/home/lo/home.nsf/unidView/638CD122DE92C406C125727A0040D5F9/$file/Ägarmakt%20pdf.pdf (Zugriff am 30.7.2008).

OECD (Organisation for Economic Co-operation and Development) (2007): Recent Trends and Regulatory Implications of Socially Responsible Investment for Pension Funds. Paris.

Social Investment Forum (2008): 2007 Report on Socially Responsible Investing Trends in the United State. http://www.socialinvest.org → Research → Publications (Zugriff am 23.7.2008).

Stehr, Nico (2007): Die Moralisierung der Märkte. Frankfurt am Main.

Steurer, Reinhard/Margula, Sharon/Martinuzzi, André (2008): Socially Responsible Investment in EU Member States: Overview of government initiatives, SRI experts' expectations and rating methodologies. Final Report to the EU High-Level Group on CSR. http://www.sustainability.eu/csr-policies → Socially Responsible Investment Initiatives (Zugriff am 23.7.2008).

UNEP FI (United Nations Environment Programme Finance Initiative) (2005): A legal framework for the integration of environmental, social and governance issues into institutional investment. http://www.unepfi.org → Publications → Investment (Zugriff am 23.7.2008).

UNEP FI (United Nations Environment Programme Finance Initiative) (2007): Responsible Investment in Focus: How leading public pension funds are meeting the challenge. 15 case studies. http://www.unepfi.org → Publications → Investment (Zugriff am 23.7.2008).

Nachhaltigkeitsstrategien für Stiftungen

Hermann Falk

1 Die deutsche Stiftungslandschaft

Die Rolle der Stiftungen als Akteure der Bürgergesellschaft (3. Sektor) und in ihren Bezügen zu Staat (1. Sektor) und Wirtschaft (2. Sektor) ist einzigartig:

- Da Stiftungen frei von Eigentümerinteressen und häufig frei von ständigen Refinanzierungsnöten handeln können, können sie besondere Innovationsimpulse vermitteln und Modellprojekte entwickeln, die zu gesellschaftlichem Fortschritt führen.
- Gleichzeitig können sie Misserfolge in der Projektarbeit verschmerzen und daraus gewonnenen Lernerfahrungen multiplizieren.
- Sie können die Rosinen aus dem 1. und 2. Sektor picken, nämlich sich mit Unternehmergeist und Professionalität um Belange des Gemeinwohls kümmern. Ihr Erfolg führt zu einem gesellschaftlichen und nicht zu einem individuellen Mehrwert.
- Und manchmal führt der kreative Funken einer Stifterin oder eines Stifters zu Kopfschütteln der Mitmenschen über diesen „Spleen", jedoch womöglich auch zur dringend erforderlichen Ausweitung des gesellschaftlichen Freiraums und taugt als Vorbild für Unabhängigkeit vom Vorsorge- und Versorgungsstaat.

Mit dieser Einzigartigkeit ihrer Rolle auf der gesellschaftlichen Ebene endet jedoch nicht der besondere Nutzen von Stiftungen. Auch die individuelle Ebene der Stifterin und des Stifters gehört zum Gesamtbild. Umfragen und praktische Erfahrungen belegen, dass die individuelle Zufriedenheit steigt, wenn man etwas Gutes tut. Geld zu spenden oder zu stiften dient also (auch) dem eigenen Wohlbefinden und nicht nur der Steuerersparnis. Stifterinnen und Stifter steigern ihre Lebensqualität und führen bis ins hohe Alter ein erfülltes Leben, weil sie einen immateriellen Sinn in ihrem stifterischen Handeln finden.

In Deutschland nutzen immer mehr Menschen das positive Stiftungsklima und die verbesserten rechtlichen Rahmenbedingungen zur Gründung einer Stiftung. Man kann von einem regelrechten Gründungsboom sprechen. Ende 2007 konnte der Bundesverband Deutscher Stiftungen in seiner jährlichen Erhebung insgesamt 15.449 rechtsfähige Stiftungen bürgerlichen Rechts in Deutschland zählen. Im Vergleich der Bundesländer weisen Nordrhein-Westfalen und Bayern die meisten Stiftungen auf, während in den östlichen Bundesländern die Zahl noch relativ gering ist; das erklärt sich dadurch, dass das DDR-Regime die ehemals reiche Stiftungskultur systematisch zurückdrängte und Vermögen verstaatlichte. Knapp die Hälfte (6.833) der heute bestehenden Stiftungen wurde erst in den letzten 8 Jahren errichtet. 2007 überschritt die Zahl der Stiftungsneugründungen erstmals die 1.000-er Grenze – im Jahr 1991 waren es gerade 181. Wesentliche Wachstumsimpulse gingen von den Gesetzesreformen zur Verbesserung der rechtlichen und steuerlichen Rahmenbedingungen 2001/2002 und 2007 aus.

Der Prototyp einer Stiftung ist die rechtsfähige Stiftung bürgerlichen Rechts. Sie ist das klassische Instrument zur Verwirklichung eines auf Dauer angelegten Zwecks und untersteht der staatlichen Stiftungsaufsicht. Ihre Entstehungsvoraussetzungen sind in den §§ 80 ff. des Bürgerlichen Gesetzbuches (BGB) geregelt, die durch die Landesstiftungsgesetze ausgefüllt werden. Die Stiftung zeichnet sich durch eine Vermögensmasse aus, die einem bestimmten Zweck, insbesondere gemeinnützigen Zwecken, auf Dauer gewidmet ist. Welche Zwecke die Stiftung verfolgt und wie ihre innere Organisation aussieht, legt der Stifter nach seinem Willen in der Satzung fest. Etwa 95 Prozent der rechtsfähigen Stiftungen verfolgen gemeinnützige, kirchliche oder mildtätige Zwecke.

Familienstiftungen werden regelmäßig in der Rechtsform der rechtsfähigen Stiftung bürgerlichen Rechts gegründet. Sie dienen ihrem Zweck nach überwiegend dem Interesse der Mitglieder einer oder mehrerer Familien. Die für eine Steuerbegünstigung erforderliche Förderung der Allgemeinheit liegt daher bei einer reinen Familienstiftung nicht vor. Sie wird folglich auch als privatnützige Stiftung bezeichnet.

Auch die Bürgerstiftungen werden zumeist als rechtsfähige Stiftungen errichtet. Bei diesen handelt es sich um gemeinnützige Stiftungen von Bürgern, deren Stiftungszweck möglichst breit gefasst ist und dessen Verwirklichung in einem geografisch begrenzten Raum erfolgt.

Die rechtsfähige Stiftung bürgerlichen Rechts unterscheidet sich von anderen juristischen Personen des Privatrechts (z.B. GmbH, e.V.), die ebenfalls für die Gründung einer Stiftung herangezogen werden, durch ihre fehlenden Eigentümer, Mitglieder und Gesellschafter, die Teilhaberinteressen wahrnehmen. Gegenüber der rechtsfähigen Stiftung bürgerlichen Rechts bietet die Stiftungs-GmbH ein höheres Maß an Flexibilität. Da die Stiftungs-GmbH nicht den Voraussetzungen der §§ 80 ff. BGB unterliegt, sind Satzungsänderungen und sogar Auflösungsbeschlüsse einfacher möglich. Gleiches gilt für den Stiftungsverein. Für die dauerhafte Erfüllung eines unveränderlich vorgegebenen Zwecks kann diese Flexibilität indes von Nachteil sein.

Inzwischen ist auch die Organisationsform der nichtrechtsfähigen Treuhandstiftung sehr verbreitet. Eine Treuhandstiftung, die auch als unselbstständige oder fiduziarische Stiftung bezeichnet wird, kann bereits mit einer geringeren Kapitalausstattung als die Stiftung bürgerlichen Rechts gegründet werden. Um sie errichten zu können, muss der Stifter zunächst eine natürliche oder juristische Person finden, die bereit ist, das Stiftungsvermögen treuhänderisch zu verwalten. Da die Treuhandstiftung keine eigene Rechtspersönlichkeit besitzt, wird der Treuhänder Eigentümer des Stiftungsvermögens, wobei er verpflichtet ist, dieses von seinem eigenen Vermögen getrennt zu halten. Die Errichtung einer Treuhandstiftung kann in einem relativ kurzen Zeitraum erfolgen, da staatlicherseits allein die Mitwirkung der Finanzbehörde erforderlich ist. Die Treuhandstiftung unterliegt nicht der Aufsicht durch die Stiftungsaufsichtsbehörden.

In den folgenden Ausführungen wird der Prototyp der privatrechtlichen, gemeinnützigen Kapitalstiftung zugrunde gelegt.

2 Strategien von Stiftungen für mehr Nachhaltigkeit

Das deutsche Wort „Nachhaltigkeit“ steht vor allem für Dauerhaftigkeit und Verlässlichkeit. Es liegt daher schon semantisch nahe, dass das nachhaltige Handeln einer Stiftung den Anspruch der Kontinuität haben sollte. Umso mehr gilt dieser Grundsatz vor dem Hintergrund des Ewigkeitsanspruchs einer Stiftung – eine Stiftung ist gut beraten, wenn sie ihre sämtlichen Entscheidungen und Handlungen auf mittel- bis langfristige Zeiträume ausrichtet. Kurzfristige Shareholder-Value-Strategien sollten ihr ebenso fremd sein, wie kurzfristige Marketingeffekte durch publikumswirksame Projektarbeit, die jedoch keine dauerhaften Spuren hinterlässt.

Mit anderen Worten bedarf es einer ganzheitlichen Strategie, wenn sich die Stiftung dem Thema Nachhaltigkeit annimmt. Relevante Strategiefelder sind: Vermögensanlage, Zweckerfüllung, interne Organisation, Kooperation und Kommunikation.

Trotz der beschriebenen Unabhängigkeit befinden sich Stiftungen und ihre Führungskräfte nicht im verantwortungsfreien Raum. Die Interessen von Akteuren und Beteiligten im Umfeld sind in die strategischen Überlegungen einzubeziehen (siehe Abb. 1).

Im Zuge der Erarbeitung einer Nachhaltigkeitsstrategie sollten die insoweit tätigen Stiftungsmitarbeiter ein besonderes Augenmerk auf die potenziellen Beiträge der Mitglieder ihrer Leitungs- und Aufsichtsgremien (Vorstand, Kuratorium, Stiftungsrat etc.) richten: Welche Erfahrungen können die Organmitglieder einbringen? Welche Erwartungen haben sie? Wie lang und intensiv muss der Prozess der Strategieentwicklung betrieben werden, um die Aufsichtsgremien und die interessierte Öffentlichkeit von diesem Weg zu überzeugen?

Abbildung 1: Akteure und Partner im Umfeld von Stiftungen

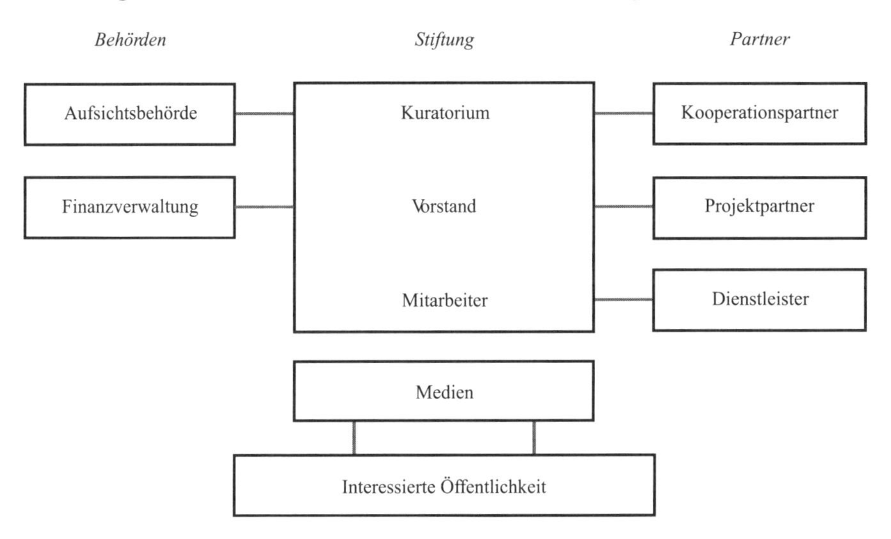

Gleichzeitig muss sich die Stiftung ihrer gesellschaftlichen Vorbildwirkung und deren Pendant, nämlich ihrer Glaubwürdigkeit als wesentlichem Element ihrer Leistungsfähigkeit, bewusst sein. Damit ist die Verantwortung für gutes Stiftungshandeln (Governance) und offene Berichterstattung zu allen wesentlichen Belangen (Transparenz) angesprochen. Eine substanzielle Nachhaltigkeitsstrategie wird auch diese Aspekte abbilden und auf diese Weise Risiken für die Reputation und den Bestand der Stiftung minimieren können. Die Mitglieder des Bundesverbandes Deutscher Stiftungen haben hierzu im Jahr 2006 einen Orientierungsrahmen beschlossen: die „Grundsätze Guter Stiftungspraxis“ (Bundesverband Deutscher Stiftungen 2006 und 2008a).

Glaubwürdigkeit lebt vom Vertrauen in die Verlässlichkeit eines Handelns. Für eine glaubwürdige Nachhaltigkeitsstrategie bedarf es deshalb verbindlicher Worte und Taten. Transparente Anlagerichtlinien und Selbstverpflichtungen sind ein wichtiges Mittel, um sich an Worten auch messen zu lassen. Erst dadurch kann die ethisch-ökologisch-sozial fundierte Handlungsabsicht der Stiftung über mehrere (Mitarbeiter-)Generationen Bestand haben und damit auch die zeitliche Forderung des Nachhaltigkeitsbegriffs erfüllen.

Ihrer Vorbildwirkung bewusst hat die Freiburger Bürgerstiftung die eigenen Leitlinien zur Anlage des Stiftungsvermögens der Öffentlichkeit zugänglich gemacht (Freiburger Bürgerstiftung 2006). Dort finden sich konkrete Kennzahlen und auch eine Liste von Ausschlusskriterien bei der Auswahl von geeigneten Anlagen. Nicht investiert werden soll etwa in Unternehmen, die Atomenergie erzeugen oder mit Genmanipulation arbeiten. Die Stifter und Beteiligten der Bürgerstiftung Freiburg laden mit diesem öffentlichen Dokument zum Nachmachen ein und verpflichten die Stiftung zu nachhaltiger Vermögensanlage.

In den folgenden Ausführungen wird ein Schwerpunkt auf den finanziellen Aspekten der Nachhaltigkeit liegen – also insbesondere der Eignung von nachhaltigen Anlagen für Stiftungen sowie den rechtlichen Voraussetzungen und den tatsächlichen Rahmenbedingungen für eine derartige Investition.

3 Anlagestrategien: Stiftungen als Finanzinvestoren

Stiftungen scheinen manchmal ihrer Rolle als Finanzinvestoren nicht gewachsen zu sein: Häufig ratlos und unambitioniert legen sie ihr liquides Vermögen in die Hände von Vermögensverwaltern, ohne die Chance zur Gestaltung des Verwaltungsauftrags zu nutzen. Wenn aber der Vermögensverwalter keinen spezifischen Auftrag zur Einhaltung von Nachhaltigkeitskriterien bekommt, wird er in der Regel konventionelle, im besten Falle sicherheitsorientierte, im schlechtesten Falle gebührenorientierte Wege gehen.

Welcher Gestaltungsspielraum steht den deutschen Stiftungen und ihren Beratern aber tatsächlich zur Verfügung? Zum einen sind bei der Vermögensanlage von Stiftungen gesetzliche Gegebenheiten zu beachten (3.1). Zum Zweiten ist das Anlegerverhalten auch durch faktische Möglichkeiten determiniert, wie die Größe des liquiden Vermögens, Ertragsnotwendigkeiten und Kompetenzen (3.2). Die Eignung von Nachhaltigkeitsprodukten für Stiftungen wird in diversen Studien untersucht, auf die an dieser Stelle jedoch nur verwiesen werden kann (Schäfer/Schröder 2008).

3.1 Rechtliche Möglichkeiten und Grenzen der Vermögensanlage

Die Zeiten, als deutschen Stiftungen in den Landesstiftungsgesetzen die Pflicht zur „mündelsicheren“ Anlage auferlegt war, sind seit mehr als 10 Jahren vorbei. Dennoch wird der Begriff der Mündelsicherheit, der für die Anlage von Vermögen eines elternlosen Minderjährigen gemäß § 1807 BGB gilt, nach wie vor von manchen Stiftungs- oder Behördenvertretern als Orientierungspunkt verwendet. Und nicht nur als unverbindlicher Orientierungspunkt, sondern sogar als Ausschlusskriterium für alle neuen oder dem Stiftungsvorstand unbekannten Finanzprodukte. Unter dieser kolportierten Meinung hatten auch Nachhaltigkeitsprodukte zu leiden. Einzig richtig ist jedoch in diesem Zusammenhang, dass das Stiftungsvermögen ein „fremdes" Vermögen ist und deshalb von den Stiftungsorganen besonders sorgfältig zu verwalten ist. Was dieses konkret heißt, soll im Folgenden erläutert werden.

Wenn sich ein Stiftungsvorstand mit der Frage beschäftigt, ob ein bestimmtes Anlageprodukt für die Stiftung gekauft werden darf oder eine derartige Entscheidung rechtlichen Grundsätzen widerspricht, wird er gegebenenfalls einen Blick in die Gesetze werfen. Zum Ersten wandert der Blick zum Bürgerlichen Gesetzbuch (§§ 80 ff. BGB) und zu dem für das Bundesland des Stiftungssitzes geltende Landesstiftungsgesetz. Zusammen bilden diese beiden das sogenannte Stiftungszivilrecht. Zum Zweiten sollte der Blick dem Stiftungssteuerrecht gelten, vor allem der Abgabenordnung (AO) und dem Einkommenssteuergesetz (EStG), auch Gemeinnützigkeitsrecht genannt. Insgesamt ergibt sich daraus eine relativ klare Aussage über die rechtlichen Möglichkeiten der nachhaltigen Vermögensanlage.

Das Bürgerliche Gesetzbuch bestimmt in § 80 Abs. 2, dass das Vermögen der Stiftung zum Zeitpunkt der Anerkennung ausreichend groß sein muss, um „die dauerhafte und nachhaltige Erfüllung des Stiftungszwecks als gesichert" erscheinen zu lassen. Sicherlich kann man daraus die Pflicht des Vorstands ableiten, das Vermögen nicht nur zum Gründungszeitpunkt, sondern auch im laufenden Betrieb der Stiftungen insoweit ausreichend groß zu erhalten. Mit den vorzitierten Begriffen ist aber ausdrücklich ein längerer Zeithorizont angesprochen, sodass kurzzeitige Verminderungen des gegebenen Vermögenswertes nicht ohne Weiteres bereits eine Pflichtverletzung darstellen – auf mittel- und langfristige Sicht bleibt es jedoch bei dem „ehernen Gesetz" der Vermögenserhaltungspflicht, möglichst sogar seinem realen Wert nach. Weitere Pflichten lassen sich aus dem BGB nicht ableiten (Hüttemann/Schön 2007: 3).

Daraus folgt gleichzeitig, dass die Synergieeffekte zwischen dem Stiftungshandeln zur Verfolgung der gemeinnützigen Zwecke und zur Bewirtschaftung des Vermögens genutzt werden können, wie sie bei nachhaltigen Kapitalanlagen auf der Hand liegen. Der angelsächsische Begriff vom „mission related investment" bringt dies recht gut zum Ausdruck. Leider wird in manchen Publikationen dennoch davor gewarnt, die anlage- und die förderpolitischen Ziele der Stiftungsarbeit zu vermischen, weil dies womöglich zu Interessenkonflikten führe. Dieser Meinung muss entschieden entgegen gehalten werden, dass sie einer rechtlichen Grundlage völlig entbehrt. Ein nachhaltig denkender und handelnder Stiftungsvorstand wird gerade ein besonderes Augenmerk darauf legen, dass Regeln zur Vermeidung von Interessenkonflikten im Sinne einer guten Governance existieren.

Die einzelnen Landesstiftungsgesetze der 16 deutschen Bundesländer sind nach der BGB-Reform von 2001 sukzessiv neu gefasst worden und enthalten unterschiedliche Regelungen zur Vermögensfrage oder schweigen an dieser Stelle. Das föderalistische Prinzip führt deshalb dazu, dass für Stiftungen je nach Sitz der Anforderungsrahmen und die Verwaltungspraxis der Behörden differieren. Gemeinsam ist diesen Gesetzen nur, dass sie kaum einen Anhaltspunkt für den interessierten Stiftungsvorstand oder den Vermögensberater enthalten. Deshalb glauben einzelne Behördenvertreter, dass sie einen relativ großen Ermessensspielraum gegenüber der Stiftung besitzen, um das Anlageverhalten mit zu lenken. Allerdings ist der Behörde positiv-rechtlich nur in Einzelfällen ein ausdrückliches Recht eingeräumt worden, nämlich die Anzeigepflicht des Stiftungsvorstands im Rahmen der Vermögensverwaltung z.B. vor „Umschichtungen des Stiftungsvermögens, die für den Bestand der Stiftung bedeutsam sind“ (§ 9 Abs. 1 Nr. 1 schleswig-hosteinisches Stiftungsgesetz, sh StiftG). Beachtlich kann auch ein Genehmigungsrecht der Behörde bei der Veräußerung oder Belastung von Stiftungsgrundstücken gemäß § 27 Abs. 1 bayerisches Stiftungsgesetz (bay StiftG) sein. Überhaupt ist Art. 27 bay StiftG in der derzeit noch geltenden Fassung[1] die relativ ausführlichste Vorschrift zum Thema Vermögensmanagement von Stiftungen, sodass eine Lektüre auch für nichtbayerische Stiftungen lohnt.

Aber auch die allgemeine Pflicht, das Vermögen „sicher und wirtschaftlich“ (Art. 11 Abs. 2 S. 1 bay StiftG) anzulegen, bietet bei näherem Hinschauen keinen echten Entscheidungsmaßstab. Insbesondere gilt dies, wenn der Vorstand die heute existierenden komplexen Finanzprodukte bewerten soll, unter denen sich teils auch Nachhaltigkeitsprodukte befinden. Es ist bislang noch ein Allgemeinplatz, dass die Sicherheit der Anlage stets mit einer verminderten Rentierlichkeit, also einem Minus an wirtschaftlichem Ertrag erkauft werden muss.

Ob der Gedanke der Risikominderung, der ein wichtiges Element einer Nachhaltigkeitsstrategie ist, hier zu einer vollständigen Neubewertung und sogar Auflösung des magischen Dreiecks führen kann, bleibt zukünftigen wissenschaftlichen Arbeiten überlassen. Allerdings liegt hier für den verantwortungsvoll handelnden Stiftungsvorstand ein wichtiges Argument für nachhaltige Produkte an: Um seiner Pflicht zur Beachtung der Anlagesicherheit nach zu kommen, sind Nachhaltigkeitsprodukte besonders geeignet.

---

[1] Bei Fertigstellung des Manuskripts lag nur der Gesetzesentwurf vom 18.1.2008 vor, ohne dass Zeitplan und Ergebnis des Gesetzgebungsverfahrens schon klar gewesen wären.

Das steuerliche Recht der Gemeinnützigkeit in §§ 51 bis 68 der Abgabenordnung (AO) lässt den Stiftungen in ähnlichem Umfang wie das allgemeine Stiftungsrecht ihre Freiheit bei der Vermögensanlage. Die Stiftung muss sich zwar in ihrer tatsächlichen Geschäftsführung an ihren gemeinnützigen Satzungszweck halten, wenn sie die Gemeinnützigkeit bewahren will, jedoch regelt das Steuerrecht nicht das „Wie" der Vermögensanlage. Ausgehend vom Stifterwillen, wie er sich in der Satzung oder begleitenden Quellen manifestiert, kann der Stiftungsvorstand für seine Anlageentscheidungen einen Ermessensspielraum ausnutzen.

Primäres Ziel des Stiftungshandelns ist – und dies wird vom Gemeinnützigkeitsrecht bestätigt – die gemeinnützige Zweckverfolgung. Die Vermögensbewirtschaftung ordnet sich diesem Ziel unter. Daraus folgt, dass der Vorstand gehalten ist, die Stiftungserträge zu optimieren, wenn er nicht die Zweckverfolgung gefährden will. Pflichtgemäß handelt er, wenn er eine Anlagestrategie, die in objektiv nachvollziehbarer Weise die Erwirtschaftung von ausreichenden Kapitalerträgen erwarten lässt, entwickelt und danach handelt. Sorgfaltsmaßstab ist das Handeln wie in eigenen Angelegenheiten (Diligentia quam in suis).

Ein Verlust in der Vermögensanlage gefährdet keineswegs die Gemeinnützigkeit. Nur wenn der Vorstand den Vermögensverlust mit Mitteln aus dem ideellen Bereich der Stiftung, also aus dem Stiftungsvermögen oder etwa aus Spenden ausgleicht, könnte und müsste die Finanzverwaltung einschreiten. Daher kann einer Anlage in Nachhaltigkeitsprodukten nicht entgegen gehalten werden, dass sie mit Verlustrisiken (wie bei allen anderen Anlageformen und -klassen) behaftet sei.

3.2 Tatsächliche Möglichkeiten und Grenzen der Vermögensanlage

Stiftungen haben Geld – dieses Diktum ist fast schon in das Allgemeinwissen der Bürger eingegangen, weil man die Spendenaufrufe von Prominentenstiftungen oder den märchenhaften Reichtum der Stifterpersönlichkeiten von Fugger bis Bosch und Hopp kennt. Dennoch: Wie in jedem Pauschalurteil steckt in dieser Aussage viel Richtiges und einiges Falsche. Richtig ist, dass Stiftungen ein Vermögen haben müssen – aus rechtlicher Sicht ist ihr Vermögen ja gerade das konstitutive und charakteristische Merkmal. Auch in materiellem Sinne heißt es in den „Grundsätzen Guter Stiftungspraxis": „Stiftungen haben ein Vermögen, das ihnen grundsätzlich auf Dauer und ungeschmälert zur Verfügung stehen soll" (Bundesverband Deutscher Stiftungen 2006: 2). Falsch ist es jedoch anzunehmen, dass alle deutschen Stiftungen ein großes Vermögen haben, aus dem sie Geld wie aus einem nie versiegenden Füllhorn ausschütten. Im Gegenteil: Wie im Folgenden zu zeigen sein wird, ist die Vermögensausstattung überwiegend gering, teilweise sogar zu klein für eine nachhaltige Stiftungstätigkeit, und zudem ist das Vermögen zum Teil unzureichend bewirtschaftet.

3.2.1 Vermögen der größten Stiftungen

Von besonderem Interesse in der öffentlichen Wahrnehmung und für die Finanzbranche sind die größten Stiftungen. Der Stiftungssektor in Deutschland erweist sich in dieser Hinsicht als sehr konzentriert. Eine Minderheit der Stiftungen verfügt über die Mehrheit des Vermögens.

Die entsprechenden Ranglisten unterscheiden die größten Stiftungen nach ihrem Stiftungsvermögen und nach den Ausgaben für den Stiftungszweck. Wegen der Unterschiedlichkeit der verschiedenen Stiftungen ergeben sich allerdings Schwierigkeiten bei der Vergleichbarkeit. Gründe sind abweichende Vermögensstrukturen, Bilanzierungsprinzipien und Bewertungsmaßstäbe für die Beurteilung der Finanzdaten ebenso wie unterschiedliche Rechtsformen, Funktionen und Stifter. Begreift man Stiftungen als nachhaltigen Ausdruck bürgerschaftlichen Engagements und Bestandteil der Zivilgesellschaft, kann die Person des Stifters oder die Herkunft des zur Verfügung gestellten Vermögens aus privaten oder öffentlichen Kassen ebenso in den Vordergrund gestellt werden wie die Rechtsform und damit die Zuordnung der Stiftung zur privaten oder öffentlichen Sphäre.

Der Bundesverband Deutscher Stiftungen veröffentlicht regelmäßig eine Auflistung der fünfzehn größten privaten Stiftungen, d.h. der rechtsfähigen Stiftungen des bürgerlichen Rechts, der ebenfalls privatrechtlich verfassten Stiftungsgesellschaften sowie der öffentlich dotierten Stiftungen privaten Rechts mit jeweils gesicherter Vermögensausstattung (siehe Tabelle 1). Diese weisen das für Stiftungen konstitutive Merkmal ausreichenden eigenen Vermögens auf, das aus den Erträgen eine dauerhafte und nachhaltige Zweckverwirklichung ermöglicht.

Der Staat ist in diesem Ranking der fünfzehn größten deutschen Stiftungen mit der VolkswagenStiftung, der Landesstiftung Baden-Württemberg, der Deutschen Bundesstiftung Umwelt und Stiftung CAESAR an prominenter Stelle vertreten. Allerdings arbeiten die meisten Stiftungen mit öffentlichem Bezug operativ etwa als Museums- oder Kulturstiftungen. Indirekt zählen hierzu auch die Stiftungen der sich meist in kommunaler Hand befindlichen Sparkassen. Bundesweit gab es 2005 insgesamt 619 von Sparkassen- und Giroverbänden gegründete Stiftungen mit einem Vermögen von 1,3 Milliarden Euro und einer

Ausschüttung von 50 Millionen Euro für Kultur, Soziales, Sport, Wissenschaft und Umwelt.

Tabelle 1: Die größten Stiftungen privaten Rechts nach Vermögen (2006)

Name	Vermögen in Euro
Robert Bosch Stiftung GmbH	5.192.486.000
Dietmar-Hopp-Stiftung gGmbH	4.396.000.000
Landesstiftung Baden-Württemberg gGmbH	2.797.152.000
Else Kröner-Fresenius-Stiftung	2.400.000.000
VolkswagenStiftung	2.266.338.000
Deutsche Bundesstiftung Umwelt	1.730.874.000
Software AG-Stiftung	930.000.000
Gemeinnützige Hertie-Stiftung	826.706.000
Klaus Tschira Stiftung gGmbH	823.510.000
ZEIT-Stiftung Ebelin und Gerd Bucerius	765.000.000
Alfried Krupp von Bohlen und Halbach-Stiftung	703.009.000
Bertelsmann Stiftung	618.998.000
Körber-Stiftung	516.000.000
Stiftung CAESAR – Center of Advanced European Studies and Research	381.000.000
Stiftung Polytechnische Gesellschaft Frankfurt am Main	320.000.000

Der bezifferte Vermögenswert der meisten öffentlich-rechtlichen Stiftungen ist relativ kleiner, auch wenn manche Institutionen beträchtliche Kunstschätze und Immobilien ihr Eigen nennen; diese sind jedoch nach Buchwerten eher gering. Daher bemisst sich ihre Stellung vor allem anhand ihrer jährlichen Ausgaben, die in der Regel aus öffentlichen Zuwendungen gespeist werden (siehe Tabelle 2).

Nicht zu vergessen sind die größten Bürgerstiftungen in Deutschland. Das Ranking nach Stiftungskapital wird angeführt von der Bürgerstiftung Citoyen in Frankfurt mit einem Stiftungskapital von 7,5 Millionen Euro, gefolgt von den Stiftungen in Hamburg und Stuttgart mit 4,4 bzw. 3,7 Millionen Euro. Die jährliche Erhebung der vom Bundesverband Deutscher Stiftungen getragenen Initiative Bürgerstiftungen ergab im März 2007 einen neuen Rekord beim Anstieg des Stiftungskapitals. Wuchs das Kapital jährlich bislang um gut 30 Prozent, so war diesmal ein Anstieg von 44 Prozent von 52 auf 75 Millionen Euro zu verzeichnen.[2] Seit Beginn der Erhebungen im Jahr 2002 förderten die Bürgerstiftungen mit über 21 Millionen Euro gemeinnützige Zwecke, vor allem in den Bereichen Jugend, Soziales und Bildung. Zu diesem monetären Kapital kommt ein ideelles: Mehr als 200.000 ehrenamtliche Arbeitsstunden wurden im vergangenen Jahr zugunsten der operativen Projektarbeit und des Stiftungsmanagements in den Bürgerstiftungen erbracht. Dies entspricht einem Gegenwert von 3,2 Millionen Euro – „Sozialkapital", das Bürgerstiftungen zusätzlich jährlich in die Gesellschaft einbringen.

Tabelle 2: Die größten Stiftungen öffentlichen Rechts nach Ausgaben (2006)

Name	Gesamtausgaben 2006 in Euro
Georg-August-Universität Göttingen Stiftung Öffentlichen Rechts	821.636.000
Stiftung Preußischer Kulturbesitz	256.106.000
Stiftung kreuznacher diakonie	237.000.000
Stiftung Deutsches Krebsforschungszentrum (DKFZ)	140.000.000
Stiftung Alfred-Wegener-Institut für Polar- und Meeresforschung	106.604.000
Spitalstiftung Konstanz	100.323.000
GeoForschungsZentrum Potsdam	80.969.000
Stiftung Deutsche Klassenlotterie Berlin	76.800.000
Max-Delbrück-Centrum für Molekulare Medizin (MDC) Berlin-Buch	64.600.000
Blindeninstitutsstiftung Würzburg	63.766.000
Stiftung Preußische Schlösser und Gärten Berlin-Brandenburg	45.305.000
Stiftung Fachhochschule Osnabrück	44.962.000
Stiftung St. Franziskus Heiligenbronn	42.979.000
Institut für Pflanzengenetik und Kulturpflanzenforschung Gatersleben – Leibniz-Institut	32.857.000
Stiftung Deutsche Geisteswissenschaftliche Institute im Ausland	28.000.000

[2] Dieses und mehr aktuelles Zahlenmaterial: http:www.die-deutschen-buergerstiftungen.de → Bürgerstiftungen → Zahlen und Fakten (Zugriff am 17.8.2008).

3.2.2 Vermögen im gesamten Stiftungssektor

Um dem allgemeinen und berechtigten Interesse von Wissenschaft, Politik und Öffentlichkeit Rechnung tragen zu können, ist der Bundesverband Deutscher Stiftungen zur Ermittlung des Zahlenbestands auf unterschiedliche Schätzungen, statistische Berechnungen und Zahlen angewiesen, die durch groß angelegte freiwillige Umfragen (durch den Bundesverband) erhoben werden. Allerdings: Die Vielfalt der deutschen Stiftungslandschaft, der fehlende geschützte Begriff der Stiftung und daraus resultierend unterschiedlichste Stiftungstypen lassen eine Vergleichbarkeit im Bezug auf Aussagen zu deren Finanzausstattung nur schwerlich zu.

Im Mittelpunkt der Betrachtungen steht zunächst die Gruppe der rechtsfähigen Stiftungen bürgerlichen Rechts. In der aktuellen Umfrage des Bundesverbandes Deutscher Stiftungen haben 6.422 Stiftungen eine Vermögenszahl genannt. Die Summe dieser Vermögensangaben beträgt 29.225.564.000 Euro. Die Aufteilung der Stiftung nach Vermögensklassen ist in Tabelle 3 dargestellt.

Knapp 60 Prozent der Stiftungen weisen ein Vermögen von bis zu 500.000 Euro und mehr als 70 Prozent ein Vermögen von höchstens 1 Million Euro auf. Insoweit bleibt abzuwarten, ob die Reform des Gemeinnützigkeitsrechts mit den deutlich größeren steuerlichen Anreizen für Stiftungserrichtungen und Zustiftungen zu einer Verschiebung in Richtung der größeren Stiftungsvermögen führen wird, wie es die am Gesetzeswerk Beteiligten erhoffen.

Tabelle 3: Vermögensklassen (2007)

Vermögensklassen in Euro	Anteil der Stiftungen in Prozent	Kumuliert in Prozent
Bis zu 50.000	14,4	14,4
Bis zu 100.000	14,2	28,6
Bis zu 500.000	30,4	59,0
Bis zu 1.000.000	13,5	72,5
Bis zu 10.000.000	22,6	95,1
Bis zu 100.000.000	4,0	99,1
Mehr als 100.000.000	< 1	100

Tab. 3: Grundlage: 6.422 Stiftungen. Quelle: Verzeichnis Deutscher Stiftungen 2008 (Bundesverband Deutscher Stiftungen 2008b: 55).

Wenn man eine Hochrechnung auf das Vermögen aller gut 15.500 rechtsfähigen Stiftungen bürgerlichen Rechts versucht, so ergibt sich ein Gesamtbetrag von rund 70 Milliarden Euro. Dieser Betrag wird auch durch die Zahlen von fünf Aufsichtsbehörden gestützt, die aufgrund ihrer regionalen Verteilung und der relativ präzisen Angaben als Grundlage einer vergleichenden Berechnung verwendet wurden. Aus diesem Vergleich ergibt sich eine Bandbreite für diese Hochrechnung zwischen 35 und 100 Milliarden Euro. Im Durchschnitt beträgt das Vermögen pro Stiftung demnach 4,6 Millionen Euro, wobei dieser Wert nichts über die wahre Verteilung aussagt, denn der Median der Vermögensangaben liegt bei nur 305.000 Euro. Die 15 größten Stiftungen bürgerlichen Rechts vereinen rund 13 Milliarden Euro auf sich. Wenn man allein dieses Kapital herausrechnet, sinkt der Durchschnitt pro Stiftung deutlich auf 2,6 Millionen Euro.

Die Datenbank des Bundesverbandes Deutscher Stiftungen enthält neben den rechtsfähigen Stiftungen bürgerlichen Rechts weitere Datensätze zu Stiftungen aller übrigen Rechtsformen. Die 8.336 Stiftungen aller Rechtsformen besitzen ein gemeldetes Vermögen von 54,6 Milliarden Euro. Gerade der Bestand und somit das Vermögen der Treuhandstiftungen lässt sich nicht verlässlich schätzen.

Bei den Angaben zum Vermögen handelt es sich in der Regel um Buchwerte, die sich bei einer Bewertung nach Verkehrswerten erheblich erhöhen würden.[3] Die Vergleichbarkeit ist angesichts der Vielgestaltigkeit der Vermögensarten (z.B. Geld, Aktien und sonstige Wertpapiere, Immobilien, Unternehmensanteile, Kunstwerte und sonstige Rechte) und wegen fehlender einheitlicher Bewertungsvorschriften deutlich erschwert.

In der Gesamtbetrachtung der Stiftungsfinanzen ist abschließend festzuhalten, dass sich das Dunkel langsam lichtet und ein Gesamtvermögen von 100 Milliarden Euro für Stiftungen aller Rechtsformen geschätzt werden kann. Auch die Ausgaben sind mit geschätzten 30 Milliarden Euro enorm. Gleichzeitig müssen die deutschen Stiftungen in ihrer Gesamtheit noch weitere Fortschritte in ihrer Bereitschaft machen, die relevanten Kennzahlen in einer vollständigen und nachvollziehbaren Art zu kommunizieren. Auch hierzu seien die „Grundsätze Guter Stiftungspraxis" zitiert „Sie [die Stiftungen] anerkennen Transparenz als Ausdruck der Verantwortung von Stiftungen gegenüber der Gesellschaft und als ein Mittel zur Vertrauensbildung. Sie stellen daher der Öffentlichkeit in geeigneter Weise die wesentlichen inhaltlichen und wirtschaftlichen Informationen über die Stiftung (insbesondere über den Stiftungszweck, die Zweckerreichung im jeweils abgelaufenen Jahr, die Förderkriterien und die Organmitglieder) zur Verfügung" (Bundesverband Deutscher Stiftungen 2006: 3).

[3] Sprengel/Ebermann (2007: 33) stellen diese Problematik prototypisch anhand von Buch- und Vermögenswertberechnungen der Bertelsmann Stiftung dar.

3.2.3 Mittelherkunft

Ihre Ausgaben bestreiten die privatrechtlichen Stiftungen bürgerlichen Rechts typischerweise durch die Vermögenserträge. Um das Gebot des realen Werterhalts zu befolgen, müssen sie jedoch zunächst die freie Rücklage mit bis zu einem Drittel der Erträge (zuzüglich 10 Prozent der Summer aller übrigen Einnahmen) dotieren. Der Rest steht für die Zweckerfüllung und die Verwaltung der Stiftung zur Verfügung. Häufig erhalten Stiftungen zu einem erheblichen Teil auch Spenden, die zeitnah, das heißt spätestens bis zum Ende des auf die Spende folgenden Kalenderjahres, verwendet werden müssen, und/oder Zuwendungen der öffentlichen Hand. Im Falle eines von der Stiftung geführten Zweckbetriebs (Leistungsentgelte) oder eines wirtschaftlichen Geschäftsbetriebs (Sponsoring) können weitere Einnahmen hinzukommen. Stiftungen, die Träger von Einrichtungen wie Alten- und Pflegeheimen oder Krankenhäusern sind, erzielen Einnahmen eher aus ihrer wirtschaftlichen Geschäftstätigkeit, weniger aus Vermögensanlagen. Die durchschnittliche Einnahmenverteilung wird in der Übersicht in Tabelle 4 erkennbar, die auf den Angaben von 4.356 rechtsfähigen Stiftungen bürgerlichen Rechts basiert.

Aufgrund dieser unterschiedlichen Einnahmequellen erklärt sich, dass die Gesamtausgaben nicht anhand einer durchschnittlichen Verzinsung des Gesamtvermögens errechnet werden können. Vielmehr zeigt sich ein (fast überraschend) hoher Ausgabenbetrag aller 4.716 Stiftungen, die eine solche Angabe gemacht haben, von 6,4 Milliarden Euro.

Tabelle 4: Durchschnittliche Einnahmenverteilung von Stiftungen

Art der Einnahmen	Euro	Prozent
Vermögensverwaltung	1.975.973.875	45
Spenden	316.126.956	7
Zweckbetrieb	903.260.910	20
Wirtschaftlicher Geschäftsbetrieb	246.065.108	6
Öffentliche Förderung	566.256.640	13
Rücklagen	28.055.695	1
Sonstige	379.728.067	9
Summe	4.415.467.251	100

Bei der Bewertung der Ausgaben der Stiftungen ist zu beachten, dass bei Trägerstiftungen oft Leistungsentgelte (wie bei Krankenhäusern, Pflegeeinrichtungen oder Schulen) oder Haushaltszuschüsse (wie bei Museen oder Forschungsinstituten) als durchlaufende Posten enthalten sind. Bei Stiftungen, die mehrere Zwecke bedienen, können die Ausgaben schwer aufgeteilt werden. In den Gesamtausgaben enthaltene allgemeine Verwaltungskosten werden unter Umständen ganz oder teilweise auf die Projekte verteilt. Die Gesamtausgaben der rechtsfähigen Stiftungen bürgerlichen Rechts sind geschätzt um etwa 23 Prozent höher als die Zweckausgaben. Darin enthalten sind zusätzlich zu den Ausgaben für die Zwecke weitere Ausgaben enthalten. Dazu gehören Verwaltungskosten, Rücklagen für den Leistungserhalt sowie ggf. Stifterrenten. Die Schätzung für die rechtsfähigen Stiftungen bürgerlichen Rechts liegt bei 21 Milliarden Euro, die pro Jahr zur Finanzierung des Allgemeinwohls und der von den Familienstiftungen bedachten Destinatäre ausgegeben werden. Die Ausgaben für die satzungsgemäßen Zwecke lassen sich für die gleiche Gruppe von Stiftungen auf 16 bis 17 Milliarden Euro schätzen.

Die in der Datenbank Deutscher Stiftungen vorhandenen Daten führen zu etwa 15 Milliarden Euro Zweckausgaben der 94 Prozent rechtsfähiger Stiftungen bürgerlichen Rechts, die rein gemeinnützige Zwecke verfolgen. Dass diese Stiftungen auch anerkannt gemeinnützig sind, kann man weitgehend vermuten, jedoch nicht direkt davon nicht ableiten. Datenbasis dafür sind Angaben von 3.069 Stiftungen.

Betrachtet man noch die allein fördernden Stiftungen mit rein gemeinnützigen Zwecken, ohne die mit teilweiser operativer Verwirklichung, erhält man eine Schätzung von rund 2,5 Milliarden Euro Ausgaben für die Zwecke auf der Basis der Angaben von 1.763 Stiftungen.

Die große Ungleichheit bei der Verteilung der Stiftungsvermögen und der Ausgaben – ein Drittel besitzt ein Vermögen bis 100.000 Euro, dagegen ein Viertel über 1 Million Euro – kann bedeuten, dass eine Stiftung, von der die Größe nicht bekannt ist, genaue Zahlen sehr vieler kleiner Stiftungen aufwiegen könnte. Es scheint aber so, dass andererseits die meisten großen Stiftungen ihre Zahlen veröffentlichen und dadurch viele kleine, die ihre Zahlen nicht veröffentlichen, ausgleichen.

Noch nicht differenziert untersucht ist das Verhältnis von Zweck- und Verwaltungsausgaben im Stiftungswesen. Hier dürften einige interessante Erkenntnisse zu gewinnen sein, da viele Stifter und ehrenamtliche Mitarbeiter die Verwaltungskosten äußerst gering halten. Dies ist nicht zu vergleichen mit den spendensammelnden Großvereinen, deren Verwaltungsausgaben durchaus über 30 Prozent der Gesamtausgaben betragen können. Gleichzeitig sollten sich auch die Stiftungen dem Transparenzgedanken stellen und zumindest ihre Ausgabenrelationen veröffentlichen, soweit dies noch nicht geschieht.

3.2.4 Die Rolle der Stiftungsorgane und -mitarbeiter beim Vermögensmanagement

Stiftungsorgane und ihre Mitarbeiter betrachten häufig vor allem die Zweckverfolgung als das entscheidende Tätigkeitsfeld der Stiftungsarbeit. Die zweite tragende Säule für den Erfolg und die Beständigkeit der Stiftung besteht allerdings in der Vermögensbewirtschaftung. Deshalb sollte ihr die gleiche Aufmerksamkeit seitens der operativen und aufsichtsführenden Organe gewidmet werden. Mit der Vernachlässigung der Vermögensbewirtschaftung korrespondiert die fehlende Kenntnis über die Finanzlage von Stiftungen.

Leider sind nicht nur der Bundesverband Deutscher Stiftungen und die interessierte Öffentlichkeit relativ schlecht informiert, sondern zum Teil sind es auch die Stiftungsorgane. Im Grunde deuten alle einschlägigen Untersuchungen der jüngeren Zeit daraufhin, dass es in den Stiftungen häufig an klaren Kennzahlen zur Messung des Anlageerfolgs und der Beraterqualität fehlt. Für jede statistische Darstellung ist es jedoch besonders bitter, dass die Stiftungen aus diesen (und anderen) Gründen nur selten ihre Finanzdaten und Eckdaten zum Vermögensmanagement in vollständiger, nachvollziehbarer und objektivierbarer Art der Öffentlichkeit zur Verfügung stellen.

3.3 Stiftungen in ihrer Rolle als Bankkunden

Die richtige Bewirtschaftung des Vermögens stellt Stiftungen immer wieder vor große Fragen. In der Vergangenheit haben Unternehmen das Anlageverhalten der Stiftungen untersuchen wollen, stießen jedoch zumeist auf eine mehr oder weniger hohe Mauer des Schweigens. Die darauf basierenden Ausgaben waren zwar teilweise sehr plakativ, aber dafür wenig repräsentativ. Zudem werden aus einleuchtenden Gründen gerne nur die Gruppe der größeren Stiftungen befragt.

Der Bundesverband Deutscher Stiftungen hat demgegenüber im März 2008 eine Umfrage für seine Reihe StiftungsReport durchgeführt, und zwar bei Stiftungen jeder Größenordnung, die Dienstleistungen ihrer Banken hinsichtlich der Vermögensverwaltung beurteilen konnten. Es ist die größte Befragung ihrer Art. Von den befragten Stiftungen (ausgeschlossen waren Stiftungen, die von Finanzinstituten errichtet und Treuhandstiftungen, die von diesen verwaltet werden) antworteten 800. Auch wenn die Rücklaufquote von unter 10 Prozent immer noch keine wissenschaftlich-repräsentativen Aussagen zulässt, konnten einige überraschende Tendenzen ermittelt werden. Ausführlich sind die Ergebnisse im StiftungsReport 2008/09 beschrieben (Bundesverband Deutscher Stiftungen 2008a). Im Folgenden einige Kernaussagen:

- Obwohl über die Hälfte der befragten Stiftungen in puncto Vermögensanlage nach eigener Einschätzung über gute Kenntnisse verfügt, ist der durchschnittliche Ertrag insgesamt nicht besonders hoch. Das kann an der aktuellen Situation auf dem Finanzmarkt liegen, an der mangelnden Kompetenz der Bank oder an der Stiftung selbst. Der durchschnittliche Vermögensertrag der letzten beiden Jahre des (nach Kosten) bei der Bank angelegten Geldes lag bei 4,4 Prozent. Diese Rendite ist zu gering, um angesichts der gesetzlichen Rücklagendeckelung von einem Drittel der Erträge eine Inflation von mehr als 1,4 Prozent zu schlagen.
- Bei einer Steigerung des Anlageerfolgs um nur 0,2 Prozentpunkte dürften es deutlich über 200 Millionen Euro sein, die dem Gemeinwohlsektor dann zusätzlich zufließen könnten.
- Kleinere Stiftungen mit einem Kapital bis zu 1 Million Euro haben einen signifikant geringeren durchschnittlichen Vermögensertrag als die „größeren“ mit einem Kapital von über 1 Million Euro.
- Dagegen spielt die Vergabe des Verwaltungsmandats offenbar für die Gesamtzufriedenheit und Rendite keine Rolle, denn Stiftungen mit eigener Vermögensverwaltung sind nicht signifikant zufriedener oder unzufriedener als diejenigen, die ihr Kapital bei der Bank verwalten lassen.
- Für Stiftungen lohnt sich eine Investition in die Köpfe: Zufriedenheit und Ertrag lassen sich mit eigenem Know-how steigern. Stiftungen, deren Mitarbeiterinnen und Mitarbeiter sich nicht ausreichend fortbilden (konnten), haben geringere Erträge und sind tendenziell unzufriedener. Es lohnt sich also für Stiftungen, in die Weiterbildung der Mitarbeiter und Vorstände zu Fragen der Vermögensanlage zu investieren.
- Die Stiftungen wurden außerdem gefragt, wie wichtig ihnen bei der Vermögensanlage ein erfolgsorientiertes Gebührenmodell ist. Für insgesamt sechzig Prozent der 671 Stiftungen, die sich dazu geäußert haben, ist ein solches Modell sehr wichtig oder wichtig. Lediglich 3,3 Prozent nutzen ein solches Modell bereits.

3.4 *Die Nachfrage nach SRI-Produkten*

Stiftungen fragen nachhaltige Investments (Socially Responsible Investments, SRI) häufiger nach und haben diese häufiger im Portfolio als früher, wie die Umfrage zum StiftungsReport 2008/09 zeigt. Insoweit zeigt sich ein deutlicher Trend zu SRI-Produkten. Allerdings werden diese von Banken noch zu selten aktiv angeboten (vgl. Deutscher Stiftungen 2008a: 22ff). Die Ergebnisse der Umfrage im Einzelnen:

- In der Umfrage war die Frage gestellt worden: „Welche der folgenden Anlageklassen sind bereits in Ihrem Portfolio enthalten?" Als Antwortoptionen wurden neben alternativen Assetklassen auch ethische, soziale und ökologische Anlagen angeboten. Hierauf haben rund drei Viertel der Befragten nicht geantwortet. Daraus lässt sich folgern, dass diese 75 Prozent der Stiftungen eher klassisch investiert haben, also in festverzinsliche Wertpapiere, Aktien und Festgeld und hierbei keiner SRI-Kriteriologie folgen.
- Von den Stiftungen, die zu den im Fragebogen aufgeführten Anlageklassen eine Angabe gemacht haben, haben mehr als 40 Prozent bereits SRI in Ihrem Portfolio, also von allen befragten Stiftungen immerhin rund 10 Prozent.[4]
- Nach ihren Wünschen für ein künftiges Stiftungsportfolio gefragt, äußern sich 36 Prozent der Stiftungen. Davon möchten fast 80 Prozent gerne SRI in ihr Portfolio aufnehmen, ein eindeutiges Votum (29 Prozent aller befragten Stiftungen). Zum Vergleich: Nur 4,5 Prozent würden sich für Hedgefonds entscheiden.
- Über 60 Prozent der Stiftungen, die bereits in ethische, soziale und ökologische Anlagen investieren, wünschen sich diese auch weiterhin. Interessant ist dabei, dass 40 Prozent derjenigen, die aktuell Private Equity beigemischt haben, ebenfalls weitere SRI-Produkte in ihr Stiftungsportfolio aufnehmen möchten.

Daraus lässt sich das Fazit ziehen, dass diversifizierte Stiftungen, die eine Anlageform aktiv aufgreifen, SRI als selbstverständliche Ergänzung des Portfolios betrachten. Nachhaltiges Investment ist also in den gut geführten Stiftungen angekommen. Addiert man die 10 Prozent der schon SRI-investierten Stiftungskunden mit den 29 Prozent, die sich eine solche Anlage wünschen, ergibt sich ein konkretes Marktpotenzial von etwa 39 Prozent des anlagefähigen Stiftungs-

---

[4] Hochrechnung auf alle befragten Stiftungen, ausgehend von: 40 Prozent von 25 Prozent der antwortenden Stiftungen.

vermögens für das Segment der nachhaltigen Investmentprodukte, also grob geschätzt zwischen 20 und 30 Milliarden Euro.

Die Finanzwirtschaft hat dieses beträchtliche Marktpotenzial offenbar noch nicht richtig erkannt. Auch wenn dieses Anlagethema im allgemeinen Marketing von Finanzinstitutionen immer häufiger eine Rolle spielt, haben die individuellen Anlageberater vor Ort offenbar noch ihre Schwierigkeiten damit. In der Umfrage des Bundesverbandes Deutscher Stiftungen hat jedenfalls die große Mehrheit der Stiftungen ausgesagt, dass sich ihre Banken sich im Bereich der ethischen, sozialen und ökologischen Anlagen zu passiv verhalten. Drei Viertel der Befragten haben auf die Frage „Meine Bank berät mich/uns von sich aus zu ethischen, ökologischen und sozialen Geldanlagen" geantwortet. Die Bilanz ist ernüchternd: Ein Drittel benotet die Beratungsleistungen mit 6, eine 4, 5 oder 6 vergeben knapp 60 Prozent. Daraus ergibt sich die schlechteste mittlere Bewertung aller abgefragten Sachverhalte. Stiftungen fordern von den Banken „Detailkenntnisse zu ethisch einwandfreien Anlagen" und „mehr ethische Anlagemöglichkeiten." ein.

3.5 Die allgemeine Kompetenz der Banken im Stiftungssegment

Über die Hälfte aller Befragten findet, dass sich ihre Bank zunehmend auf den Stiftungssektor eingestellt hat. Bei denjenigen, die ihr Wissen im Hinblick auf die Vermögensanlage als „gut" einschätzen, sind sogar knapp 60 Prozent dieser Meinung. Allerdings wäre für manch eine Stiftung „noch mehr Hintergrundwissen zu Stiftungs- und Steuerrecht" sowie „mehr Know-how der Bank im Stiftungsbereich" wünschenswert. In neun Fällen war der Frust der Stiftung offenbar so groß, dass laut offener Nennung ein Wechsel der Bank erfolgte bzw. unmittelbar bevorsteht. Mangelnde Eigeninitiative der Bank, die Anlagestrategie sowie die Betreuung wurden moniert.

Obwohl die Banken vermehrt stiftungsspezifische Angebote entwickeln, sieht immerhin ein Drittel der befragten Stiftungen bei der Beratung die Bankinteressen im Vordergrund. Bei denjenigen, die ihre Kenntnisse als „mittel" einschätzen, ist die Skepsis sogar noch etwas größer. „Die Bank ist auf eigene Produkte (natürlich) fokussiert. Das wird man aber kaum ändern können", lautet eine Rückmeldung. Oder: „Die Beratung sollte unabhängiger von bankeigenen Produkten sein."

Allerdings wollte sich mehr als ein Fünftel der Befragten zu dieser Frage nicht äußern – ein Ausdruck der Loyalität von Stiftungskunden gegenüber der betreuenden Bank. Dazu passt, dass 44 Prozent der Stiftungen den Namen ihrer Bankfiliale nicht offen legten.

Für Banken lohnt sich die regelmäßige Bereitstellung von Informationen: Gut informierte Kunden sind zufriedener. Dreißig Prozent der Stiftungen, die ihre eigenen Kenntnisse über die Vermögensanlage als gut einschätzen, geben an, mehr als sechs Mal im Jahr von ihrer Bank über Portfolioentwicklungen und -anpassung informiert zu werden. Setzt man die Bereitstellung von Informationen über die Portfolioentwicklung mit der Gesamtzufriedenheit in Beziehung, zeigt sich: Stiftungen, die nur zwei- bis dreimal pro Jahr von der Bank über die aktuellen Entwicklungen informiert werden, sind signifikant unzufriedener als alle, die häufiger Informationen erhalten. Die Kritik klingt dann so: „Das Ansprechen der Kunden von sich aus; der Kunde (Stiftung) kann nicht allein die Initiative ergreifen. Auf dem Gebiet ist noch manches zu verbessern." Das Finanzinstitut sollte aber nicht nur ein regelmäßiges Reporting pflegen: „Der persönliche Kontakt sollte häufiger stattfinden" und „intensivere Gespräche über unsere Geschäftsentwicklung" geführt werden. Außerdem existiert offenbar auf Stiftungsseite ein Bedürfnis nach „weniger Fluktuation" sowie „kompetenter Beratung durch nicht ständig wechselnde Mitarbeiter."

4 Kooperationsstrategien: Stiftungen als gemeinnützige Unternehmen in Zusammenarbeit mit anderen Akteuren

Die Nachhaltigkeitsstrategie einer Stiftung sollte nicht allein im Vermögensmanagement manifestieren. Stiftungen sind gut beraten, ihre gesamten Aktivitäten und Handlungsmöglichkeiten daraufhin auszurichten, wie sie den Gedanken von Ressourcenschonung und Generationengerechtigkeit verwirklichen können.

Dies bedeutet, dass sämtliche Büroabläufe, Reisen und Förderaktivitäten in die Nachhaltigkeitsstrategie eingebunden werden. Schon mit einfachen Maßnahmen, die sich ohne aufwändige Fremdberatung entwickeln und umsetzen lassen, kann ein hoher Umweltnutzen und ein glaubwürdiges ethisch-soziales Profil der Stiftung erarbeitet werden. Die an das eigene Verhalten angelegten Anforderungen können auch in der Interaktion mit Projektmittelempfängern und -partnern weiter verbreitet werden, z.B., indem die Förderrichtlinien bestimmte Auflagen zur CO_2-Reduktion enthalten.

Stiftungen können auch eine Wirkung erzielen, wenn sie ihre Rollen als Arbeitgeber und als Auftraggeber im Geschäftsverkehr nutzen. Eine positive Kommunikation über die eigenen Nachhaltigkeitsziele wird Mitarbeiter und Geschäftspartner über kurz oder lang zum Mittun oder zur Nachahmung anregen.

Generell sollten sich Stiftungen über ihre Rollen als Thementreiber und Vorbilder in der deutschen Gesellschaft klar sein und danach handeln. Wer wenn nicht sie, kann kreatives Potenzial, Personal und finanzielle Mittel einsetzen, um gesellschaftlich relevante Fragen zu behandeln und mit zu lösen? Zu diesen Fragen gehört ohne Zweifel auch, wie wir mit den Herausforderungen und schädlichen Nebenwirkungen unserer Wirtschaftsordnung im Hinblick auf Menschen und natürliche Ressourcen umgehen sollten. Ebenso wie vorbildliche Unternehmen, die in ihr Kerngeschäft eine Nachhaltigkeitsstrategie integrieren, sollte auch jede Bildungsstiftung, jede Sozialstiftung und jede andere Stiftung eine Nachhaltigkeitsstrategie entwickeln.

Als Verbündete auf diesem Weg bieten sich neben vorbildlichen Stiftungen, die ihr Wissen und ihre Erfahrung in der Regel gerne teilen, vor allem kirchliche Organisationen, aber auch manche Unternehmen und Pensionskassen an. Zudem finden sich zahlreiche Vereine und andere Nichtregierungsorganisationen, die zu einer Kooperation mit Stiftungen bei der Bearbeitung von Nachhaltigkeitsthemen bereit sind.

Beispielgebend ist das Zusammenwirken der Stiftung Zukunftsfähigkeit mit der Nichtregierungsorganisation German Watch zugunsten von mehr Transparenz bei der Vermögensanlage nach Kriterien der Nachhaltigkeit: Zusammen mit anderen Akteuren waren sie maßgeblich daran beteiligt, dass Versicherungsgesellschaften und Pensionsfonds 2001 gesetzlich verpflichtet wurden, ihre Kunden zu informieren, ob und wie ethische, soziale und ökologische oder Belange bei der Verwendung der eingezahlten Versicherungsprämien im Rahmen der privaten Altersvorsorge berücksichtigt werden.[5]

5 Abschlussthesen

Anstelle einer Zusammenfassung lassen sich für das Themenfeld „Stiftungen und Nachhaltigkeit" folgende Thesen formulieren:

- Stiftungen sind geborene Nachhaltigkeitsakteure. Im Bereich der ideellen Zweckverfolgung sind sie per se den Gedanken der Generationengerechtigkeit und der Ressourcenschonung verpflichtet.
- Stiftungen sollten ihre Nachhaltigkeitsstrategie sorgfältig entwickeln und – wie alle Unternehmen und Organisationen – in einem Gesamtprozess integrieren.

[5] In das Versicherungsaufsichtsgesetz (VAG) wurde daraufhin ein entsprechender Passus eingefügt: „Der Pensionsfonds muss die Versorgungsberechtigten grundsätzlich schriftlich bei Vertragsschluss sowie jährlich schriftlich darüber informieren, ob und wie er ethische, soziale und ökologische Belange bei der Verwendung der eingezahlten Beiträge berücksichtigt" (§ 115 Abs. 4 VAG).

- Stiftungen sind in ihrer Vermögensanlage weit weniger rechtlichen Grenzen unterworfen als landläufig angenommen. Daher besteht grundsätzlich keine rechtliche Beschränkung für eine Investition in Nachhaltigkeitsprodukte. Auch die Aufsichtsbehörden lassen den Stiftungen in der Regel den gesetzlich eingeräumten Freiraum bei der Kapitalbewirtschaftung.
- Höhere Vermögenserträge als 3 bis 4 Prozent pro Jahr können nur durch eine breite Diversifikation der Anlagen erwirtschaftet werden. Zu der insoweit gebotenen Diversifikation gehört ein Nachhaltigkeitsinvestment schon allein aufgrund der dadurch möglichen Risikoreduzierung.
- Stiftungen müssen einen Ertrag von 6 Prozent nach Kosten erwirtschaften. Nur so können sie die hiervon maximal zulässigen Rücklagen von einem Drittel für den Ausgleich des mindestens zweiprozentigen inflationsbedingten Werteverzehrs aufbringen und auf diese Weise ihre Leistungsfähigkeit dauerhaft erhalten.
- Stiftungen sollten sich zu kompetenten Gesprächspartnern gegenüber Banken und anderen Finanzdienstleistern entwickeln. Nur auf diese Weise kann in der Regel sicher gestellt werden, dass die beschlossene Nachhaltigkeitsstrategie dauerhaft umgesetzt wird.
- Das Interesse der Stiftungen für ethische, soziale und ökologische Vermögensanlagen ist sehr ausgeprägt. Das daraus resultierende Marktpotenzial ist von den Banken bei Weitem noch nicht ausgeschöpft worden. Aktive Beratung der Banken zu ethischen, sozialen und ökologischen Geldanlagen steht für viele Stiftungen ganz oben auf der Wunschliste.
- Stiftungen sind geborene Multiplikatoren und können eine wichtige Hebelfunktion für ein nachhaltiges Verhalten ausfüllen.
- Stiftungen sind in der Regel für Kooperationen mit anderen Nachhaltigkeitsakteuren sowie mit Politik und Öffentlichkeit besonders geeignet.

Literatur

Bundesverband Deutscher Stiftungen (2006): Grundsätze Guter Stiftungspraxis (Stiftungspositionen 03/2006). http://www.stiftungen.org/files/original/galerie_vom_09.12.2005_11.26.20/Grundsaetze_Stiftungspraxis.pdf (Zugriff am 30.6.2008).

Bundesverband Deutscher Stiftungen (2008a): StiftungsReport 2008/09: Wie Vielfalt zusammenhält – Projekte, Initiativen und Menschen. Berlin.

Bundesverband Deutscher Stiftungen (2008b): Verzeichnis Deutscher Stiftungen 2008, Band 1. Berlin.

Freiburger Bürgerstiftung (2006): Leitlinien zur Anlage des Stiftungsvermögens. http://www.freiburger-buergerstiftung.de/pdf/leitlinie_kapitalanlage.pdf (Zugriff am 21.7.2008).

Hüttemann, Rainer/Schön, Wolfgang (2007): Vermögensverwaltung und Vermögenserhaltung im Stiftungs- und Gemeinnützigkeitsrecht. Schriftenreihe des Instituts für Stiftungsrecht und das Recht der Non-Profit-Organisationen, Bucerius Law School, Bd. II/3. Köln/München.

Schäfer, Henry/Schröder, Michael (Hrsg.) (2008): Nachhaltige Kapitalanlagen für Stiftungen: Aktuelle Entwicklungen und Bewertung. Erscheint voraussichtlich Ende 2008 im Nomos Verlag, Baden-Baden.

Sprengel, Rainer/Ebermann, Thomas (2007): Statistiken zum deutschen Stiftungswesen (Maecenata Schriften Band 1). Stuttgart.

Institutionelle Anleger und ethisches Investment – Perspektiven des Bankhauses Metzler

Falk-Reiner Kolter

1 Ethische Grundsätze des Bankhauses Metzler

Eine weltweite Finanzkrise erschütterte in den vergangenen Monaten die Menschen rund um den Globus. Investitionen in hochspekulative Geldgeschäfte, Handel mit unbekannten Risiken und Abschreibungen in Milliardenhöhe bei großen, namhaften Banken sorgten für Unruhe und Panik. Vor diesem Hintergrund wirkt es fast zynisch, über ethische Prinzipien als Grundlage von Investitionsentscheidungen zu sprechen.

Doch genau genommen ist eben diese Finanzkrise ein wichtiger Anlass, um zu zeigen, welchen unternehmerischen Wert feste ethische Prinzipien haben und warum das Bankhaus Metzler auf sie setzt. Im November 2007 antwortet Friedrich von Metzler in einem Interview mit der Börsen-Zeitung auf die Frage nach den Ursachen der Bankenkrise: „Es ist immer das Gleiche: Gier. Manche wollen einfach zu schnell reich werden. Andere hingegen stehen unter einem enormen Ertragsdruck. So kommt es zu solchen Auswüchsen. Noch im zweiten Quartal dieses Jahres wurden den Kunden die Kredite doch geradezu hinterhergeworfen. Und für Übernahmen wurden Preise gezahlt, bei denen strategische Investoren gar nicht mehr mithalten wollten. (…) Die Proportionen haben teilweise nicht mehr gestimmt“ (Wittkowski/Speicher-Utsch 2008: 4).

Unsere Geschäftsfelder definieren sich nicht nur über das, was wir tun, sondern in vielleicht noch höherem Maß darüber, was wir nicht tun. Das Bankhaus Metzler hat seine geschäftspolitische Struktur so ausgerichtet, dass parallel zum Auftrag des Kunden keine anderen Geschäftsinteressen das Handeln bestimmen. Interessenkonflikte werden unter anderem dadurch vermieden, dass Metzler bewusst weder aktiv im Kreditgeschäft noch in Emissionskonsortien vertreten ist, kein Private-Equity-Geschäft betreibt und auf den Eigenhandel in Aktien verzichtet.

Unsere Unternehmenswerte und Verhaltensrichtlinien werden offen und nachhaltig kommuniziert, extern und intern. Sie sind im Mitarbeiterhandbuch veröffentlicht, das jeder neue Mitarbeiter bei Eintritt erhält, sowie intern ständig einzusehen in unserem webbasierten Kommunikations- und Reportingsystem

MERKUR. Darüber hinaus ist unser Ehrenkodex unverzichtbarer Bestandteil sogenannter Requests for Proposals (RFPs), wie wir selbst bei der Bewerbung für neue Asset-Management-Mandate ausfüllen und abgeben müssen. So haben alle Mitarbeiterinnen und Mitarbeiter des Bankhauses Metzler einen einheitlichen Verhaltenskodex für ihr Handeln. Dieser Kodex basiert auf drei grundlegenden Unternehmenswerten:

- *Unabhängigkeit.* Der starke Wille zur Unabhängigkeit zieht sich wie ein roter Faden durch die lange Firmengeschichte. Die Geschäftsphilosophie war über die Jahrhunderte darauf ausgerichtet, diese Unabhängigkeit zu bewahren. Das geeignete Mittel dazu ist der langfristige Geschäftserfolg. Diesen Erfolg hat Metzler in der Vergangenheit erzielt durch Konzentration auf Geschäftsfelder, in denen das Haus, unabhängig von seiner Größe, mindestens genauso gute oder sogar bessere Dienstleistungen erbringen kann als die erfolgreichsten Wettbewerber.
  In den 1980er-Jahren wurde unsere Bank von einer Personengesellschaft in eine Kommanditgesellschaft auf Aktien (KGaA) umgewandelt. Auch dieser Schritt, der die Kapitalbasis stärkte, diente dazu, unsere Unabhängigkeit zu wahren. Der Charakter der Privatbank blieb trotz der Umwandlung bestehen: Unverändert haftet die Unternehmensleitung persönlich. Eine Besonderheit des Bankhauses Metzler besteht auch darin, dass nur ein kleiner Teil der Gewinne ausgeschüttet wird. Den Rest belassen wir als stille Reserve in der Bank.
- Unabhängigkeit bedeutet *Freiheit* – in der Meinungsbildung, beim Gestalten von Dienstleistungen, in der Beratung. Gerade im Hinblick auf die Wahrung ethischer Grundsätze bei Investitionsentscheidungen macht uns ein verantwortungsvoller Umgang mit der daraus resultierenden Freiheit glaubwürdig. Im Gegensatz zu vielen Kollegen anderer Institute stehen wir nicht unter dem permanenten Druck, alle drei Monate Gute-Laune-Nachrichten verkünden zu müssen, welche die Unternehmenspolitik zwangsläufig kurzatmig und abhängig machen.
- *Unternehmergeist.* Wir setzen auf Bewahrung durch Veränderung und differenzieren uns laufend in solchen Geschäftsfeldern, in denen die reine Unternehmensgröße keinen Vorteil bringt. Auf diese Weise können wir unsere Ertragsziele unaufgeregt und gemäß ethischen Grundsätzen verfolgen. Dadurch gibt es für das Bankhaus Metzler keine Finanzkrise. Produkte, die große Teile der Bankenwelt in die Schieflage gebracht haben, führen wir nicht. „Subprime-Kredite schon einmal gar nicht, und auch keines dieser kompliziert strukturierten Kreditprodukte. (…) Es ist schon schwer genug, ein gutes Aktienportfolio zusammenzustellen. Da setzen wir

unsere ganze Arbeit hinein", so Friedrich von Metzler im Januar 2008 im Gespräch mit der Frankfurter Allgemeinen Sonntagszeitung (von Petersdorff 2008: 39).

- *Menschlichkeit.* Alle Mitarbeiter des Bankhauses Metzler sind in unseren Leitlinien aufgefordert, Aufrichtigkeit und Toleranz im Kreis der Kollegen zu leben. Dazu bedarf es eines Klimas, in dem das Gespräch miteinander wichtiger ist als das Delegieren von oben nach unten. Menschlich ist die Arbeitswelt dann, wenn die Mitarbeiter die Chance haben, produktiv oder kreativ in ihr mitzuwirken. Besondere Bedeutung hat dabei das Vorbild von Führungskräften. Das beginnt mit dem Kopf des Unternehmens: Friedrich von Metzler stellt sich seiner gesellschaftlichen Verantwortung und ist als Mäzen im klassischen Sinne für seine Heimatstadt Frankfurt am Main tätig. Gemäß einer Diktion von Henry Ford gilt für den Privatbankier: „Ein Unternehmen, das nur Geld verdient, ist ein armes Unternehmen." Im Rahmen der Albert und Barbara von Metzler-Stiftung engagiert sich das Bankhaus sozial und kulturell für die Gesellschaft. Zu unseren Schwerpunkten gehört die Förderung von Kindern und Jugendlichen in über 20 Initiativen. Eines unserer wichtigsten Projekte ist derzeit das „Netzwerk für Gehirnforschung und Schule", das an der Schnittstelle zwischen Neurologie und pädagogischer Praxis forscht.[1]

2 Die Anwendung von Nachhaltigkeitskriterien bei der Kapitalanlagegesellschaft Metzler Investment GmbH

Zahlreiche Kunden sprechen uns direkt auf das Thema Nachhaltigkeit an. Bei der Umsetzung ihrer konkreten Wünsche versuchen wir stets, ganzheitlich zu denken. Mithilfe einer individuellen Asset-Liability-Studie zur Erfassung, Bewertung und Steuerung des jeweiligen Anlagerisikos definieren wir diejenige Gesamtallokation, die geeignet ist, langfristig eine bestimmte angestrebte Rendite zu erreichen. Daraufhin gilt es, ökologische und soziale Aspekte im gewählten Anlageuniversum zu berücksichtigen.

Die Kapitalanlagegesellschaft des Bankhauses Metzler verwaltet ein Wertpapiervolumen von rund 40 Milliarden Euro. Davon entfallen etwa zehn Prozent auf Landeskirchen, Diakonie, Kirchenbanken und kirchliche Versorgungskassen. Den überwiegenden Teil dieses Geldes investieren wir in Unternehmen, die ihre Geschäftstätigkeit konsequent an Kriterien der Nachhaltigkeit ausrichten. Unsere Investitionsentscheidungen basieren dabei im Sinne unserer Kunden auf

---

[1] Mehr zum gesellschaftlichen Engagement des Bankhauses: http://www.metzler.com → Wir über uns → Metzler-Stiftung (Zugriff am 8.8.2008).

dezidierten Leitlinien für verantwortliches Anlageverhalten im christlichen Sinne. Dies bedeutet, elementare Werte wie Gerechtigkeit, Frieden und die Bewahrung der Schöpfung zu achten.

Die mit dem Kunden jeweils zu erarbeitenden Anlagegrundsätze enthalten verschiedene förderwürdige Ziele, die bei der Kapitalanlage berücksichtigt werden sollten, wie:

- die Investition in umweltschonende Produkte, Technologien, Energien und Verkehrssysteme;
- die Anlage in benachteiligten Bereichen und Ländern, die der Überwindung von Armut und Not dienen;
- die Förderung des Wohnungsbaus, insbesondere für Benachteiligte und sozial Schwache;
- die Frauenförderung sowie die Integration Behinderter.

In speziellen Ratings wird umfassend bewertet, inwieweit die Unternehmen Verantwortung übernehmen. Dazu zählen Arbeitsstandards der eigenen Mitarbeiter sowie der Zulieferer, die Übernahme gesellschaftlicher Verantwortung, die Wahrnehmung von Produkt- und Kundenverantwortung, die Einhaltung wirtschaftsethischer Grundsätze sowie die Integration von Umweltaspekten in Produktgestaltung und Produktionsprozesse. Auf diese Weise können innerhalb einer Branche diejenigen Unternehmen identifiziert werden, die den Nachhaltigkeitskriterien besser gerecht werden als andere (Best-in-Class-Ansatz).

Daneben existieren Negativkriterien, die grundsätzlich zum Ausschluss eines Investments führen, zum Beispiel:

- Entwicklung, Herstellung oder Vertrieb von ABC-Waffen;
- gesetzwidriges Betreiben von Genforschung oder die Anwendung von Gentechnik;
- überwiegender gewerbsmäßiger Betrieb von Glücksspiel;
- menschenunwürdige Arbeitsbedingungen im Hinblick auf ILO-Standards, dazu zählen schwere Arbeitsrechtsverstöße wie die Einschränkung der Versammlungs- und Vereinigungsfreiheit, Zwangsarbeit, Kinderarbeit oder Diskriminierung durch das Unternehmen oder durch dessen Zulieferer.

3 Auch die risikobewusste Renditeorientierung ist eine Verpflichtung

Die besondere Herausforderung für unsere Bank ist es, zwei übergeordneten Zielen unserer Kunden gerecht zu werden: Erstens müssen sie durch die erwartete Rendite in der Lage sein, ihren Verpflichtungen (Liabilities) auch in Zukunft nachzukommen. Die Vermögen unserer Kunden müssen sicher, wertbeständig und wirtschaftlich angelegt werden. Unser Asset-Liability-Management ist genau darauf spezialisiert. Ziel des Asset-Liability-Managements ist es, durch geschickte Steuerung die erwartete Rendite unter Risikogesichtspunkten zu optimieren. Aktuelle und zukünftige Verpflichtungen sollen jederzeit gedeckt sein, die Rendite soll unter Einhaltung gewisser Rahmenbedingungen maximiert werden und die finanzielle Stabilität allzeit gewährleistet sein. In einem fortdauernden Prozess werden gleichzeitig Kapitalanlagen und Verbindlichkeiten auf ihre Renditen sowie ihre zeitliche Staffelung untersucht. Daraus wird eine Strategie entwickelt, mit der bei vorgegebenen Risikogrenzen die finanziellen Ziele erreicht werden.

Zweitens setzt die gleichzeitige unbedingte Forderung unserer Kunden nach ethischen und nachhaltigen Investments der Diversifikation über Branchen oder Länder hinweg deutliche Grenzen. Gerade institutionelle Anleger investieren zumeist in Wertpapierspezialfonds. Überspitzt formuliert könnte die Vorgabe zur Auswahl der Investments lauten: Nimm sämtliche börsennotierten Unternehmen dieser Welt und sortiere all diejenigen aus, die mit Waffen, Alkohol, Tabak, Kernenergie, Umweltverschmutzung, Pornografie, Glücksspiel, Stammzellenforschung, Kinderarbeit, Tierversuchen, Diskriminierung sowie unfairen Löhnen und Arbeitsbedingungen zu tun haben. Investiere daraufhin in Firmen aus dem Kreis derer, die übrig bleiben. Es ist offensichtlich, dass ein auf diese Weise begrenztes Anlageuniversum niemals die Basis für ein risikobewusstes Kerninvestment sein kann.

Will man all diese Anforderungen tatsächlich berücksichtigen, steht jeder Anleger vor vielfältigen Problemen. Diese Zielkonflikte bei Anlageentscheidungen haben bis vor wenigen Jahren häufig dazu geführt, dass „Feigenblatt"-Investments eingegangen wurden: Viele Anleger investierten nur kleine Beträge „ethisch", den Großteil ihres Geldes jedoch weiterhin „klassisch". Das hat sich in den vergangenen Jahren geändert: Die ganzheitliche Berücksichtigung von Nachhaltigkeitskriterien spielt heute eine wichtige Rolle. Durch die Entwicklung neuer und spezialisierter Aktienindizes wie des Dow Jones Sustainability Index (DJSI) oder des FTSE 4 Good wurde diese Tendenz gefördert. Ein Nachteil dieser Entwicklung ist jedoch die Tatsache, dass die Anwendung der neuen Indizes eine „ethische Normierung" der Anleger zur Folge hat. Dabei bleibt kein Platz mehr für Individualität. An dieser Stelle versprechen spezialisierte Ratingagenturen Abhilfe, weil sie individuelle Nachhaltigkeitsprofile definieren können. Das Bankhaus Metzler kooperiert im Einzelfall mit diesen Spezialisten. Denn jeder Kunde hat ganz spezielle Ansprüche, sodass es kein Musterdepot geben kann, das in jedem Falle passt.

Dabei definieren wir die Ausrichtung der individuellen Nachhaltigkeitsprofile nach grundsätzlichen Anschlusskriterien, „harten“ Kriterien und dem Best-of-Class-Ansatz. Im Backoffice unserer Kapitalanlagegesellschaft unterstützen und überwachen unsere Mitarbeiter laufend die Einhaltung der vorgegebenen Parameter, sowohl unter Rendite- als auch unter Nachhaltigkeitsgesichtspunkten. Zudem erwägen wir, zukünftig auch für Gläubigerpapiere von Staaten und Unternehmen einen Nachhaltigkeitsindex entwickeln zu lassen, der die Emittenten von Rentenpapieren unter den gleichen Gesichtspunkten beurteilt wie Aktienemittenten.

Backtests haben in der Vergangenheit gezeigt, dass Nachhaltigkeitsindizes bislang herkömmlichen Anlagen kaum überlegen sind, da ihre geringere Diversifikation eine höhere Volatilität bedingt. Wir sind jedoch davon überzeugt, dass sich dieses höhere Risiko langfristig auszahlt – aus dem einfachen Grund, weil ethisch geprägte Anlagevolumina heute so groß sind, dass sie einen spürbaren Einfluss auf die Politik vieler Unternehmen ausüben.

4 Stimmrechtsausübung auf Hauptversammlungen

Als Depotbank haben wir eine sogenannte Stimmrechtspolicy erarbeitet, um die Interessen unserer Anleger zu wahren. Sollten unsere sozialen und ökologischen Ansprüche nicht erfüllt werden, enthalten wir uns auf Hauptversammlungen – dem Souverän einer jeden Aktiengesellschaft – der Stimme oder stimmen mit Nein.

Zur Umsetzung dieser Vorgabe nehmen wir die Plattform VoteX der Firma Risc Metrics, einem externen Dienstleister aus London, in Anspruch, der uns im In- und Ausland vertritt. Zurzeit beschränkt sich dieser Service auf Deutschland, England, Irland, Kanada, die USA, Japan und Spanien. Mit den Niederlanden und Frankreich werden demnächst zwei weitere Länder folgen. Falls eine fremde Depotbank eingeschaltet wird, besteht eine IT-Schnittstelle zwischen Metzler und den bedeutenden Global Custodians.

Unsere Stimmrechtspolicy beschränkt sich nicht auf unsere kundenspezifischen Nachhaltigkeitsdepots und -fonds. Sie bezieht sich vielmehr auf den gesamten Wertpapierbestand unseres Hauses.

5 Fazit

Das Thema Nachhaltigkeit wird zunehmend eine wichtige Rolle innerhalb der Vermögensverwaltung spielen. Selbst wenn noch viele Fragen und Probleme zu klären sind, darf dies kein Vorwand sein, um das Thema „nachhaltiges Investment" zu einem Nischenphänomen abzustempeln. Im Gegenteil: Die Probleme sollten Ansporn und Herausforderung zur Suche nach innovativen Lösungen sein.

Es wird auch zukünftig immer eine Divergenz zwischen der konkreten Ertragserwartung und dem ethischen Anspruch eines Investors geben. Hier gilt es, von Fall zu Fall die richtige Balance zu finden. Dabei stimmt zuversichtlich, dass die zunehmende Akzeptanz des Leitbilds der Nachhaltigkeit offenbar selbstverstärkend wirkt.

Ethisches Investment wird auch in Zukunft ein wichtiges Thema für das Bankhaus Metzler sein. Wir werden weiterhin unseren ökologisch-sozialen Beitrag leisten – nicht zuletzt, weil dies am Ende uns allen dient.

Literatur

Petersdorff, Winand von (2008): „Die Deutschen müssen lernen, was Aktienkultur ist". Lunch mit der Sonntagszeitung: Friedrich von Metzler, B. Metzler seel. Sohn & Co KGaA. In: Frankfurter Allgemeine Sonntagszeitung vom 6.1.2008: 39.

Wittkowski, Bernd/Speicher-Utsch, Sarah (2008): „Manche wollen einfach zu schnell reich werden." Interview mit Friedrich von Metzler. In: Börsen-Zeitung vom 8.11.2008: 4.

Sustainable Investment bei der Bank Sarasin: Nachhaltigkeitsanalyse nach Positivkriterien als Schlüssel zum Erfolg

Michaela Collins

Die Anbieter von Nachhaltigkeitsratings[1] zuhanden der Investoren sind zahlreich geworden. Das Volumen nachhaltiger Anlagen zeigt kontinuierlich hohe Wachstumsraten.[2] Dennoch ist der Anteil nachhaltiger Anlagen am Gesamtvolumen aller Finanzanlagen in Deutschland und in Kontinentaleuropa immer noch gering[3] – für die engagierten Zukunftsgestalter enttäuschend gering. Zugleich fehlt vielen Beobachtern der schlüssige Nachweis, dass nachhaltige Investments etwas bewirken, indem sie zu einer Lenkung von Wirtschaft und Gesellschaft in Richtung auf zukunftsgerechte Produkte und Prozesse beitragen. Dabei mag das eine das andere bedingen – je größer das Gewicht nachhaltiger Titelselektion im Finanzmarkt, desto deutlicher ihr Lenkungseffekt.

Aus der Beobachtung der UN-Konferenzen zur nachhaltigen Entwicklung und auch unter dem Eindruck der Kernschmelze im Reaktor Tschernobyl sowie der Verseuchung des Rheins durch den Chemieunfall in Schweizerhalle 1986 entstand in der damals noch teilhabergeführten Schweizer Bank Sarasin die Überzeugung, dass hier ein dauerhaft und zunehmend wichtiges sowie Ertrag bringendes Investitionsthema zutage trete. Die nachhaltige Kapitalanlage wäre – insbesondere für den ethischen Investor – ein Mittel konstruktiver Zukunftsgestaltung. Und weil hier Themen von (zumindest mittel- bis langfristig) hoher Dringlichkeit angesprochen sind, wäre sie zugleich auch für den Rendite suchenden Investor ein wichtiges Segment: Die nachhaltige Titelselektion ist ja ein Vehikel zur Beteiligung an Kapitalnehmern[4], die an der Minderung von Zukunftsrisiken arbeiten bzw. neue Marktchancen nutzen. Wie kann dieses Potenzial für die Anleger systematisch erschlossen und auf Dauer nutzbar gemacht werden? Aus der Sicht unseres Hauses, das auf bald 20 Jahre Erfahrung

---

[1] Bewertung von Unternehmen nach Umwelt- und Sozialkriterien als Ergänzung der Finanzanalyse.
[2] Informationen zur Marktentwicklung: http://www.sarasin.ch/nachhaltigkeit (Zugriff am 3.6.2008).
[3] Für Publikumsfonds liegt er bei 1 bis 2 Prozent. Genaue Erhebungen gibt es bezeichnenderweise nicht.
[4] Gemeint sind sowohl Aktiengesellschaften als auch Emittenten von Rentenpapieren; letztere können Unternehmen, Staaten, öffentliche Körperschaften oder öffentliche Finanzinstitutionen sein.

und Wachstum im Geschäftsbereich nachhaltiger Anlagen zurückblickt, kommt es vor allem auf die Schlüssigkeit, die Professionalität und die gute Strukturierung des Anlageprozesses an. Herzstück des Anlageprozesses ist dabei die Nachhaltigkeitsanalyse.

1 Die Blickverengung auf Zukunftsthemen oder Ausschlusskriterien hat Nachteile

Die mediale Aufmerksamkeit für den Klimawandel, die Energie-, Wasser- und Nahrungsengpässe, für Bevölkerungsalterung und Migrationsdruck hat noch immer nicht zu einer umfassenden Handlungsbereitschaft der Wirtschaftsakteure und insbesondere der Anleger geführt. Die Anbieter von Anlageprodukten haben diese Themen in der verflossenen Dekade durchaus erkannt und aufgegriffen. Allerdings standen dabei zwei Formen der Titelsektion im Vordergrund, die auf einleuchtende Weise unmittelbar mit den Zukunftsfragen verknüpft werden können: Eine Titelselektion nach medial stark transportierten Zukunftsthemen (z. B. Wasser, erneuerbare Energie) oder aber eine Auslese nach Negativkriterien, über die als umwelt- und sozialschädlich erachtete Aktivitäten ganz von der Anlage ausgeschlossen werden. Unter Themen oder Ausschlusskriterien kann der Kunde nach seinen Präferenzen auswählen. Die hierzu erforderliche Titelanalyse lässt sich zudem mit relativ geringen Mitteln bewerkstelligen. Beide Varianten der Titelselektion sind in Finanzhäusern verbreitet, deren Geschäftsleitung am nachhaltigen Kundeninteresse partizipieren will, ohne sich gleichzeitig allzu stark zu engagieren.

Die Erfahrung der Bank Sarasin spricht aber dafür, dass eine Beschränkung allein auf diese beiden Ansätze zu kurz greift, um die nachhaltige Vermögensanlage als Wachstumssegment dauerhaft auszubauen:

Der reine Themenansatz ist nur für risikofähige Anleger geeignet. Ist zudem das Thema einziges Kriterium, so können Aktivitäten mitfinanziert werden, deren Nachhaltigkeitscharakter zweifelhaft ist. Wird etwa in Bioethanolerzeugung investiert, so trägt dies zur Verknappung an den internationalen Märkten für agrarische Rohstoffe bei, die auch zur Nahrungsmittelversorgung dienen können. Dies verschärft potenziell das Welthungerproblem. Negative ökologische Folgen, zum Beispiel durch den Ausbau von Palmölplantagen auf Kosten des Regenwaldes oder soziale Nachteile, wie die Ausweitung der Zuckerrohrflächen auf Kosten armutsgefährdeter Siedlerkolonien, treten nicht selten hinzu. Die Erfahrungen mit geplatzten Investitionseuphorien rund um neue

Technologien (Dotcom) oder die sogenannten BRIC-Staaten[5] lassen in der Tat fürchten, dass mit einer solchen unreflektierten Fixierung auf Themen ein weiteres Mal überzogene Ertragserwartungen aufgebaut werden könnten.

Die Titelselektion ausschließlich nach Negativkriterien[6] hat Tradition und ist bis heute recht weit verbreitet. Sie führt jedoch vielfach zu unplausiblen Resultaten: So gelten nicht ausgeschlossene Aktivitäten ex definitione als nachhaltig, selbst bei Kapitalnehmern, die in ihrer Branche ohne jede Rücksicht auf Umwelt und Mitwelt wirtschaften. Zudem wirft die Anwendung von Negativkriterien praktische Probleme auf, die oft zu langwierigen Prozessen der Meinungsbildung und Kompromissfindung führen: Soll man etwa Unternehmen, in deren asiatischer Lieferkette Kinderarbeit entdeckt wurde, von der Anlage ausschließen – und damit den Familien der Kinder zunächst einmal die Lebensgrundlage entziehen? Ist ein Unternehmen, das durch Beteiligung indirekt 2 Prozent seiner Wertschöpfung aus der Waffenproduktion zieht, unabhängig davon, was seine Haupttätigkeit ausmacht, auszuschließen? Sollte man die Grenze hier gar erst bei 10 oder 25 Prozent der Wertschöpfung ziehen? Diese Entscheidung steht vor allem an, wenn klar wird, wie empfindlich die gleichzeitige Anwendung mehrerer strenger Negativkriterien das Anlageuniversum einschränken und damit die Diversifikationsmöglichkeiten herabsetzen kann.

2 Eine konsequente Analyse nach ökologischen und sozialen Positivkriterien bewährt sich

Nach unserer Erfahrung kann ein positiver Ansatz als Grundlage der Titelselektion die Anleger am besten bedienen. Hier werden in jeder Wirtschaftsaktivität diejenigen Kapitalnehmer bevorzugt, die vorausschauend ökologische und soziale Aspekte in die Geschäftsstrategie einbeziehen (Best-in-Class-Ansatz). Ein solcher Ansatz kann die Wertvorstellungen der lokalen und der globalen Gesellschaft differenziert berücksichtigen. Die Indikatoren für die ökologische und soziale Leistung des Kapitalnehmers können sektorgerecht gewählt werden. Der aktuelle Kenntnisstand über das in jedem Sektor organisatorisch und technisch Mögliche kann dabei einfließen. Die hierzu erarbeitete gute Situationskenntnis erlaubt es dem Nachhaltigkeitsanalysten, mit dem Kapitalnehmer in einen konstruktiven Dialog einzutreten und seine Nachhaltigkeitsleistung sachgerecht zu beurteilen. Die Akzeptanz beim bewerteten Management

---

[5] Unter dieser Abkürzung werden die aufstrebenden Schwellenländer Brasilien, Russland, Indien und China zusammengefasst, deren hohe volkswirtschaftliche Wachstumsraten viele Anleger locken.

[6] Schon in den 1920er-Jahren schlossen konfessionelle Anlegergruppen in den USA etwa die Alkoholbranche von ihren Vermögensanlagen aus.

steigt; zugleich wird ein realitätsfernes Konzept vermieden, das die Akzeptanz bei den Investoren schmälern würde. Die Schwelle, ab welcher die Leistung eines Kapitalnehmers als ausreichend nachhaltig qualifiziert gelten soll, kann zudem für jeden Wirtschaftssektor gesondert definiert werden. Ist die Branche eines Unternehmens (Beispiel: Mineralölindustrie), der Status quo eines Landes (Lebensstandard USA), der Leistungsauftrag eines Finanzinstituts (Exportförderung) bereits von der Natur der Aktivität her stark umweltbelastend bzw. mit sozialen Nachteilen verbunden, so können besonders hohe Nachhaltigkeitsleistungen zur Voraussetzung für eine Aufnahme in das Universum investierbarer Titel erhoben werden.

Bei Sarasin stützt sich die Definition dieser Schwelle im Unternehmensbereich auf ein eigenes nachhaltiges Branchenrating. Dieses unterzieht die Belastungen von Umwelt und Gesellschaft, die mit den Aktivitäten jeder einzelnen Branche typischerweise verbunden sind, einer vergleichenden Bewertung. Je geringer das Nachhaltigkeitsniveau der Branche, desto höher die Anforderungen, die ein Unternehmen erfüllen muss, um sich für das nachhaltige Anlageuniversum bei Sarasin zu qualifizieren. Die Best-in-Class-Selektion wird hierdurch modifiziert und mit einer Begünstigung der Anlage in nachhaltigkeitsfreundlicheren Branchen (Best-of-Classes-Ansatz) verknüpft.

Dieser positive Ansatz überzeugt. Er liefert dem Anleger eine Handhabe, um auf die Gestaltung des Wirtschaftsprozesses in grundsätzlich allen Sektoren Einfluss zu nehmen bzw. an wirtschaftlichen Vorteilen aus der Minimierung der Zukunftsrisiken und der Bewältigung der ökologischen und sozialen Herausforderungen teilzunehmen. Statt etwa den Automobilbau wegen der Umweltbelastungen durch seine noch dominante Verbrennungsmotorentechnik auszuschließen, erlaubt der Positivansatz ein Engagement in Firmen, die innovativ und pragmatisch zur Lösung genau dieses Umweltproblems beitragen, etwa durch den raschen Umstieg auf Hybridtechniken für den Fahrzeugantrieb.

Eine Ergänzung der Titelauswahl nach Positivkriterien durch die selektive Anwendung einzelner, absoluter Ausschlusskriterien ist dabei sehr sinnvoll. Durch solche Kriterien ist es möglich, die Finanzierung von Aktivitäten, die einer nachhaltigen Entwicklung nach Meinung des Investors völlig zuwiderlaufen (etwa Rüstung) oder die in der Öffentlichkeit eine geringe Akzeptanz haben und daher sehr hohen Risiken ausgesetzt sind (z. B. Kernkraft), von vorneherein völlig zu unterbinden.

Bei Themenfonds liefert die Ergänzung der Selektion nach Themen um eine gründliche Nachhaltigkeitsanalyse einen wichtigen Zusatznutzen, indem Risiken, die sich auch bei themenspezifisch interessanten Titeln aus der Vernachlässigung von sozialen und ökologischen Rahmenbedingungen und Zusammenhängen ergeben, systematisch berücksichtigt werden können.

Grundlage für diese Strategie der positiven Titelselektion ist eine sachgerechte Umwelt- und Sozialanalyse, die sich auf Fachkenntnis und Erfahrung sowie eine fachübergreifend vernetzte Sichtweise stützt und eine laufende Beobachtung der technischen und sozialen Entwicklung einschließt. Als Quellen sind deshalb neben Medien, Fachpublikationen, Veröffentlichungen staatlicher und internationaler Organisationen (UN; OECD) und der Dokumentation der Kapitalnehmer selbst auch Nichtregierungsorganisationen wie Gewerkschaften, Hilfswerke und Fachverbände zu berücksichtigen. Auf diesem Weg wurden bei Sarasin zum Beispiel die Nachteile einer Bioethanol-Erzeugung aus nahrungsfähigen Rohstoffen frühzeitig erkannt, sodass die Anlagen in weitsichtigere, alternative Technologien, wie die Gewinnung von Biokraftstoffen aus biologischen Abfällen gelenkt werden konnten.

Voraussetzung für einen unvoreingenommenen Dialog mit den Unternehmen ist zudem, dass der Nachhaltigkeitsanalyst unbeeinflusst durch andere Geschäftsinteressen seines Instituts vorgehen kann. Bei reinen Vermögensverwaltern ist ein solcher, unbelasteter Dialog mit den Kapitalnehmern weitgehend gesichert. In Universalbanken, die auch Finanzierungen für Unternehmen anbieten, erweist sich der Dialog mit solchen Kundenunternehmen dagegen als schwieriger. Hier könnte Druck entstehen, im Interesse eines Schwestergeschäftes bei der Nachhaltigkeitsbeurteilung Rücksichten zu nehmen.[7]

3 Professionelle Vermögensverwaltung ist die Conditio sine qua non

Die umfassende Nachhaltigkeitsanalyse kann nun genutzt werden, um eine Palette von Anlagefonds und Beteiligungsgesellschaften sowie maßgeschneiderte Portfolios für private und institutionelle Einzelkunden anzubieten, die genau auf die Risikofähigkeit und den Renditeappetit abgestimmt sind. Eine professionelle Steuerung der Branchen- und Regionalallokation aufgrund sorgfältiger Einschätzung der gesamtwirtschaftlichen Lage, eine disziplinierte Risikodiversifikation gemäß Produktkategorie sowie eine saubere, kundengerechte Kommunikation der Risiken und Chancen sind weitere Voraussetzungen für eine dauerhafte Kundenbindung. Erstaunlicherweise ist dies im Wettbewerb der Anbieter nachhaltiger Anlagen immer wieder vernachlässigt worden. Gerade auch bei breit diversifizierten Produkten ist eine klare

[7] Gleiches gilt im Übrigen, wenn die Aktionärsrechte aus Vermögensanlagen gezielt zur Förderung von Zukunftsthemen genutzt werden sollen. Ein Beispiel hierfür ist die Unterstützung der „Carbon Disclosure Initiative". Engagierte Investoren rufen in ihrem Rahmen derzeit Großunternehmen zur Ermittlung und Publikation ihres CO_2-Ausstoßes auf. Mehr Informationen: http://www.cdproject.net (Zugriff am 8.8.2008), siehe auch Riedel und Fritzsche/Kahlenborn in diesem Band.

Kommunikation der Besonderheiten wichtig. Zwar zeigen alle Studien[8], dass die Rentabilität nachhaltiger Anlagen in dieser Kategorie hinter jener vergleichbarer konventioneller Anlagen über einen produktgerechten Anlagehorizont hinweg gerechnet mindestens vergleichbar ist, sofern das Portfoliomanagement professionell arbeitet. Doch gibt es auch Unterschiede. So muss dem Kunden zum Beispiel bewusst sein, dass die nachhaltige Titelselektion den zyklischen Verlauf der Wertentwicklung gegenüber jenem konventioneller Fonds durchaus verändern kann.

[8] Eine Fülle von Hinweisen hierzu findet sich unter http://www.sristudies.org (Zugriff am 8.8.2008).

Die KfW-Bankengruppe und die UN-Principles for Responsible Investment – Ziele und Erfahrungen

Frank Czichowski, Marion Marinov

1 Einleitung

„Globale Verantwortung leben und fördern" lautet ein zentrales Leitmotiv für die Förderaktivitäten der KfW Bankengruppe. Ein wichtiges Ziel ist dabei, den Gedanken der Nachhaltigkeit in allen Kernprozessen zu verankern. Die KfW Bankengruppe ist seit Ende 2006 Unterzeichnerin der Principles for Responsible Investment (PRI). Diese Verpflichtung zum nachhaltigen Investieren ist der Ausgangspunkt dafür, auch bei Finanzanlagen der Bank den Nachhaltigkeitsgedanken zu verfolgen und umzusetzen. Die PRI dienen der KfW dazu als Rahmen.

Dieser Prozess wird im Folgenden beschrieben. Im ersten Teil werden das Profil der Kfw sowie ihr Umfeld erläutert, um so die Rahmenbedingungen für die Aktivitäten im nachhaltigen Asset Management zu verdeutlichen. Der zweite Teil handelt von der Integration der PRI in das Wertpapiermanagement der KfW.

2 Die KfW-Bankengruppe – wer wir sind, was wir tun, wie wir arbeiten

2.1 Kurzporträt

Die Kreditanstalt für Wiederaufbau (KfW) wurde 1948 gegründet und war in den Anfangsjahren maßgeblich an der Wiederaufbaufinanzierung mit Mitteln des Marshallplans beteiligt. Heute gibt die KfW als Förderbank des Bundes Impulse für Wirtschaft, Gesellschaft und Umwelt.

Die KfW gehört zu 80 Prozent dem Bund und zu 20 Prozent den Ländern. Der Hauptsitz liegt in Frankfurt am Main, es existieren darüber hinaus Zweigstellen in Berlin und Bonn, ein EU-Verbindungsbüro in Brüssel und Repräsentanzen in 28 Entwicklungs- und Schwellenländern. Ende 2006 beschäftigte die KfW-Bankengruppe konzernweit rund 3.900 Mitarbeiterinnen und Mitarbeiter.

Mit einer Bilanzsumme von 356 Milliarden Euro (31.12.2007) gehört die KfW zu den zehn größten Banken Deutschlands. Ihre Rechtsform ist die einer Anstalt des öffentlichen Rechts, ihre Aufgaben sind im „Gesetz über die KfW" geregelt. Unter der Prämisse, zielsicher, effizient und marktkonform zu handeln, fördert sie den Mittelstand sowie Existenzgründungen, Wohneigentum und Wohnraummodernisierung, die Aus- und Fortbildung, den Schutz von Umwelt und Klima, die Projekt- und Exportfinanzierung und unterstützt Entwicklungs- und Reformländer. Ihre Arbeit ist dabei stets wettbewerbsneutral.

Den größten Teil ihrer Förderaufgaben refinanziert die KfW an den internationalen Kapitalmärkten. Sie ist eine der führenden Emittentinnen von Wertpapieren weltweit. Insbesondere aufgrund der expliziten und direkten Garantie des Bundes hat die KfW dasselbe Rating wie die Bundesrepublik Deutschland und somit das höchste Bonitätsrating aller drei Ratingagenturen S&P, Moody's und Fitch (AAA/Aaa/AAA). Dadurch kann sie am Kapitalmarkt besonders günstig Kapital aufnehmen und dieses wiederum zu attraktiven Konditionen für die unterschiedlichen Förderprojekte zur Verfügung stellen.

2.2 Organisation und Markenstruktur

Das Gesamtfördervolumen aller Förderprogramme der KfW betrug zum 31.12.2007 insgesamt 87,1 Milliarden Euro, ein Plus von 13 Prozent gegenüber dem Vorjahr (76,7 Milliarden Euro). Die KfW-Bankengruppe hat ihr Aufgabenspektrum in fünf Marken gebündelt:

- Die *KfW Förderbank* stellt günstige Finanzierungsmittel für die Förderung der Wohnungswirtschaft, des Umweltschutzes, der kommunalen Infrastruktur und sozialer Aufgaben zur Verfügung. Die breite Programmpalette richtet sich an Unternehmen, Privatleute und Kommunen. Darüber hinaus engagiert sich die KfW Förderbank im Bildungssektor und vergibt Kredite für Studium und berufliche Fortbildung. Das Fördervolumen betrug 2007 43,5 Milliarden Euro.
- Für Investitionen mittelständischer Unternehmen stellt die *KfW Mittelstandsbank* Förderkredite bereit (Fördervolumen 2007: 23,2 Milliarden Euro). In Zusammenarbeit mit Kreditinstituten aller drei Säulen des deutschen Bankensystems unterstützt sie Gründer, Freiberufler, Innovatoren und Mittelständler mit klassischen Krediten, Eigenkapitallösungen und Mezzanine-Finanzierungen. Zudem steht die KfW Mittelstandsbank kleinen und mittleren Unternehmen in Finanzierungsfragen beratend zur Seite.

- Die *KfW IPEX-Bank* ist ein starker, innovativer Partner für deutsche und europäische Unternehmen bei der Projekt- und Exportfinanzierung. Wichtige Geschäftsfelder sind Energie, Umwelt, Schienen-, Luft- und Seeverkehr. Die KfW IPEX-Bank ist seit dem 1.1.2008 ein eigenständiges, 100-prozentiges Tochterunternehmen der KfW Bankengruppe, mit allen Rechten und Pflichten einer Bank im Wettbewerb. Ihr Geschäftsvolumen betrug 2007 16,1 Milliarden Euro.
- Die *KfW Entwicklungsbank* finanziert im Auftrag der deutschen Bundesregierung Investitionen und begleitende Beratungsleistungen in Entwicklungsländern. Sie fördert aus Mitteln des Bundeshaushalts und ergänzenden eigenen Mitteln den Ausbau der sozialen und wirtschaftlichen Infrastruktur, den Aufbau verlässlicher Finanzsysteme, den Umwelt- und Ressourcenschutz sowie Programme zur Unterstützung von Reformen in Wirtschaft und Verwaltung. Dabei arbeitet sie in der Regel mit staatlichen Institutionen zusammen. Zentrale Leitlinie für die Arbeit der KfW Entwicklungsbank ist die Millenniumserklärung der Vereinten Nationen mit den Millenniumsentwicklungszielen. Das Fördervolumen der KfW Entwicklungsbank belief sich in 2007 auf 3,0 Milliarden Euro.
- Die 100-prozentige KfW-Tochter *DEG* ist einer der größten europäischen Entwicklungsfinanziers für langfristige Projekt- und Unternehmensfinanzierungen (Fördervolumen 2007: 1,2 Milliarden Euro). Sie finanziert und strukturiert seit über 40 Jahren Investitionen privater Unternehmen in Entwicklungs- und Schwellenländern. Ihre Instrumente sind Beteiligungen, Mezzanine-Finanzierungen, langfristige Darlehen und Garantien. Der Fokus liegt auf dem Auf- bzw. Ausbau privatwirtschaftlicher Strukturen mit dem Ziel, nachhaltiges Wirtschaftswachstum und eine dauerhafte Verbesserung der Lebensqualität für die Menschen vor Ort zu schaffen.

2.3 KfW und Nachhaltigkeit – was wir tun

Nachhaltigkeit ist ein zentraler Wert des KfW-Konzernleitbildes, des sogenannten KfW-Kompasses. Umweltschutz und gesellschaftlich verantwortliches Handeln haben aufgrund des Förderauftrages des Bundes eine lange Tradition in der Bank. Im KfW-Gesetz sind Umweltschutz, Maßnahmen mit rein sozialer Zielsetzung sowie Maßnahmen zur Bildungsförderung als eigenständige Förderaufgaben definiert. Diese Grundpositionen sind in den Umwelt- und Sozialleitsätzen definiert, die für alle Bereiche der Bank gelten. Darüber hinaus veröffentlicht die KfW regelmäßig einen Nachhaltigkeitsbericht, in dem über die Umsetzung dieser Grundsätze Rechenschaft abgelegt wird.

Als eine öffentlich-rechtliche Förderbank orientiert sich die KfW an der Nachhaltigkeitsstrategie der Bundesregierung. Generationengerechtigkeit, Lebensqualität, sozialer Zusammenhalt und globale Verantwortung sind hier die Kernpunkte. Diese Punkte spiegeln sich auch in den Geschäftsaktivitäten der KfW wider, wobei ein besonderer Fokus auf dem Thema Umweltschutz liegt, der in der Nachhaltigkeitsstrategie nicht explizit genannt, implizit jedoch enthalten ist.

Die Aktivitäten auf diesem Gebiet sind vielfältig: So betrug im Förderfeld „Umwelt- und Klimaschutz“ das Zusagevolumen 2006 insgesamt 16,2 Milliarden Euro. Zur Finanzierung von erneuerbaren Energien im In- und Ausland wurden Zusagen von insgesamt 8,4 Milliarden Euro (von 2003 bis 2005) gemacht. Im Bereich der Mikrofinanzierungen wurden über 100 Mikrofinanzierungsvorhaben in 42 Ländern unterstützt. Der KfW-Klimaschutzfonds erwirbt Emissionsgutschriften zur projektbezogenen Nutzung der Kyoto-Mechanismen. Ein letztes Beispiel ist die Förderung nachhaltiger sozialer und wirtschaftlicher Entwicklung in Entwicklungs- und Transformationsländern, z.B. die Förderung der Gleichstellung und der Zugang zu Bildung.

2.4 KfW und Nachhaltigkeit – wie wir arbeiten

Die vielfältigen Aspekte der Nachhaltigkeit finden sich neben den Kerngeschäftsaktivitäten auch in den Arbeitsabläufen und im betrieblichen Umweltschutz wieder. Im Rahmen der Kreditgewährung für die einzelnen Förderprojekte wird eine Umwelt- und Sozialverträglichkeitsprüfung von Projekten durchgeführt. Interne Umwelt- und Sozialrichtlinien für die einzelnen Geschäftsbereiche regeln den Umgang mit Umweltrisiken und Risiken für soziale Belange. Diese Prüfung ist je nach Umfang und Vollzug des Regelwerks im Investitionsland abgestuft. Die Umwelt- und Sozialprüfung ist immanenter Bestandteil jeder Projektprüfung in Entwicklungs- und Schwellenländern.

Die Arbeitsorganisation ist durch eine Vielzahl von Projekten und Handlungsmaximen geprägt, die an dieser Stelle kurz stichwortartig genannt werden: betrieblicher Umweltschutz, CO_2-Neutralität, Verantwortung als Arbeitgeber, Engagement für Gesellschaft, Wirtschaft und Umwelt durch Sponsoring- und Spendentätigkeit, Corporate Governance und Compliance. Detaillierte Beschreibungen der Aktivitäten der KfW Bankengruppe auf diesen Gebieten können dem Nachhaltigkeitsbericht entnommen werden.[1]

[1]Vgl.: http://www.kfw.de/DE_Home/Die_Bank/Nachhaltigkeit/Nachhaltigkeitsbericht_2006.jsp (Zugriff am 31.7.2008).

Im vorangegangenen Teil wurde auf die Rolle der KfW Bankengruppe als eine der weltweit größten Emittentinnen hingewiesen. Ohne die Refinanzierungsaktivitäten auf den internationalen Kapitalmärkten sind die Förderaktivitäten in dem bezifferten Umfang nicht möglich. Für die Anleiheinvestoren sind neben Rendite und Risiko zunehmend auch das nachhaltige Handeln von Emittenten bei ihrer Wertpapierauswahl maßgebend. Durch ihre nachhaltige Geschäftstätigkeit sind Anleihen der KfW in besonderem Maße für Investoren interessant, die die Nachhaltigkeit ihrer Finanzanlagen bei der Anlageentscheidung mit berücksichtigen (Socially Responsible Investment, SRI).

Dies drückt sich auch in den Einschätzungen der Nachhaltigkeitsratingagenturen aus, die ein „SRI-Rating" für die KfW erstellt haben. Bei der Nachhaltigkeitsratingagentur oekom research hat die KfW ein B-Rating, das entspricht der Stufe 5 auf einer 12-stufigen Skala. Dieses Rating entspricht dem besten Ranking aller 43 Institute in der Kategorie „Banking & Financial Services". Bei der Nachhaltigkeitsratingagentur scoris erzielt die KfW eine Ratingbewertung von 72,3 von insgesamt 100 möglichen Punkten. Sie nimmt den 3. Rang von insgesamt 56 nicht-börsennotierten Anleiheemittenten ein und ist das am besten benotete deutsche Institut in dieser Kategorie.

3 Integration der PRI in das Asset Management der KfW

3.1 Wertpapierportfolios der KfW

Die KfW selbst tritt am Kapitalmarkt auch als Investor auf. Im Rahmen ihrer Finanzanlagen verfügt die KfW über eine Reihe unterschiedlicher Wertpapierportfolios. Diese dienen im Wesentlichen der Liquiditätssicherung bzw. dem effizienten Liquiditätsmanagement oder stehen im Zusammenhang mit der Anlage von Eigenkapital. Der Hauptteil dieser Anlagen wird intern verwaltet, weniger als ein Fünftel extern.

Die nachfolgende Beschreibung des nachhaltigen Investmentansatzes betrifft zunächst nur die intern verwalteten Direktanlagen. Diese Portfolios dienen wie schon beschrieben primär dem Zweck der Liquiditätssicherung der KfW Bankengruppe. Sie erfolgt ausschließlich in Rententiteln. Investmentschwerpunkt dieser Portfolios sind liquide Assetklassen mit hoher Bonität, wie etwa Pfandbriefe, Bankschuldverschreibungen und öffentliche Emittenten. Die Auswahl der Emittenten erfolgte bisher nur aufgrund ihrer finanziellen Bonität.

3.2 Die PRI-Initiative der UN

Den Grundstein für nachhaltiges Investieren hat die KfW mit der Unterzeichnung des Carbon Disclosure Projects sowie mit dem Beitritt zur UN-Initiative „Principles for Responsible Investment“ (PRI)[2] gelegt. Die PRI sind eine Finanzinitiative der UN, die 2005 unter der Leitung des damaligen UN-Generalsekretärs Kofi Annan mit dem Ziel ins Leben gerufen wurde, Grundsätze für verantwortungsbewusstes Wertpapiermanagement zu entwickeln. Seit ihrem Start sind dieser Initiative etwa 275 institutionelle Investoren, Asset Manager und Finanzdienstleister beigetreten, die insgesamt über 8,8 Billionen Euro an Finanzanlagen verwalten.

3.3 Die Principles for Responsible Investment im Überblick

Die PRI umfassen insgesamt sechs Prinzipien:

- Wir werden Ökologie-, Sozial- und Unternehmensführungsthemen (ESG) in unsere Investmentanalyse- und Entscheidungsfindungsprozesse einbeziehen.
- Wir werden als Anteilseigner aktiv ESG-Themen in unsere Eigentümerpolitik und -praxis integrieren.
- Wir werden auf angemessene Offenlegung von ESG-Themen bei den Unternehmen achten, in die wir investieren.
- Wir werden die Akzeptanz und die Umsetzung der PRI in der Investmentindustrie vorantreiben.
- Wir werden zusammenarbeiten, um die Effektivität bei der Umsetzung der PRI zu steigern.
- Wir werden über unsere Aktivitäten und Fortschritte bei der Umsetzung der PRI berichten.

Aufgrund der ausschließlichen Fokussierung der internen Portfolios auf Rentenanlagen liegt für die KfW der erste Schwerpunkt auf der Umsetzung des ersten Prinzips, der Einbeziehung von ESG-Themen (Environmental, Social, Governance) in die Investmententscheidung. Die Umsetzung des zweiten Prinzips ist aufgrund des fehlenden Exposures zu Aktien von nachrangiger Bedeutung. An der Umsetzung der weiteren Prinzipien wird kontinuierlich ge-

[2] Mehr Informationen: http://www.unpri.org (Zugriff am 31.7.2008).

arbeitet. Generell ist die Umsetzung der einzelnen Prinzipien nicht immer scharf voneinander abgrenzbar.

3.4 Entwicklung eines nachhaltigen Investmentprozesses

Der erste Schritt bei der Entwicklung eines nachhaltigen Investmentprozesses ist die individuelle und zweckspezifische Operationalisierung des Begriffs „Nachhaltigkeit". Diese Operationalisierung basiert auf der Nachhaltigkeitsstrategie des Bundes und den darin formulierten Leitlinien, die unter Punkt 2.3 bereits genannt wurden. Die Leitlinien werden durch die Schlagworte Generationengerechtigkeit, Lebensqualität, sozialer Zusammenhalt und internationale Verantwortung charakterisiert. Vor diesem Hintergrund entstanden Kriterien für die Analyse der Nachhaltigkeit von Emittenten von Schuldverschreibungen. Drei Dimensionen – Umwelt, Soziales und Unternehmensführung – spielen dabei eine Rolle. Aufgrund des Engagements der KfW im Bereich Umweltschutz wird der Dimension „Umwelt" eine besondere Bedeutung zugemessen – sie wird mit 60 Prozent gewichtet, die Dimensionen „Soziales" und „Unternehmensführung" mit jeweils 20 Prozent. Die Übergewichtung der Dimension Umwelt hat zur Folge, dass bei der Erstellung der Nachhaltigkeitsratings diejenigen Emittenten ein besonders gutes Rating erhalten, die sich besonders um den Umweltschutz bemühen.

Die drei Dimensionen werden durch eine Vielzahl von einzelnen Kriterien genauer beschrieben, die dann wiederum bei der Beurteilung der Nachhaltigkeit der Emittenten für die Liquiditätsportfolios herangezogen werden, so z.B.:

- Umwelt:
  - Vorhandensein von Umweltrichtlinien/Umweltmanagement,
  - Ökoeffizienz: aktuelle Daten zum Energieverbrauch, CO_2-Emissionen, Abfallproduktion, Wasserverbrauch,
  - Umweltberichterstattung,
  - Sektorspezifische Faktoren: z.B. Umweltmanagementsysteme, Klimastrategie und Produktverantwortung;
- Soziales:
  - Arbeitsbedingungen: Antidiskriminierung, Frauenförderung, gleiche Entlohnung, Versammlungsfreiheit, Entlassungen, Gesundheit, Arbeitssicherheit,
  - Mitarbeiterförderung: Bewertung der Personalentwicklungsmaßnahmen, Mitarbeiterförderziele, Bewertung der Mitarbeiter, Weiterbildungsmaßnahmen,

  - Anreize für Mitarbeiter/Mitarbeiterzufriedenheit: Einstellungspraktiken, Messung der Mitarbeiterzufriedenheit, Beschreibung des leistungsbezogenen Vergütungssystems, sonstige Vergünstigungen,
  - Richtlinien für Lieferanten,
  - Verhältnis zu Interessensvertretern,
  - Gesellschaftliches Engagement: Strategie, Höhe der Ausgaben, Bewertung,
  - Sektorspezifisch: z.B. Produktinformationen, Qualitätsmanagement, globaler Einkauf;
- Unternehmensführung:
  - Corporate Governance: Struktur des Aufsichtsrats,
  - Unternehmensstrategie,
  - Risiko- und Krisenmanagement,
  - Verhaltenskodex/Compliance/Korruption- und Betrugsbekämpfung,
  - Customer Relationship Management,
  - Sektorspezifisch: Markenmanagement, Innovation, Forschung und Entwicklung.

Diese Operationalisierung von Nachhaltigkeit ist die Grundlage für den nachhaltigen Investmentansatz. Dieser beruht auf der Grundidee, dass nun nicht mehr ausschließlich die (finanzielle) Bonität eines Emittenten ausschlaggebend für eine Investitionsentscheidung ist, sondern auch seine Nachhaltigkeit. Dabei werden „besonders nachhaltige“ Emittenten bevorzugt. Auf der Basis der beschriebenen KfW-spezifischen Nachhaltigkeitskriterien wird eine Nachhaltigkeitsratingagentur mit der Anfertigung von Nachhaltigkeitsratings für alle Emittenten beauftragt, deren Anleihen grundsätzlich als Investment für die Portfolios infrage kommen. Um ein solches Nachhaltigkeitsrating konzipieren zu können, erstellt die Ratingagentur detaillierte Analysen hinsichtlich der Umsetzung der einzelnen Nachhaltigkeitskriterien in dem jeweiligen Unternehmen. Diese Analysen werden auf der Basis von Unternehmensinformationen, Fragebögen, Interviews und Recherchen in den Medien über aktuelle Konflikte zusammengestellt. Die Nachhaltigkeitsratings werden nicht in Form von absoluten Ratings erstellt (wie z.B. AAA, AA von S&P), sondern in der Form von Rankings, also relativen Ratings im Vergleich zu der jeweiligen Branche. Durch diese Darstellungsform ist es möglich, eine Rangfolge aller Emittenten im KfW-Portfoliouniversum anzufertigen, die nach ihrem Grad der Nachhaltigkeit sortiert ist.

3.5 Nachhaltigkeitsrating und Investition

Auf der Grundlage dieser Rangfolge hat die KfW eine Regel definiert, die die Höhe des Investments in die Anleihen eines bestimmten Emittenten festlegt, die sogenannte „20-60-20-Regel". Diese teilt das gesamte Emittentenspektrum in drei Gruppen ein: die obersten 20 Prozent mit den besten Nachhaltigkeitsratings, das 60 Prozent umfassende Mittelfeld mit relativ guten Nachhaltigkeitsratings und die verbleibenden 20 Prozent mit vergleichsweise schlechten Ratings. Der Grad der Nachhaltigkeit wird also *relativ* zu allen Emittenten im Portfoliouniversum gemessen. Die Zugehörigkeit eines Emittenten zu einer der drei Gruppen ist nun neben der finanziellen Bonität ausschlaggebend für die Höhe des zulässigen Investments in seine Anleihen.

Die Zugehörigkeit eines Emittenten zu der „schlechten" oder „mittleren" Gruppe führt also nicht dazu, dass ein Investment ausgeschlossen wird, sondern nur zu einer Beeinflussung der Höhe des zulässigen Investments. Der Ausschluss von zulässigen Emittenten ist wenig praktikabel, da dann der hohe Grad an Diversifizierung, der zur Portfolio- und Liquiditätssteuerung notwendig ist, nicht dargestellt werden kann. Darüber hinaus bietet dieser Ansatz einen Anreiz für die Emittenten, ihr Nachhaltigkeitsrating zu verbessern.

Die Umsetzung der Nachhaltigkeitsstrategie in den Portfolios erfolgt schrittweise und führt zunächst nicht zu erheblichen Umschichtungen. Mittelfristig wird jedoch eine stärkere Gewichtung der besonders nachhaltigen Emittenten angestrebt. Dabei muss stets der hohe Diversifizierungsgrad der Liquiditätsportfolios sichergestellt sein. Es ist denkbar, dass die KfW in Zukunft Mindestratings für die Aufnahme von Emittenten in ein Portfolio voraussetzt. Dazu müssen allerdings zunächst umfangreiche Erfahrungen mit der Validität von Nachhaltigkeitsratings gesammelt werden.

4 Umsetzung weiterer Prinzipien

Die Umsetzung des ersten PRI stellt für die KfW einen wichtigen Schritt hin zum nachhaltigen Investieren dar. Seit Anfang 2008 wird ein Großteil der Finanzanlagen auf Basis des beschriebenen nachhaltigen Investmentansatzes angelegt. Die KfW arbeitet jedoch kontinuierlich auch an der Umsetzung der weiteren PRI. Wichtige Punkte hier sind die Offenlegung von ESG-Themen, die bessere Verankerung der PRI in der Investmentindustrie, die Kooperation mit anderen PRI-Unterzeichnern und die Berichterstattung zu Fortschritten in der Umsetzung der PRI bei der KfW.

Die Principles for Responsible Investment sind weniger klar vorgegebene Handlungsanweisungen, sondern stellen vielmehr einen Handlungsrahmen dar, in dem jeder Investor für sich einen individuellen Weg hin zum nachhaltigen Investieren finden und kontinuierlich weiterentwickeln kann. Die KfW hat sich für 2008 Ziele hinsichtlich der Erfüllung der PRI gesetzt, die eng mit ihren Portfolioschwerpunkten verknüpft sind. Ein wichtiges Ziel ist es, die ersten Erfahrungen mit dem neuen nachhaltigen Investmentansatz für die intern verwalteten Rentenportfolios systematisch zu sammeln und den Ansatz dann weiterzuentwickeln. Die Einflussnahme als Aktienbesitzer im Rahmen von Hauptversammlungen bzw. im direkten Dialog (das sogenannte „Engagement") ist aufgrund der sehr geringen Aktienquote der KfW von geringerer Bedeutung. An diese Stelle tritt dafür die Entwicklung einer Kommunikationsstrategie mit den Anleiheemittenten, in die die KfW als Anleihekäufer investiert. Durch die Aufnahme des Dialogs mit den Emittenten sollen diese dazu veranlasst werden, sich mit dem Thema Nachhaltigkeit ausführlich zu beschäftigen.

Autorinnen und Autoren

Prof. Dr. Michael Aßländer ist seit 2005 Inhaber des Stiftungslehrstuhls für Wirtschafts- und Unternehmensethik an der Universität Kassel. Er studierte Betriebswirtschaftslehre, Volkswirtschaftslehre, Philosophie, Soziologie, Psychologie und Russische Sprache in Bamberg, Wien, Bochum und Moskau. 1998 promovierte er zum Dr. phil., 2005 schloss er seine Habilitation zum Dr. rer. pol. habil. ab. Kontakt: asslaender@uni-kassel.de

Gesine Bonnet ist Journalistin und Theologin. Sie arbeitet freiberuflich überwiegend für Unternehmen und Nonprofit-Organisationen. Zu ihren inhaltlichen Schwerpunkten gehören der Themenbereich Nachhaltigkeit und CSR sowie die interne Kommunikation. Kontakt: gb@textnetzwerk.de

Dr. Michaela Collins ist seit 2008 im Geschäftsbereich Sustainable Investment der Schweizer Bank Sarasin für die Betreuung von Privat- und Kirchenkunden zuständig. Dabei kann die promovierte Volkswirtin sich auf 9 Jahre Erfahrung als Nachhaltigkeitsanalystin im gleichen Team stützen.
Kontakt: michaela.collins@sarasin.ch

Dr. Frank Czichowski ist Treasurer und Leiter des Bereichs Finanzmärkte der KfW. In dieser Funktion verantwortet er das Liquiditätsmanagement, die Refinanzierung, die Aktiv-Passiv-Steuerung und das Portfoliomanagement der Bank. Kontakt: frank.czichowski@kfw.de

Dr. Hermann Falk ist Mitglied der Geschäftsleitung des Bundesverbands Deutscher Stiftungen. Dort leitet er auch den Bereich Administration & Corporate Sector. Schwerpunkte sind: Beratung von Stiftungen und Stiftern vor allem dem Stiftungsmanagement und der Vermögensverwaltung – unter besonderer Berücksichtigung von ethisch-ökologischen Anlagemöglichkeiten. Gleichzeitig berät er Finanzunternehmen in SRI-Anlageausschüssen und -Beiräten und ist Vorsitzender des Aufsichtsrates der Naturstrom AG, Düsseldorf. Zuvor war er als wirtschaftsberatender Rechtsanwalt in Düsseldorf sowie als Leiter des Rechtsbereichs des Goethe-Instituts in München tätig. Kontakt: hermann.falk@stiftungen.org

Kerstin Fritzsche ist seit Februar 2008 als wissenschaftliche Mitarbeiterin des Beratungsunternehmens Adelphi Consult tätig. Dort arbeitet sie schwerpunktmäßig für das Forum Nachhaltige Geldanlagen e.V. Zuvor studierte Kerstin Fritzsche Politologie, Arabistik und Journalistik an der Universität Leipzig. Kontakt: fritzsche@adelphi-consult.com

Walter Kahlenborn ist Geschäftsführer des international tätigen Beratungsunternehmens Adelphi Consult, das spezialisiert ist auf die Entwicklung und praktische Umsetzung von Nachhaltigkeitsstrategien für Unternehmen und öffentliche Auftraggeber. Zugleich ist der Wirtschaftsingenieur Geschäftsführer des Forums Nachhaltige Geldanlagen. Dieser Zusammenschluss von über 80 Unternehmen und Organisationen setzt sich dafür ein, dass Nachhaltigkeitskriterien im Bereich der Geldanlage stärkere Verbreitung finden. Kontakt: kahlenborn@adelphi-consult.de

Heribert Karch ist seit 2001 Geschäftsführer der MetallRente GmbH, dem heute größten branchenübergreifenden industriellen Versorgungswerk in Deutschland. Der ausgebildete technische Zeichner und Absolvent der Akademie der Arbeit in Frankfurt am Main wurde 1998 zum Leiter der Abteilung Tarifpolitik beim Vorstand der IG Metall bestellt. In dieser Funktion war Heribert Karch maßgeblich am Gründungsprozess des Versorgungswerkes MetallRente, einer gemeinsamen Einrichtung der beiden Tarifvertragsparteien Gesamtmetall und IG Metall, beteiligt. Kontakt: heribert.karch@metallrente.de

Falk-Reiner Kolter ist Geschäftsführer der Metzler Asset Management GmbH und verantwortet die Akquisition und Betreuung institutioneller Kunden. Dazu zählen vor allem Industriekunden, Kirchen und berufsständische Versorgungswerke. Das Geschäftsfeld „Asset Management“ des traditionsreichen Bankhauses Metzler in Frankfurt am Main verwaltet große institutionelle Vermögen sowie Spezial- und Publikumsfonds. Das gesamte Anlagevolumen in den Produktbereichen Aktien, Renten, „Global Balanced“ und „Total Return“ betrug Ende Juni 2008 38,6 Milliarden Euro. Kontakt: frkolter@metzler.com

Alexandra Krieger leitet seit 2004 das Wirtschaftsreferat I in der Abteilung Mitbestimmungsförderung der Hans-Böckler-Stiftung. Zu ihren Aufgaben gehört die betriebswirtschaftliche Beratung und Schulung von Arbeitnehmervertretern in Aufsichts- und Betriebsräten. Schwerpunktmäßig beschäftigt sich die Bankkauffrau und Betriebswirtin mit Fragen der Finanzierung sowie der externen Rechnungslegung von Unternehmen. Seit rund drei Jahren betreut sie den Themenschwerpunkt Finanzinvestoren. In diesem Zusammenhang hat sie verschiedene Publikationen veröffentlicht und Forschungsprojekte initiiert.

Alexandra Krieger ist Arbeitnehmervertreterin im Aufsichtsrat der Commerzbank AG. Kontakt: alexandra-krieger@boecker.de

Marion Marinov, Chartered Financial Analyst (CFA), ist als Mitarbeiterin im Bereich Finanzmärkte der KfW für Fragestellungen zum Thema Asset Allokation/Investmentstrategien zuständig und betreut die Implementierung der UN-Principles for Responsible Investment (PRI) im Wertpapiermanagement der KfW. Kontakt: marion.marinov@kfw.de

Silke Riedel, Diplom-Sozialwissenschaftlerin, leitet in der imug Beratungsgesellschaft für sozial-ökologische Innovationen den Arbeitsbereich Investment Research. Ein Schwerpunkt ihrer Arbeit ist die Erstellung von Nachhaltigkeitsratings für Akteure des Finanzmarktes sowie die Beratung von Institutionen, die nachhaltige Investmentprodukte entwickeln. Eine Vielzahl an internationalen und nationalen Projekten sowohl im Bereich Nachhaltigkeitsresearch als auch Forschung und Marktbeobachtung liegen in ihrem Verantwortungsbereich. Kontakt: riedel@imug.de

Prof. Dr. Rüdiger von Rosen ist seit 1995 Geschäftsführendes Vorstandsmitglied des Deutschen Aktieninstituts e.V. in Frankfurt am Main. Zuvor war er langjähriger Mitarbeiter von Bundesbankpräsident Karl Otto Pöhl und erster Vorstandschef der Deutsche Börse AG. Kontakt: dai@dai.de

Prof. Dr. Henry Schäfer ist Inhaber des Lehrstuhls „Allgemeine Betriebswirtschaftslehre und Finanzwirtschaft" des Betriebswirtschaftlichen Instituts der Universität Stuttgart. Vor seiner Hochschultätigkeit war er in leitenden Funktionen als Senior Financial Consultant in einer internationalen Beratungsgesellschaft für Unternehmensfusionen und in deutschen Großbanken tätig. Zu seinen Forschungsschwerpunkten gehört die Bewertung von Investitionsobjekten und -programmen vor allem unter Berücksichtigung von Unsicherheit, Risiko und nicht-finanziellen Parametern. Eine besondere Bedeutung hat auch der Forschungsbereich „Sustainability & Finance". Kontakt: h.schaefer@bwi.uni-stuttgart.de

Christine Scheel ist stellvertretende Fraktionsvorsitzende der grünen Bundestagsfraktion. Ein Schwerpunkt ihrer Arbeit ist die Finanzpolitik. So wurde sie – 1994 aus dem Bayerischen Landtag in den Bundestag kommend – zunächst Finanzpolitische Sprecherin der Bundestagsfraktion von Bündnis 90/Die Grünen. Während der rot-grünen Regierungszeit von 1998 bis 2005 war sie Vorsitzende des Finanzausschusses des Bundestags. Christine Scheel ist unter anderem Mitglied im Verwaltungsrat der Kreditanstalt für Wiederaufbau und engagiert sich als Vertrauensfrau bei der Bausparkasse Schwäbisch Hall für den Verbraucherschutz. Kontakt: christine.scheel@bundestag.de

Markus Schenkel arbeitet seit seinem Abschluss als Magister Artium (2005) als wissenschaftlicher Mitarbeiter am Stiftungslehrstuhl für Wirtschafts- und Unternehmensethik an der Universität Kassel. Er studierte Soziologie, Wissenschaftliche Politik und Betriebswirtschaftslehre in Freiburg und Madrid. Kontakt: markus.schenkel@uni-kassel.de

Antje Schneeweiß arbeitet seit 1996 als wissenschaftliche Mitarbeiterin für das für das SÜDWIND-Institut für Ökonomie und Ökumene. Die kirchennahe Einrichtung forscht vor allem zu Fragen gerechter weltweiter Wirtschaftsbeziehungen und entwickelt Aktionsvorschläge. Teil dessen ist die Auseinandersetzung mit sozialverantwortlichen Geldanlagen und der Frage, welchen Beitrag sie zur Entwicklung leisten können. Kontakt: schneeweiss@suedwind-institut.de

Heinz Thomas Striegler ist seit 2002 Dezernatsleiter in der Kirchenverwaltung der Evangelischen Kirche in Hessen und Nassau (EKHN) und verantwortlich für Finanzen, Bauen und Liegenschaften der Landeskirche. Nach seinem Studium der Rechtswissenschaft und Volkswirtschaft war er unter anderem als Rechtsanwalt und als Referent im Bundesministerium für Raumordnung, Bauwesen und Städtebau tätig. 1992 wurde er zum Stadtdirektor der Stadt Lengerich/Westfalen berufen. Von Ende 1999 bis Ende 2001 war Heinz Thomas Striegler Syndikus und Bereichsleiter für Personal und Recht der Volksbank Hannover. Darüber hinaus nimmt er seit 1992 vielfältige Aufsichtsrats- und Verwaltungsratsmandate insbesondere in Banken und Versorgungseinrichtungen wahr. Kontakt: heinz-thomas.striegler@ekhn-kv.de

Dr. Gotlind Ulshöfer ist seit 2001 Studienleiterin für den Bereich Wirtschaft/Wirtschaftsethik an der Evangelischen Akademie Arnoldshain. Die Diplom-Volkswirtin und promovierte Diplom-Theologin ist auch Pfarrerin der Evangelischen Kirche in Hessen Nassau. Sie studierte Volkswirtschaft und evangelische Theologie in Tübingen, Heidelberg, Jerusalem und Princeton, USA. Von 1996 bis 1999 war sie am Graduiertenkolleg des „Interfakultären Zentrums für Ethik in den Wissenschaften“ an der Universität Tübingen. An der Johann Wolfgang Goethe-Universität Frankfurt am Main hat sie einen Lehrauftrag für Ethik. Kontakt: ulshoefer@evangelische-akademie.de